暢銷紀念版

親愛的孔子老師

子貢的十堂智慧課

吳甘霖 著

目錄

〔推薦序〕

還原一個真孔子

文／張宗子
（美國著名東方文化學者，原《僑報》副總編、原《美洲時報》總編）

李零說，「近百年來，尊孔批孔，互為因果，互為表裡，經常翻烙餅。」李零教授沒有提到——相信他不屑提到的是——在當下的「孔子熱」中，更多的是那些戴著各種花冠的偽專家，或打著孔子的旗號，以年老為胡說的本錢，兜售他那點江湖世故；或以學者的面目出現，信口雌黃，美其名曰弘揚傳統文化。這樣的尊，無異於對孔子肆無忌憚的糟踏，欺人欺世，連帶連祖宗也欺了。從這些人筆下，我們若還要指望讀到一個「活孔子，真孔子」，豈不是癡人說夢？

在這樣一個處在文化浩劫長長的陰影中，經典的普及比任何時候都顯得急迫和重要。越是「熱」，越是一窩蜂的鬧騰，越是需要一些真正有益的東西，它不一定本身即是一座高峰，但它至少能夠引導人們走上一條踏實的路，提供一種可能性。

吳甘霖的《親愛的孔子老師》出版，讓我們看到了一種全新的探索。他作此書的命意，他在自序裡說得很清楚，以當代人容易接受的方式去塑造孔子的形象，展示孔子的智慧。首先，他是貼近孔子來寫，消除時間和罩在孔子身上的神聖光環造成的距離；其次，他不要枯燥的說理，而「以故事說話的方式來表述」。寓思想於生活事件，按照日本漢學家吉川幸次郎的說法，正是中國式敘事的一大特色：司馬遷的史傳文學，就是最好的例子：「我欲載之空言，不如見之於行事之深切著明也。」別人也說：「太史公之書，以著述為議論。」吳甘霖古典文學功底深厚，他除了二十年演講著書培訓人才的經驗，自然也不會忘記太史公的典範，於是，就有了這本以子貢為敘述者，關於孔子的思想和智慧的小說。

為什麼選擇子貢為敘述者？吳甘霖說，理由有兩點：第一，子貢是跟隨孔子最久，感情最深，因此也是互動最多的人（《論語》一書中，子貢出現三十八次，僅次於子路的四十二次，再其次是顏回和子夏，各有二十一次）；第二，吳甘霖特別強調，子貢是孔門弟子中「最有現代個性和追求」的人物，他口才好，善經商，是「著名外交家，還是儒商的始祖」，「這些都與當代讀者在心理上最親近，他所感受和思考的問題，與當代人可能更為接近。」

《論語》的人物，我也是最喜歡子貢的。吳甘霖的選擇，「於我心有戚戚焉」。子貢聰明，雖然書裡我們聽到孔子屢屢稱讚顏回，但在具體的事例中，顏回除了古板認真，就是安貧樂道。子貢善言辭，通世故，懂經濟，又能外交，智圓行方，大節無虧。吳甘霖在書中說，做人不能圓滑，一定要圓通，會讀書，更要會辦事，學習不僅是知識的累加，更是智慧的提高，這些讚語，子貢當之無愧。而我讀《論語》，印象最深，最受感動的，卻是其他學生為孔子守墓三年，獨有子貢，守了六年。一個如此通達，能在社會各個領域叱吒風雲的人，同時如此重感情，放眼古今，實在難得。吳甘霖在《親愛的孔子老師》第十章，著力寫孔子死後子貢的追憶和懷念，主題從修齊治平的大道理轉到詩意濃郁的感悟死亡，認識生命，將追求個人要如何促進社會完善、將心靈之樂和為天下而憂完美地統一起來。這正是我們讀《論語》，從「子曰學而時習之」讀起，讀到第十九章子貢讚揚孔子的最後四節時，心中油然生起的溫暖之感。

解，曲解，關公戰秦瓊式的戲說，固然不足道。但既是小說，拘於原典而不能作合理的發揮和引申，那是魯儒死章句的路子，也為人所不取。《論語》多為短章，三言兩語，點到為止，其中的微言大義，不是只從字面上死摳能夠闡發出來的，必須熟悉原典，熟悉孔子的思想體系，熟悉他的時代，掌握盡可能多的材料，在此基礎上，融會貫通，以原文互證，才能探驪得珠，真正理解孔子。舉個最簡單的例子：三十而立，何謂立？孔子在另外的地方自己說了，不知禮，無以立。可見所謂立，就是知禮，知禮才能立於世上。這樣我們就知道，立，既不是「壯而有室」，更不是賺足了錢，當了官，才稱得上成家立業。吳甘霖在融貫孔子的言論和思想方面，下了功夫，《親愛的孔子老師》構思三年，再以兩年時間八易其稿，以活潑的語言寫出，深入淺出，竹筏渡人，其中頗有見其匠心之處。

譬如人們熟知的「君君臣臣，父父子子」，漢儒據此提出「三綱五常」，更被後世的政治妄人曲解為血淋淋的「君要臣死，臣不得不死」。孔子借用這句當時的成語，一方面，他強調社會的等級，因為等級就是秩序，另一方面，吳甘霖在書中有令人會心的解釋：國君，臣子，父母，子女，各盡其責，各守其位，各自遵守各自的道德規範，這樣，國才像國，家才像家。換句話說，君君臣臣，父父子子，就是君要明，臣要賢，父要慈，子要孝，這樣，基本的社會道德就立定了。

孔子讀《易》，《論語》中有明言，然而還是有人就此問題死纏亂打。吳甘霖知道，在孔子一生中，《周易》的重要性無論怎麼強調都不為過。所以他專闢一章，把一些我們熟知的故事和《周易》聯繫起來，而集中體現孔子身上最寶貴的察變化、知進退、自強不息、厚德載物、而始終謙虛為懷的思想。

早在一九八七年，八十高齡的日本名作家井上靖，就寫了長篇小說《孔子》。將《論語》的零散材料串聯為小說，需要一種巧妙的結構方式。當時的井上先生苦心孤詣，虛構了一個名叫「蔫薑」（老生薑）的人物，在孔子死後幾十年，組織研究會，搜集和交流關於孔子言行的資料。小說正是通過蔫薑的演講來展開的。這和吳甘霖借助子貢的回憶，實有同妙。但吳甘霖不取虛構，逕用子貢，來得更輕易，也更自然。

《親愛的孔子老師》取材不限於《論語》，而及於《孔子家語》和《史記》等書，這是對《論語》的很好補充。《孔子家語》這些書，過去定為偽書，研究孔子的人不敢用，近年來拜出土簡帛之賜，使人相信其中的很多材料應有所本。盲目「疑古」造成的冤假錯案，很多可以平反了。

吳甘霖著書二十年，一貫主張用最輕鬆的方式，學最有用的智慧，鮮活淺易的同時不流於輕薄，更不會如某些人那樣，一味曲意逢迎市場。《親愛的孔子老師》既是他一貫風格的延續，又是一種新的嘗試，不僅在內容，也在形式。由衷希望讀到這本書的人，能在心中「還原孔子的真實形象」，並且知道，孔子告訴我們的，究竟是什麼。

二〇〇九年五月三日於美國紐約

〔原書序〕

那輪千古明月

文／吳甘霖

「孔子先生，您願意我這樣來重新展示您的形象嗎？」

明月當空，在靜寂的孔林，我向兩千年前的這位聖賢問了這樣一句話。

這是深秋，我先是參觀了孔廟，之後在孔林中的孔子墓前站立了許久，思考了許久。當我確定《親愛的孔子老師》的整體構思時，不禁心生此問。

我相信，以我這樣的寫法，不少當代讀者應該是能接受甚至喜愛的。但是，這毫無疑問是一種與眾不同的寫法，是否能得到這位千古聖賢本人的認可呢？

想創作一本關於孔子及其智慧的書，已經很多年。

這一方面是由於隨著時代的發展，我越來越覺得孔子的智慧，對我們的時代和我們每個人都有著極為重要的價值；另一方面，隨著對孔子的研究越來越深入，我越來越覺得他被誤讀得厲害，很有恢復孔子本來面目、讓大家全面學習他智慧的必要。

在中國歷史上，對孔子的誤讀主要有兩點：一是將他神化，二是將他妖魔化。在封建社會時期，是神化的階段；可是到了近現代尤其是「文革」時期，他被妖魔化得很厲害，甚至一度成為了要全面打倒的對象。

但是，如果我們撥開濃霧，努力從歷史中去重新尋找孔子的足跡，就會發現他和許多人心目中的孔子有很大區別。我們會發現一個渾身散發著人性光芒、並對我們有著極大幫助的孔子。這幫助，絕非來自「死的知識」，而是來自「活的智慧」。即使過了兩千多年，到了充滿多種問題與困難的當代，這些智慧也沒有過時，仍然有巨大的指導和啟示意義。

於是，我確定了以「人性」和「活的智慧」來作為表達孔子的基本格調。

之後，另外一個問題又擺到我的面前：

如何以一種當代讀者喜聞樂見的方式去塑造孔子的形象，展示孔子的智慧呢？

這些年來，隨著「國學熱」的升溫，我越來越認識到，要讓傳統文化在當代重新綻放異彩，必須把握四個字：還原、激活。

「還原」就是要還原歷史事件和歷史人物以本來面目；「激活」就是要激起當代人的學習興趣與需求。這就必須與當代人需要解決的問題緊密掛鈎，並與當代人喜歡的學習方式結合。

讓孔子回到充滿人性和智慧的本來面目，這是「還原」。要找到最適合表達孔子的形式，這是「激活」。

我對此書的構思用了約三年的時間，直到我來到山東曲阜孔子的老家，在孔廟、孔林中不斷徜徉、思考，來到一個很有紀念意義的地點——「子貢植廬處」，終於一下子找到了靈感。

相傳，孔子去世後，弟子們為他守墓三年，而他的得意弟子子貢，又「結廬」再為他守墓三年。他還從衛國移來檜樹苗植於墓前，日久天長，長成挺拔大樹。這一情景不僅把我的想像力一下拉到兩千多年前孔子和弟子們在一起的日子，而且也讓我得出了表現孔子的理想形式——

是啊，為什麼不能借用小說體的方式，借用這位孔子得意弟子的視角，來展示孔子一生的追求和智慧呢？

我覺得，這種寫法，可能帶來如下好的效果：

第一，構思新奇，帶給讀者全新的閱讀體驗。

在以往關於孔子及其他關於傳統文化的書籍中，我們經常看到同樣的一種套路：找出一些孔子或前人的觀點，然後去對此進行分析和闡述。這其實也是一種不錯的方式，但是由於大多數作者都這樣來寫，往往大同小異，容易落入俗套，有的書甚至「掉書袋」和教導的痕跡太濃，便更容易受到讀者的排斥。

而我的這種寫法，也許能給讀者創造一種全新的閱讀體驗。他們不必抬頭看天，就能感受到有個最優秀的老師在自己身邊；他們也不必正襟危坐，對這位老師洗耳恭聽，就能在他春風化雨式的滋潤中，享受快速的成長。

第二，打破古人與今人之間的那堵高牆，讓讀者直接領略孔子的非凡智慧。

我們都渴求得到孔子的智慧，但是，由於年代、語言及其他方面的障礙，往往覺得孔子離我們太遙遠。而這種寫法，等於當代人借用子貢的眼睛去觀察，借用子貢的腦袋去思考，借用子貢的心靈去感受。

當我們看到子貢所遇到的生活、管理、人際交往等多方面的困惑，在孔子面前迎刃而解的時候，我們就會於不知不覺間發現古人與今人之間的那堵高牆瓦解了。因為子貢所遇到的問題，就是當代人同樣會遇到的問題。當我們學到孔子如何分析和解決問題的智慧時，以後遇到同樣的問題，就擁有了解決它們的金鑰匙。

至於為什麼是借用子貢而不是其他人的視角，原因很簡單：在孔子的弟子中，他不僅是跟隨孔子最久、情感最深的弟子之一，而且根據有關記載，他是與孔子互動最多的人之一。不僅如此，還有格外重要的一點：雖然他是一個古代的學生，但他在孔子的弟子中，是一個最有現代個性和追求的人。他是儒商的始祖，是著名的口才大師，還是著名的外交家，曾經一出馬就改變了五國的命運，這些都與當代讀者在心理上有最大的親近性。他所感受和思考的問題，對當代人可能更為接近。

第三，與當代人遇到的問題緊密掛鈎，讓他們感到讀這本書絕對有價值。

當代人學習孔子最根本的目的之一，是要以孔子的智慧來解決他們當下的問題。所以本書十章所涉及的許多問題，都是當代人在工作與生活中容易遇到的問題，通過孔子對這些問題的解答和啟示，我們不僅得到一些具體的指點，更能掌握分析問題和解決問題的好方式，從而讓自己在遇到有關問題時，更容易迎刃而解。

第四，讓讀者在輕鬆快樂閱讀的同時得到有效的感悟。

毫無疑問，孔子是深刻的，但是深刻並不代表著深奧。孔子也是偉大的，但是偉大並不意味著複雜。

對廣大讀者而言，假如能用一種輕鬆活潑的方式學到孔子偉大而深刻的智慧，這種閱讀不僅會成為一種快樂的體驗，而且往往更為有效。

所以，在本書的寫作過程中，不僅格外強調以樸實的語言來表述，而且主要以說故事的方式來表述。現代人喜歡以故事的方式來領悟道理，甚至像IBM、惠普、海爾等著名企業，都在以「講故事的方式」來管理。因為故事不僅容易吸引人，更容易讓人記得住。

本書從《孔子家語》、《史記》、《孔子集語》等著作中採用了大量的故事，並進行了一定程度的文學加工。為了達到最佳的閱讀效果，本書在編排上也下了一點工夫：每一章節前都有提要，將故事和關鍵觀點提出，以吸引大家好好看下去。每一節的主要內容，都是一個或幾個耐人尋味的故事。每一節後，都有一個「子貢學記」，是子貢每次的學習感悟，這樣可以帶給大家更直接和有效的啟示。

本書的標題定為「親愛的孔子老師」，就是要一改在許多人印象中，孔子那種高高在上、古板生硬的形象。我希望廣大讀者在讀完這本書後，能得出這樣一個感受——這是最好看的孔子故事，最管用的孔子智慧。

我知道，我這種寫法，用在千百年來人們景仰的孔子身上，可能會有一些人並不認可。但我格外喜歡這樣一句話：「行文簡、淺、顯；做人誠、平、恆。」

我也格外讚賞著名藝術家羅丹關於最高藝術境界的精采理念——「寓偉大於簡雅。」

通過對孔子的研究，我不僅能感受到他那種既讓人尊重又倍感親切的人格魅力，同時也相信：作為一個「有教無類、因材施教」的偉大教育家，孔子對我把他定位為「親愛的孔子老師」的做法，以及我這種力圖讓每個普通大眾都能讀懂並學到他的智慧的做法，應該也會微笑著點頭認可。

應該說，當我花了整整兩年時間，八易其稿，將本書的定稿交給編輯時，心裡還是產生了一絲歷經艱辛終於爬上一座山後的欣慰。

我希望這本書能得到讀者們的喜歡。當然，以我淺薄的學識，要對孔子這位大師進行研究和表述，畢竟會有不少缺陷，而且由於是以小說體的方式寫作，不能全面以史學的標準來要求所有的文字，所以希望得到大家更多的理解，並給予批評與指教。

在本書出版之際，我對下列人士要格外感謝：

鄧光聖老師和黃景湘老師，是我在學習中華傳統文化方面的啟蒙老師。正是由於他們引導我走向傳統文化，我不僅學到了不少包括孔子在內的眾多傳統智慧，而且很早就感到有一種復興中華傳統優秀文化的使命。

感謝南懷瑾先生，一九九四年，我很偶然地看到他的《論語別裁》一書，這不僅使我明白可以用另外一種方式去閱讀《論語》和孔子，而且也激發了我自己親自創造一本關於孔子智慧著作的最早願望。

感謝作家出版社社長何建明、副總編輯張水舟、副社長扈文健，正是由於他們的高度重視，本書才能作為作家出版社的重點書，以最快的速度出版。感謝作家出版社三編室主任張亞麗、編輯李明宇，她們作為我的責任編輯，以最大的負責精神與專業素養，為做好這本書，做了許多重要而細緻的工作，使我敬佩的同時也格外感動。

何建明、張煒、歐陽祥山、王振滔、李而亮、張坤、姜水等著名人士和朋友很熱心地為本書寫了推薦詞，十分感謝他們的肯定與支持。

美術編輯高亮做了很好的封面設計，董巧俐配了很好的插圖，為此書增色不少；甘霖智慧國際培訓機構副理事長鄧小蘭老師，為本書做了一些細心而重要的文字把關工作，深表感謝。

本書參考了一些著作，對這些著作的作者，我也要特別感謝。

作家出版社的其他工作人員還有我的不少朋友與學員為此書做了很多工作，一併致謝。

當然，要永遠感謝的，還有孔子老師。

孔子不僅影響了一代代的人，正如前人所言：「天不生仲尼，萬古如長夜。」而且多年來，他也照亮了我的心靈和生活，使我覺得有使命感，要將我研究他的一些心得與廣大讀者分享。

我深切地希望：廣大讀者通過對本書的閱讀，能看到一個既「仁」又「智」又很可愛的孔子老師，而且能掌握他的智慧精髓，並以此更好地武裝和提升自己，活出最有價值的一生。

我想，我們再次走近孔子，絕對是人生中最有價值的事情之一。因為，我們絕對可以相信：

那是一輪千古的明月，不僅能照亮過去，也能照亮未來，更能照亮當代每個人的工作與生活。

（本文原刊於《親愛的孔子老師》簡體中文版，由作家出版社出版）

〔台灣版序〕

以智慧統率知識

文／吳甘霖

數年前，大陸一份因為重視人文精神而擁有數百萬發行量的《讀者》雜誌，刊登了我一篇文章「用智慧統率知識——二十一世紀的智慧宣言」，探討的是知識與智慧的關係。現在，當我所著的《親愛的孔子老師》臺灣版上市時，我不由又想起了這個一直使我高度重視並長久思考的話題。

作為一個畢業於重點大學的知識份子，我在相當長的時期內，將英國著名思想家培根的理念「知識就是力量」，作為自己座右銘。但在畢業後，我卻經歷過一段難以適應社會的迷茫、掙扎過程，與此同時，放眼世界許多地方，我發現有不少大學畢業生在走入社會後，也遭遇過類似我這樣的情況，甚至有更嚴重的問題。於是，我對「知識就是力量」理念，打下了三個大大的問號：

「能說『知識就是力量』嗎？是不是需要轉換，才可以變為力量？」

「是不是所有知識都能成為力量呢？知識分很多種，有的已經是知識垃圾了，它還能變為力量嗎？」

「光重視力量就夠了嗎？它可以是一種建設性的力量，也可以是破壞性的力量。當它是一種破壞性的力量，我們還應該去追求它嗎？」

在此基礎上，我也不由對以傳輸知識為主要特點的現代教育理念產生了懷疑，並開始在歷史的長河中和全世界範圍內，去尋找真正科學的教育理念。當我重新去閱讀孔子，而且不僅是讀《論語》，還讀了《孔子家語》、《孔子集語》和《史記》等記錄孔子生平言行事蹟的作品時，我喜出望外。我不僅發現了一個與一般人印象中那個刻板、守舊的孔子完全不一樣的形象，而且更從他身上看到了一種更科學也更理想的教育理念：

教育的目的，固然在傳播知識，更在於開發智慧！孔子是在開設一所真正的的智慧大學！讓每個接受教育的人，更能去面對和處理人生和社會的種種問題！

正是由於在相當程度上有這種思考，我創造了《親愛的孔子老師》一書。讀者可以發現：這個孔子是一個更親切的老師，也是一個更能幫助我們認識世界和解決問題的老師，尤其在被稱為「知識經濟時代」的當代，還是一個不僅不過時，還能更好地指導我們的老師！

那麼，這個「親愛的孔子老師」以及他的智慧，又能怎樣幫助我們去面對各種挑戰，並處理好智慧與知識的關係呢？

我認為，起碼體現在四大方面：

第一，我們需要以孔子的「仁愛」智慧，給學習一盞指路的明燈。

剛剛過去的二十世紀，科技、經濟空前發達，但是，人類互相的爭鬥廝殺到了空前的程度。別的不說，僅僅兩次世界大戰所死亡的人數，就比二十世紀以前人類有史以來所有戰爭人數的總和還多。這不得不引起我們高度的震驚和警惕。正因如此，才有諾貝爾獎得主聚會並發表宣言：「人類要在未來的世界生存下去，就必須回到兩千多年前去，向中國的孔子學習智慧。」孔子智慧的核心是「仁」，「仁者愛人」，只有強調「仁愛」，我們的人類才會重新找到希望。

其二，我們需要孔子的「禮讓」智慧，來實現「學會共同生活」目標並因此構建更為和諧的世界。

「學會共同生活」是聯合國教科文組織二十一世紀教育委員會提出的「二十一世紀教育的四大支柱」之一，其他三大支柱分別是「學會生存，學會學習，學會做事」。而如何「共同生活」的一大核心問題，就是如何人們之間的相處更加和諧。要以更和諧的方式共同生活，就必須做到互尊互愛，互謙互讓。「禮之用，和為貴」，孔子的「禮讓智慧」，不僅對處理好一般的和諧關係有用，對促進世界的和平也同樣很有價值。

第三，我們以孔子的學習智慧，去面對知識爆炸與資訊爆炸的挑戰。

在我們這個時代，面對海量的資訊和知識，如果被動地接受，就會被淹沒在其中而不自知。在當代，最值得警惕的，不是學得太少，如何不得「知識肥胖症」、「消化不良症」、以及如何避免因為不分良莠去學習導致的「知識中毒症」等。

而孔子所宣導的學習方式，給了我們很好的啟迪，我把它們總結為「四維學習法」——學而能化（消化），學而能通（融會貫通），學而能用（應用），學而能創（創造）。在《親愛的孔子老師》一書中，我不僅引用了很多孔子如何學習的例子，而且在其弟子顏回身上得到了極好的體現，讀者可以從中得到參考。

第四，我們需要孔子讓知識與現實做最佳結合的智慧，走出「書呆子」的誤區。

這正是《親愛的孔子老師》再三強調的觀點：千萬不當「書呆子」。因為「書呆子」，總是不能將理論與現實結合，因而往往也總是事與願違。而孔子，不僅是一個「仁者」，也是一個「智者」，他不僅宣導「君子不器」等理念，而且在教育曾參、子路、子貢等弟子時，都一次又一次敲打他們的這些毛病。這一切，對我們許多生活在象牙塔裡的知識份子而言，尤其具有當頭棒喝的啟迪作用。

知識重要，智慧更重要！感謝漫遊者文化，能讓我這本《親愛的孔子老師》與台灣讀者見面。讓我們重新向親愛的孔子老師學習，用智慧統率知識，不僅讓自己生活得更加美滿，也能給他人帶來更多的希望、力量與陽光！

二〇一〇年一月五日於北京

曾參為盡孝差點讓父親打死、因此受到老師的責罵；
我救了人不去領獎金，被老師批評阻礙了國家政策的推行；
當有人提出「君君臣臣、父父子子」
就是臣一切聽命於君、子女一切順從於父時，
老師卻提出盲從有可能是不忠不義……
所有這一切，都讓我們看到一個與很多人的理解不一樣的孔子老師……

第一章 不一樣的孔子老師

一、千萬別當書呆子

曾參鋤草時將瓜秧鋤掉了，他父親氣得用棒子打他，他不躲不避，被打得昏死過去。他本以為這樣做體現了最大的孝心，不料老師不但不讚揚，反而將他關在門外，讓他好好反省……

「曾木頭」曾參又挨老師罵了，我忍不住哈哈大笑，甚至笑出了淚水。這一笑，讓我一下子驚醒過來。這才發覺，自己剛才做了一場夢。我躺在床上，癡癡地看著窗外。月明星稀，秋風瑟瑟。我回想著剛才的夢境，也回想著和老師一起度過的所有歲月。那些美好的往昔，點點滴滴湧上心頭，歷歷如畫。彷彿一切都沒有失去，彷彿老師還在我的身邊。但這已經不可能了，老師早已逝去，留下我和那些弟子們，在懷念中度過新的一天又一天。想到這裡，淚水又悄然打濕了枕巾。

但是，為什麼夢中又想起曾參來呢？

為什麼他被老師「釘」，我反而那樣高興呢？

要知道，他也是老師晚年最得意的弟子之一啊！

要知道，老師還將自己的孫子子思託付給他教育啊！

要知道，他被人稱為「超級孝子」啊！

到底在哪一點上，使我覺得與他格格不入呢？

我躺在床上，癡癡發呆，眼前不由浮現出一個這樣的情景——

那一天，我遵照老師的吩咐去外地辦事，回來後，正要進學堂的大門，卻發現曾參，這個成為老師的弟子還不到十天的小師弟，呆呆地站在門口，一副失魂落魄的樣子。

我不由問：「小師弟，你怎麼不進去啊？」

他哭喪著臉說：「老師在生我的氣，不讓我進去。」

我抬頭一看，門果然是關的。

據我所知，老師固然有時候對學生很嚴厲，但也從來沒有用過這樣的懲罰。何況，曾參還是一個剛剛入學不久的新生啊。

「究竟為什麼啊？」我關切地問。

「我也不知道。」曾參一臉的茫然。

我開始「咚咚咚咚」地敲門。過了好一會兒，才聽到師弟冉求的聲音：「別敲了，曾參，等你想通以後再來吧！」

「冉求，開門，是我。」我大聲說。

門「吱呀」一聲開了。我快步走了進去，曾參也想跟進來，但冉求將他擋在了門外。大門又關上了。

老師正在講課，見我進來，微微點了點頭，示意我快點坐好。

終於下課了，老師向我簡單詢問了一下辦事的情況，然後問：「曾參還在門口嗎？」

「在。」

「曾點呢？」

「老師，我在。」

曾點皺著眉頭站起來，看起來很不開心。他是曾參的父親，也是老師的學生。

「好，既然曾點也來了，就把曾參叫進來吧。」

曾參低著頭怯生生走進來，彷彿真的犯了什麼大錯。

不知為什麼，我很看不慣他那畢恭畢敬的樣子，就在他成為新生的第一天，我偷偷給他取了一個外號——「曾木頭」。

你看他，年紀不大，卻是一副幹什麼都循規蹈矩的模樣。老師說一他就絕對是一，老師說二他就絕對是二。嘴唇卻總是繃得緊緊的，一副老氣橫秋的樣子。這些天，就沒見他笑過。

他看來不是一個惹事的人啊，怎麼會遭到老師這麼重的處罰呢？

這時，老師先看了看曾點，又看了看曾參，然後慢慢地說：「你們是父子，又都是我的學生，你們知道我為什麼生氣嗎？」

過了許久，曾點說：「我知道錯了，我不應該那樣打兒子。」

老師微微點了點頭，又轉過臉來問曾參：

「那你呢？你挨了打，我為什麼還要罰你站在門外呢？」

「一定是我幫父親做事時不用心，我以後一定改正。」

老師看了他好一會，接著又問：「還有別的原因嗎？」

「曾木頭」很認真地想了好一會，最後搖了搖頭說：「老師，弟子愚鈍，想不出更多的原因。如果有，一定是我孝心不夠，惹得父親生氣。」他仍舊一臉的茫然。

老師歎了口氣說：「唉，你呀！」接著，對曾點說，「你把事情的來龍去脈給大家說一下吧。」

原來，曾參前兩天幫助父親在瓜田鋤草，幹活時，不知又想起老師講過的哪句話，鋤頭下去，沒有鋤到草，卻將瓜秧的根鏟斷了。

在前面幹活的曾點，不經意間回頭看到了這樣的一幕，連忙喊：「欸，往哪裡鋤啊？小心瓜秧……」

話還沒說完，又一棵瓜秧被鏟斷了！

曾點氣急了，一把奪過鋤頭，大聲責罵：「你瞎了嗎？看看你幹的好事！」

曾參這才猛然警醒，小聲說：「可我剛剛在想老師講的課……」

這一辯解，曾點的氣就更不打一處來。他隨手抄過一根粗木棍，對著曾參就是一頓痛打：

「這是在教室裡還是在田裡？別人是越學越聰明，你是越學越愚蠢。有你這樣混帳的兒子嗎？」

曾參既不躲閃也不求饒。曾點越打越生氣……

曾參被打得昏倒在地，好久才甦醒過來。

曾點嚇得不知所措。沒想到，曾參一醒過來，竟然不顧傷痛，強撐著站起來，滿面笑容地對父親說：

「剛才您那麼費力地教導我，該不會累壞吧？」過了一會，他回到屋裡，拿起琴邊彈邊唱起來，想讓父親知道自己的身體安然無恙。

聽完曾點的講述，老師要大家談談對這件事情的看法。

子游也是一個新同學，比曾參入學早不了幾天，兩人年齡相仿。他看了看老師，說：「我們幾位新同學的意見是，曾參鏟斷瓜秧固然不對，可是他後面的行為卻做得很好。這些天老師一直給我們講孝道，曾參的做法，正符合老師的教導啊。」

他的發言得到了大多數同學的贊同。

老師沒有當即表態，而是將目光轉向曾參說：「曾參，你當時是怎麼想的呢？」

曾參說：「當時我只有一個念頭：既然犯錯惹父親不高興，就應該接受父親的責罰。您多次教導我們為人子女要懂得『孝』，而能夠贍養父母只是最低層次的孝，最難的是能始終對父母和顏悅色，不讓他們不高興。所以我才裝作若無其事，以免父親擔心。」

「真是一個孝順的兒子啊！」老師說。但接下來的話又讓我們大吃一驚，「可惜，你是一個十分愚蠢的孝子！」

「你知道舜帝的故事吧？舜的父親叫瞽瞍。舜非常孝順他的父親，父親要使喚他，他總是在旁邊；但父親想殺掉他時，他卻每次都會想辦法逃掉。父親用小棍子打他，他就默默忍受，但用大棍子打他，他就會逃走。舜這樣做的結果，使瞽瞍沒有犯下不行父道的罪責，而舜也沒有喪失孝道。可你呢，父親大發雷霆時，你寧死也不躲避。表面上像是盡了孝道，但萬一你被打死了怎麼辦？不僅會給你父親留下一輩子的痛苦和歉疚，而且會讓父親陷於殺子的不義之中。有哪一種行為比這更不孝呢？」

「曾木頭」臉色慘白，額頭沁出了汗珠，說：「老師，我知錯了，以後一定改。」

老師接著對曾點說：「你是最早跟隨我的學生之一，經過這麼長時間的學習，更應該懂得為人、為父和君子之道。孩子犯了一點錯誤，怎麼能夠這樣痛打他？我曾再三對你們說：我們的學問，以修身為本，只有修身修得好，才能持家，只有持家持得好，才能治國平天下。

你應不應該反省啊？」

「老師指責的是，弟子記住了，今後一定改正。」曾點也滿頭是汗地點頭。

這天的情景，深深刻在了所有學生的心中，更刻在了我的心中。由此，我們共同得出了一個結論：老師的學問，是鮮活的，而不是死板一塊。

而且，這不僅加深了我認為曾參真是「曾木頭」的印象，同時也強化了我對學習應該更加重視靈活。

【子貢學記】

老師對曾參的責罰讓我也很受教：

讀書人最不應該但最容易犯的錯誤是：書讀得越多，越容易成為書呆子。

學問和道理是死的，假如不知變通和靈活運用，再好的學問和道理，也會變成束縛人的教條。

生搬硬套，就會變成書呆子！

活學活用，才能成為聰明和智慧的人！

【閱讀原典】

◉曾子耘瓜，誤斬其根，曾皙怒，建大杖以擊其背，曾子仆地而不知人久之。有頃乃蘇，欣然而起，進於曾皙曰：「嚮也參得罪於大人，大人用力教參，得無疾乎？」退而就房，援琴而歌，欲令曾皙而聞之，知其體康也。孔子聞之而怒，告門弟子曰：「參來勿內。」曾參自以為無罪，使人請於孔子。子曰：「汝不聞乎？昔瞽瞍有子曰舜，舜之事瞽瞍，欲使之未嘗不在於側；索而殺之，未嘗可得。小棰則待過，大杖則逃走，故瞽瞍不犯不父之罪，而舜不失烝烝之孝。今參事父，委身以待暴怒，殪而不避，既身死而陷父於不義，其不孝孰大焉？汝非天子之民也，殺天子之民，其罪奚若？」曾參聞之曰：「參罪大矣！」遂造孔子而謝過。

《孔子家語・六本第十五》

【我的同學】

◉曾參，字子輿。曾參凡事認真，有時顯得不知變通，因此三番兩次挨孔子的罵。他注重孝道，作《孝經》，又勤奮好學，頗得孔子真傳。以「齧指痛心」的孝行、「一日三省吾身」的修養傳於世。

◉曾點，字皙。曾點僅小孔子六歲，是孔子三十幾歲時收的第一批弟子。在談論理想時，曾點說：「暮春者，春服既成，冠者五六人，童子六七人，浴乎沂，風乎舞雩，詠而歸。」這聽來悠閒舒爽的生活方式，極得孔子贊同。

◉冉求，字子有，亦稱冉有。冉有曾做過季氏家臣，在孔子的弟子中以政事著稱，後來跟著孔子一起周遊列國。冉有的個性比較謹慎多慮，遇到事情時需要別人鼓勵，才能「聞斯行之」。

◉言偃，字子游。即使只是一個小小的邊城也用禮樂教化；對於孔子「割雞焉用牛刀」之說有意見也會直接提出，子游就是這麼認真的一個人。在孔子的學生中以文學見聞於世。

二、動機好，未必結果好

魯國頒佈了一項政令：凡能贖回在其他國家做奴隸的魯國人者，不僅可以從國庫裡拿回贖金，還可以得到一筆賞金。

我一次贖回了十五個在衛國當奴僕的魯國人，卻沒有領取贖金和賞金。

本來我認為自己這是在實踐老師所宣導的「仁」，但老師卻批評了我……

我正為老師對「曾木頭」的批評而暗自開心，真沒想到過沒多久，同樣的命運也落到我身上，我竟然也被老師關到門外了！

這件事，在同學中引起的的轟動，比起「曾參事件」來有過之而無不及。要知道，曾參只是個新生，而我卻是追隨老師十多年的「明星學生」啊！曾參挨批，是由於他太死板了。而我，恰恰是被同學公認最靈活的人。

而最最難以理解的是，我的被罰，竟然是因為做了一件誰都認為正確的「好事」！

那麼，到底是怎麼回事呢？

魯國的國君沉湎於酒色，導致大權旁落。幾位執政大臣又爭權奪利，使得原本強大的國家日漸貧弱。周圍的齊國、吳國和晉國便趁火打劫，或者強占魯國的土地，或者擄掠魯國的人口、牲畜。當時，被擄走淪為別國奴隸的魯國百姓很多。

這樣的事，不僅激起國內極大的民憤，在國外，也大大損害了魯國的形象。於是，魯國國君頒佈了一項政令：凡有人能夠贖回在其他國家做奴隸的魯國人，不僅可以從國庫裡拿回贖金，還可以得到一筆賞金。

在老師的學生中，窮苦的大有人在，而我恰恰相反，從小跟隨父親做生意，二十來歲成為老師的學生後，我不僅已經有了七八年的從商經歷，更有了一定的金錢積累。加上我在跟隨老師上課的同時，經常有機會做生意，所以錢對我而言，根本不算什麼問題。當我看到魯國這項政策後，我就覺得這是一件很有意義的事。一次在衛國，我發現了十五個在衛國當奴僕的魯國人，便一次將他們贖出並帶回魯國了

那些被我贖出來的奴隸和他們的家人都對我感恩戴德，我也很高興。多日的奔波讓我備感勞累。回到魯國的那天晚上，正準備早點休息，門卻被敲開了。

原來，我贖回的那些奴隸，已經向主管這件事情的部門呈報。負責此事的大夫正愁沒人帶頭，非常高興，立刻請示國君，當晚便將錢送到我家裡來了，還準備大力宣傳，將我樹立成模範。

我沒有接受那些賞錢，也不同意樹立模範的做法，對他們說：「我一直經商，經濟上比較寬裕，有能力做這件事情，能為國家省一點就省一點吧！而且我的老師經常教育我們，做事要以仁義為先。」他們聽了，都露出敬佩的神情，說：「不愧是孔子先生的弟子啊！境界就是和別人不一樣。」

聽了他們的話，我不免有些得意，想到此舉為老師增了光，於是心中格外高興。

第二天，我睡了個懶覺，快到中午時，才一邊吹著口哨，一邊悠哉遊哉地往學校趕。一路上，春光明媚，雜花耀眼，黃鶯亂鳴。

讓我萬萬沒想到的是，我竟然也吃了閉門羹！門裡面一位新來的小師弟對我說：「你是子貢師兄吧，老師特意叮囑，讓你在門外好好反省一下在贖人這件事上到底哪裡做錯了。」

我一時愣住了，想不到當初「曾木頭」被關在門外的丟人經歷，竟然會在我子貢身上重演。更讓我想不通的是，贖人的事，怎麼會錯呢？

直到下課，才有人打開大門，讓我進去。

見到了老師，我請他指點自己錯在了哪裡，老師卻讓我先談談自己的看法。

我滿肚子委屈地說：「老師不是教導我們要行仁義嗎？不是說『君子喻於義，小人喻於利』嗎？我響應國家的號召做好事，還為國家省錢，如果連這樣的事都要受指責，那我真不知道該如何做君子了。」

老師又問其他同學的看法。這次我可比「曾木頭」有面子多了，因為所有的人，包括顏回、子路等，無一不站在我這邊。

老師微微一笑說：「看來大家都認為子貢做的是對的。我希望你們思考問題不妨多些角度，你們有沒有想過，他這樣做會引起什麼樣的後果呢？」

「這還不簡單，一定是人人向子貢學習，爭相為國家和別人謀利益！」子路心直口快，當即回答。

原憲師弟也說：「坦白說，子貢的這種做法，改變了我對他的印象。作為一個商人，他能有這樣的善心和行為，說明他是一個能為別人謀福利的商人，是一個用仁義道德充實自己的商人。我以後得多和他切磋。」

老師看了大家一眼，說：「你們只知其一，不知其二。子貢的做法，在思想和行為上確實很無私很高尚，但你們想過沒有，他的做法，對國家推行這項政令，有沒有反面的作用呢？」

沉默。大家都在思考。老師的話也讓我不得不往深處想。不想不知道，一想嚇一跳，越想越覺得不安。我的做法到底是哪裡不妥呢？

「我覺得，子貢師兄的做法，對和他一樣的有錢人來說是可以仿效的，可對很多窮人而言，要做到這一點卻根本不可能。比如說顏回師兄，他即使有心做也做不到！」剛才將我關在門外的小師弟首先打破了沉默。

我偷偷跟同學打聽，才知道這個膽子夠大，口才也不差的小師弟叫子夏。

子夏的話引發了同學們更熱烈的討論。有兩個同學因為誰也說服不了誰，甚至吵得臉紅脖子粗。我偷偷看了看老師，只見他正捧著一杯熱茶，有滋有味地品著，面帶微笑。

這神情我太熟悉了。老師的教育與眾不同，特別注重引導我們討論和思考，讓我們自己得出結論。此時，老師恰好朝我這兒看來，那熟悉的目光直觸我的心弦……

剎那間，我如有所悟，於是提高聲音說：「我想了半天。越想越覺得子夏師弟的話有道理……我的確是錯了！」

大家的目光都集中在我的身上。

我說：「做這件事時，我只從提高個人修養的角度來考慮，卻沒有從國家整體利益的角度來考慮。」

我抬起頭來，只見老師在向我微笑點頭。

我心中一暖：老師一定是知道我已經清楚自己錯在何處了。

老師問大家：「你們理解子貢剛才這話的意思了嗎？」

我看了看同學們，發現有的同學不斷點頭，而有一些同學還是露出迷惘的神情。「曾木頭」自然也沒有反應過來，於是，他主動向老師發問：「老師，請恕我們愚魯，還是您給大家說一說吧。」

老師看了看大家，說：「國家制定這個政策，最終的目的，是要激發國民的積極性，得以大量贖回淪為別國奴隸的魯國百姓。而大多數人之所以響應，其實在一定程度上還是因為物質獎勵的刺激。子貢贖人不領取贖金和賞金的做法，看起來是一個好榜樣，但是如果成為倡導的模範，那麼窮人根本無力做這件事，大多數富人也不願意做這種費力又虧本的事。你們說，國家的這一項重要政策，會不會有可能因此而流產呢？」

這一番話，讓同學們紛紛開竅了，不斷點頭。

老師進一步闡述：「你們聽我的課，爭當君子，這是值得表揚的。但是記住，當君子，行仁義之道，也不能只看動機，還得好好看結果。換句話說，要做最好的事，不僅要有最好的動機，也得爭取最好的效果。這樣，才是完整理解了君子之道和仁義之道！」

這番話，使我和同學們茅塞頓開，我們紛紛給老師報以最熱烈的掌聲……

【子貢學記】

我們做事，最容易犯的錯誤之一，就是只強調動機，不重視結果。

今天這件事，讓我明白了一個道理：

不管做什麼事，哪怕做好事，動機好，未必結果就好。

所以，我們一方面要重視動機，另一方面還要格外重視結果。

為了達到最好的結果，應該採取最佳的方式。

【閱讀原典】

◉魯國之法，贖人臣妾于諸侯者，皆取金於府，子貢贖之，辭而不取金。孔子聞之曰：「賜失之矣。夫聖人之舉事也，可以移風易俗，而教導可以施之於百姓，非獨適身之行也。今魯國富者寡，而貧者眾，贖人受金，則為不廉，則何以相贖乎？自今以後，魯人不復贖人於諸侯。」

《孔子家語・致思第八》

◉子曰：「君子喻於義，小人喻於利。」

《論語・里仁第四》

【我的同學】

◉顏回，字子淵。顏回生活窮困，家徒四壁，營養不良，才二十九歲頭髮就全白了。在孔子的學生中他的德行最佳，因此最得孔子稱讚。顏回比孔子小三十一歲，可惜短命，剛過而立之年便因病過世，讓人不勝唏噓啊。

◉仲由，字子路。子路堪稱是最能體現孔子教化力量的典範。從戴公雞毛、配公豬飾物的「蠻子」，變成以治理政事著名、百姓稱讚的好城宰。只是他的個性太憨勇、太直接，不知度時而退，為了救長官，他成了衛國政亂下的犧牲品，被剁成肉醬，讓孔子傷心得連肉醬都不吃了。

◉原憲，字子思。原憲的個性狷介，安於貧苦，不被外物干擾。他曾擔任孔子的總管，在孔子過世後便隱居衛國。子貢後來去探望他，看到他的樣子幾乎以為他病了，而原憲只說：「無財者謂之貧，學道而不能行者謂之病。若憲，貧也，非病也。」

◉卜商，字子夏。子夏小孔子四十四歲，是孔子後期學生中表現特出的一位。他以文學著稱，能糾正史誤，並被孔子稱讚「可與言《詩》」。孔子過世後，子夏在西河之上教授學徒，被魏文侯以師長之禮相待，亦身兼魏國的國策顧問。

三、不要曲解「君君臣臣、父父子子」

老師曾講過「君君、臣臣、父父、子子」的著名觀點，影響很廣。

許多人把它解釋為：「君要臣死，臣不得不死；父要子亡，子不得不亡」。

有一次，老師給我做了關於君臣、父子關係的詳盡闡述。我這才知道：

上面的那種解釋，實際對老師的原意做了最大歪曲，並會對社會造成極大損害……

天已微明，紅霞萬朵。我又來到了老師的墓前。

老師，弟子子貢又來看您了。

在經歷了為您守墓和多年經商、從政、外交的生活之後，弟子子貢又來看您了。

記得您去世後，弟子們捨不得離去，為您守墓三年。三年後，大家灑淚分別，我卻依然移不動腳步。於是，在墓邊，我蓋起了小屋，一住又是三年。

對於我的這個做法，很多人、包括一些師兄弟，都不理解：這還是那個特別活躍、特別好動、最耐不住寂寞的子貢嗎？

老師，他們哪裡明白，只有在這裡，我才能感受到您的真實存在；只有在這裡，我才能靜下心來，細細品味您的為人、您的智慧，並將您的這些智慧，更好地運用在實踐之中。

現在，經過了實踐與生活的洗禮，我越來越感覺到老師的智慧，不論是對一個國家，一個組織，還是一個人，都有非凡的價值，同時也非常悲哀地看到：隨著您的影響越來越廣，許多人對您的誤解和曲解，也到了一種讓人無法容忍的程度。

我向您報告其中的一次經歷吧——

有一天，我到了秦國，國君十分熱情地招待我，並不斷說：「您老師的觀點真好啊！對治理國家有莫大的作用。」

我十分高興，因為這許多年來，我很少聽到一個國君對老師有如此高的評價。

他接下來說：「我聽說當初齊景公向孔子先生問政。孔子先生就說了八個字：君君，臣臣，父父，子子。我覺得這話太精闢了！」

我滿臉笑容，洗耳恭聽。沒想到，他後面所做的解釋，讓我大吃一驚：

「一個國家要強大，國君當然要有絕對至高無上的權力和地位；家庭要興盛，父親當然要有絕對至高無上的權力和地位。君要臣死，臣不得不死；父要子亡，子不得不亡。這是真正使國家和家庭興盛最好的方法啊！」

他說得洋洋得意，我卻大吃一驚，像是被當頭潑了一盆冷水。

老師當初與齊國國君說這番話時，我雖然還沒有成為他的弟子，卻也知道老師講述這段話的意思：國君、臣子、父母、子女，各自要盡到各自的責任，各自要有各自的樣子，要遵守各自的道德行為規範，這樣，國才像國，家才像家。

我覺得，老師這個觀點對人有極大的啟示。

不管是在一個組織還是在一個家庭裡，最容易發生的問題之一，就是有人不盡自己的本分和義務，扮演不好自己的角色，還對他人有過分的要求。這一來，最容易造成與他人的矛盾，甚至造成組織的瓦解與家庭的破裂。

這是一個何等好的觀點啊！但是沒有想到，老師的觀點，竟然被這位國君歪曲到如此程度！

老師，我要明確向所有人證明：作為經常強調「仁者愛人」的老師，絕對不可能講那種只是維護「君、父」絕對權威的觀點。

我清楚地記得一次經歷，可以讓所有人更正確地理解老師對君臣、父子關係的認識——那是在我們隨老師周遊列國、回到魯國之後，老師曾與魯哀公有一次對話。

魯哀公問老師：「子女一直聽從父親的命令，這是孝嗎？臣子一直聽從國君的命令，這是貞嗎？」

問了三次，可老師就是不回答。

出門之後，老師問我：「剛才對於國君的問題我沒有回答，子貢你是怎麼看的？」

我毫不猶豫地說：「子從父命，這就是孝嘛，臣從君命，這就是貞嘛。老師為什麼不回答呢？」

老師有些失望地責備我說：「子貢呀，虧你跟隨了我這麼多年！讓我告訴你吧——

「有一種臣子叫做爭臣，他們是當國君做錯了事可以指出並促使他改正的人；有一種子女叫做爭子，他們是父母做錯了事情可以幫助他們改正的人；有一種朋友叫做爭友，他們是友人做錯了事可以指出並幫他改正的人。」

「萬乘之國有爭臣四人，疆土就不會被削弱；千乘之國有爭臣三人，社稷就不會有危險；百乘之家有爭臣二人，宗廟就不會被毀掉。父親有爭子，就會不行無禮之事；士有爭友，就不會做不義之事。所以，子女盲目地聽從父母，怎麼能說是孝呢？臣子盲目地聽從國君，怎麼能說是貞呢？必須看合理不合理。合理的、符合聖人之道的就遵從，不符合的，就要勇於指出來，幫他改正，這才是孝，這才是貞！盲從，有可能是不忠不義啊……」

瞧瞧老師這樣的說法，能是那種宣導「君要臣死，臣不得不死；父要子亡，子不得不亡」的人嗎？

面對秦國的這位國君，我覺得有必要向他澄清老師的原意。但後來的事實證明，我的一切努力都是徒勞，他根本聽不進去，他還是更願意採取這種只對他有利的解釋。

老師，假如您地下有知，聽到有人這樣曲解您的話，如此功利地使用您的話，您會不會苦笑呢？我想，您不僅會苦笑，而且還會倍加悲哀。當您在世時，您不被這些國君重視，您去世後，您的觀點還被一些不懷好意的國君和政要利用，作為愚弄百姓的工具！

其實，您被誤解和曲解又豈止這一點！您去世以後，我去了許多地方，見過許多的人，我發現，不管是國君、大臣還是文人、百姓，大家對您的誤解和曲解，竟然是如此之多、如此之大——

有的說您是鑽在故紙堆裡的老學究，卻不知道您是最重視現實智慧的大智者；

有的說您是一本正經的偽君子，卻不知道您恰恰是最親切和藹的好老師；

有的說您的學問過時，卻不知道您不僅自己應用這些學問獲得了巨大的成就，也讓弟子們各自獲得好的成績；

有的說您的思想主要體現的是帝王的意志，卻不知道您雖然重視君臣關係，卻絕對不主張愚忠……

我真的很痛心，不管是由於什麼原因，竟然有那麼多人或斷章取義，或肆意歪曲，將老師思想的形象糟蹋到如此地步！

老師的智慧是全面的、是有實際效果的。但是，要掌握您的智慧，就需要還原一個全面、真實的孔子。

這個任務，毫無疑問應該由我們這些弟子來完成。

我要告訴老師，拜老師所賜，師兄弟們現在都很有成就——

子夏師弟在魏國，魏文侯和他的宰相李克都拜他為師，他有數百名弟子，其中很多弟子都成了社會的改革者。

商瞿師弟用您傳授的《易經》之道，影響了很多人。

曾參師弟，雖然我以前看不慣他，但後來他改變了很多，成為了傳播您思想最得力的弟子之一。

有若，他長得像您，許多地方也像您，他也在開設課程，傳播您的思想。

澹台子羽在楚國，有近千名學生……

而我，也有意識地將老師教給我們的智慧，實踐於經商和從政，並嚐到了真正的甜頭：在為您守墓六年後，我再度經商，僅僅只用了四年的時間，就成為了最有名的商人之一，他們甚至將我譽為「儒商」的始祖。我還擔任過衛國的國相，魯國等國的國君也曾有意聘我為國相，只因我拒絕而沒有上任。可以很自豪地說，弟子的影響是很大的，走到哪裡，哪裡的國君和諸侯都對我十分尊敬，無不對我「分庭抗禮」——以最隆重的對等之禮對待我。我知道這些算不了什麼，但當別人問我為何能獲得這些成績時，我都會說，這一切，都拜孔子老師所賜。

其實，這是所有同學的共識。大家都覺得：老師教給我們的智慧，不僅有助於我們實現人生價值，也能幫助所有人獲得發展、成功與幸福！

治國安邦、管理組織、妥善處理人際關係，創造和諧美滿的生活……這都是人們追求的目標。要實現這些目標，在老師的智慧中，都可以找到最好的答案！

於是，同學們自發組織起來，根據回憶和聽課筆記，主要收集老師教育我們的言行，已經整理了一本叫做《論語》的書。

這本書完成了，在社會上獲得非常強烈的迴響，與許多人的高度評價。

但是，同學們也反映：這本書太簡略了，而且故事也太少，無法讓人全面認識我們身邊那個最生動、活潑的老師。

於是，他們都勸我另外寫一本書，更全面展現老師的智慧和風采。

他們鼓動我說：「你是跟隨老師時間最長的人，而且你不管是從政還是經商，成就最大，影響最大，又為老師守墓六年，由你來再寫一本關於老師的書，是再合適不過了……」

書，我是不敢寫的。但如果經由我的回憶，不僅可以讓大家認識一位原本面貌更真實、更親切的孔子，而且還學到大家所渴望的種種智慧，我的確覺得責無旁貸！

關於老師的回憶實在是太多了，還是從我對老師產生信仰危機的那一天講起吧……

【子貢學記】

老師講「君君、臣臣、父父、子子」，其意是人人都要遵守各自的道德行為規範，卻被人們嚴重曲解了原意，並成為某些暴君愚弄民眾的藉口。

老師受到誤解和曲解並非個別事件，在很多地方都浮現出來，這使我深切地認識到：應該還原老師的本來面目，讓人認識一個活在身邊的孔子老師，學到大家所渴求的成功、幸福、管理、處世等方面的種種智慧。

【閱讀原典】

◉齊景公問政於孔子。孔子對曰：「君君、臣臣、父父、子子。」公曰：「善哉！信如君不君，臣不臣，父不父，子不子，雖有粟，吾得而食諸？」

《論語・顏淵第十二》

◉魯哀公問於孔子曰：「子從父命，孝乎？臣從君命，貞乎？」三問，孔子不對。孔子趨出，以語子貢曰：「鄉者，君問丘也，曰：『子從父命，孝乎？臣從君命，貞乎？』三問而丘不對，賜以為何如？」子貢曰：「子從父命，孝矣；臣從君命，貞矣。夫子有奚對焉。」孔子曰：「小人哉！賜不識也。昔萬乘之國有爭臣四人，則封疆不削；千乘之國有爭臣三人，則社稷不危；百乘之家有爭臣二人，則宗廟不毀；父有爭子，不行無禮；士有爭友，不為不義。故子從父，奚子孝？臣從君，奚臣貞？審其所以從之，之謂孝，之謂貞也。」

《荀子・子道篇第二十九》

【我的同學】

◉商瞿，字子木。商瞿對《易》特別有興趣，因得孔子傳授。他後來將《易》傳給楚人馯臂，馯臂又傳江東人嬌疵……，對於《易》學的傳承有很大的貢獻。

◉有若，字子有，亦稱有子。有若記憶力好，喜歡古代的政治、禮教等；他善於揣摩孔子的言行，加上臉也長得相像，子夏等學生因為非常想念孔子，便想把有若當老師一樣對待，但被曾參反對而作罷了。

◉澹台滅明，字子羽。孔子曾說：「以貌取人，失之子羽。」子羽的長相不討人喜歡，但人品很好，公平又正直，以守信用著名。他後來在魯國當了大夫，除非公事，否則不跟長官見面，是個相當嚴謹守分的人。

子路和冉求問同樣一個問題，老師竟給了完全不同的答案；

老師作為魯國的「司法部長」，沒有用法律嚴懲一對互相告狀的父子，

而是採取特殊的方式使他們徹底轉變；

齊魯兩國會盟，老師以武備為魯國奪回了被占的土地……

這些都向我說明一個道理：

老師教我們的，不是死的知識，而是活的智慧。

他是在開設一所歷史上從來沒有過的「智慧大學」……

第二章

死知識，活智慧

一、輕率一時，可能錯過一生

權臣陽貨想借老師的名聲增加自己的威望，老師不願意又躲不過，最後發生了路遇陽貨被陽貨教訓的尷尬場面。老師的無奈，引起了我的同情，但也激起了我離開他的打算。

「我還要聽他的課嗎？這個老師，還值得我繼續追隨嗎？」

就在杏壇，老師講課的地方；就在秋天，一年中最好的季節。秋風陣陣，望著窗外一片片飄落的銀杏葉，我一遍遍這樣問自己。

老師像往常一樣在台上講課，同學們都坐在台下靜靜地聽。而我，卻根本不曉得老師在講什麼，只是這樣固執地一遍一遍問著自己。

固然，當時我成為老師的弟子還不到一年，對他那套有點繁瑣的「禮」不很習慣，卻也知道他是全魯國學識最淵博的人；固然，因為從小跟隨父親做生意的緣故，使我覺得老師的有些想法和做法頗為古板，卻也佩服他的品德才華。

總之，我一直是很崇拜他的。但前一天發生的一件事，使我對老師產生了信仰危機。這件事，我後來稱作「陽貨事件」——

陽貨是魯國大夫季氏的管家。季氏是魯國最有權力的三家大夫之一。而這位管家，則是掌控季氏的最重要的人物。

諸侯不把周天子當回事，大夫不把國君當回事，而有些家臣也不把大夫當回事。這樣顛倒的社會現實，讓老師痛心疾首。

而季氏就是這樣的大夫，陽貨就是這樣的家臣。

可想而知，老師對於陽貨這樣的人，是何等的討厭。可這個陽貨卻偏偏動了心思，想請老師出來做官，以擴大自己的影響力。

陽貨想盡辦法接近和拉攏老師，甚至一連三天登門拜望。老師明明在家，卻讓人推說自己不在，拒絕見他。

第四天早上，老師對我和幾位師兄弟說：「老這樣躲著也不是辦法，不如我們到外面去走走，免得大家尷尬。」

於是，老師帶著我們去山裡玩了一天。直到黃昏，我們才往回走。

沒想到，一進門，一個留在家裡的同學就稟告說：「陽貨又來了，還送了一頭蒸乳豬呢！」

老師皺了皺眉頭：「怎麼讓他進來了呢？我們出去不就是為了躲開他嗎？」

「沒辦法啊，他一直派人守在門口，看到您一走，他就直接進來了。他要送東西，還講了一堆好話，您說，我怎麼能夠拒絕呢？」

老師點了點頭。的確，這也不能怪這位同學。

看來，躲是躲不過了，陽貨明擺著給老師出了道難題：你不是最講究禮節嗎？按照禮的規定，地位高的人饋贈禮物給地位低一點的人，如果受贈者當時不在家，就應該事後到贈送禮物的人家裡去專程致謝。看你怎麼辦！

這的確是個難題，大家都看著老師，老師沒有作聲。

從第二天開始，老師安排弟子去查探陽貨什麼時候不在家。三天後，師弟冉求高興地告訴老師：陽貨出門了。

於是，老師帶上我們幾個同學去回拜陽貨。

陽貨果然不在家，老師讓他家的下人轉達自己的謝意後，就告辭了。

既然陽貨能這樣做，我們當然也可以用同樣的辦法對付他！一路上同學們很高興，老師的臉上也露出了笑容。

萬萬沒想到，尷尬的場面還是出現了。只聽子路師兄突然喊道：「老師，您看前面，陽貨……」

大家抬頭一看，沒錯，那被一幫人簇擁著正滿臉得意向我們迎面走來的，不是陽貨又是誰？老師的笑容僵住了。無奈之下，只得對陽貨道了一聲謝，然後想轉身離開。

誰知陽貨卻攔住了去路，說：「我多次想向夫子請教，但一直苦於沒有機會。今天難得相逢，請夫子一定到舍下小敘。」

老師推說剛剛去過了。

陽貨說：「既然如此，您別站那麼遠，過來一點，我有話跟您說。」

老師猶豫了一下，還是走了過去。

陽貨問：「如果一個人很有才幹，卻偏偏要躲起來，對國家的混亂不管不顧，能算仁德嗎？」

老師答：「不能。」

陽貨又問：「如果一個人希望從政，卻屢次失去機會，可以叫做明智嗎？」

老師答：「不能。」

陽貨說：「歲月不等人，既然知道自己不仁不智，為什麼還要一天天蹉跎下去，不願出來為官呢？」

老師很是窘迫，說：「好吧，我打算出來做官了。」

陽貨上了馬車，帶上一幫人離開了。

我永遠忘不了他那張帶著嘲諷的笑臉。這是何等尷尬的一次會面啊！儘管對話的時間不長，可我卻覺得如坐針氈，至於老師的感受，我想就更不用說了。

一回到家，性格最為直爽的子路師兄就迫不及待地問老師：「老師，您真的要出去幫陽貨做事嗎？」

老師說：「我怎麼能去呢？陽貨這個人，心術不正，越禮犯上，總有一天會出大問題。幫他，不是為虎作倀嗎？」

「那您為什麼要答應他呢？」

「不答應他，不是徹底得罪了他嗎？」

子路還想說什麼，老師卻一甩袖子，轉身進了裡屋。我發現，他的臉色很難看。

老師真可憐！但很快，我這種感情被另一種說不出的失望所取代。

我突然覺得，陽貨的話不是沒有一點道理，人人都說老師是魯國最有智慧的人，為什麼總是沒有施展的機會呢？難道僅僅是生不逢時嗎？再看他那樣輕易地被一個權臣操縱於股掌之間，被問得張口結舌，最後不得不說些違心的話，聰明才智何在呢？

作為商人的後代，我要學習的，是在萬人之中應付自如的本領。這個老師，還值得我跟隨嗎？

關於老師見陽貨的這件尷尬事，老師以後再也沒有提過。但在許多年以後，我們同學私下悄悄進行過討論。

有的說老師不是怯懦，他以一種「示弱」的方式「不合作」，這樣不僅避免了衝突，也保全了名節，恰恰是一種處世智慧。

有的說，老師也是凡人，也有尷尬和無奈的時候，應當理解和寬容……

而時過境遷，我覺得再去探究這一點並沒有太大意義。我要告訴大家的是：

幸虧我那時沒有僅僅憑老師的那次尷尬經歷就瞧不起老師，並因此離開他。否則，我就完全有可能遺憾終生……

【子貢學記】

對人的全面認識，是一個複雜乃至痛苦的過程。

有道是：「路遙知馬力，日久見人心。」

我們與人相處時，最容易犯的錯誤之一，就是輕易對人下判斷。一個優秀的人，絕對不要輕易對人下判斷。否則，有可能看錯了別人，也給自己帶來意想不到的損失和危害，甚至喪失人生最好的機會……

輕率一時，可能錯過一生。

【閱讀原典】

◉陽貨欲見孔子，孔子不見，歸孔子豚。孔子時其亡也，而往拜之。遇諸塗。謂孔子曰：「來！予與爾言。」曰：「懷其寶而迷其邦，可謂仁乎？」曰：「不可。」「好從事而亟失時，可謂知乎？」曰：「不可。」「日月逝矣！歲不我與！」孔子曰：「諾，吾將仕矣！」

《論語·陽貨第十七》

二、知識重要，智慧更重要

老師的馬吃了別人的莊稼，被農夫扣下來了。
老師派口才最好的我去交涉，農夫根本不買我的帳。
老師再派馬夫去交涉，他竟然很快把馬領回來了！
這件事，給向來自以為聰明的我，一次很大的教訓……

第二天，我都準備直接向老師提出離開他的想法了，但是，一件出乎意料的事情讓我放棄了這個打算。

在課間休息時，子路師兄興沖沖跑到老師面前，問道：「知道了應該做什麼就立即行動，對嗎？」

老師答：「有父兄在，你應當先向他們請教啊。怎麼能說做就做呢？」

子路師兄一愣，沉吟片刻，點了點頭，出去了。

過了一會兒，師弟冉求輕手輕腳地進來了。沒想到，他也向老師問道：「知道了應該做什麼就立即行動，對嗎？」

這是兩個相同的問題。更沒想到的是，老師給的答案卻完全相反：「對，知道了該做什麼就立即去做。」

這一下把我弄糊塗了，也把和我站在一起的公西華弄糊塗了。

我暗想：老師是不是和我一樣，還沉浸在陽貨事件的陰影裡，變得語無倫次了？

公西華先忍不住了，問道：「老師，子路和冉求問同樣的問題，您的回答怎麼正好相反呢？」

老師微笑著看了看他，然後扭頭問我：「子貢，你是不是也有同樣的疑問啊？」

我本不想作聲，但既然老師問了，只好也點了點頭。

老師說：「我之所以這樣回答，是因為子路做事容易衝動，膽子大，如果不抑制他一下，可能會出大問題；而冉求則恰好相反，遇事容易退縮，所以要激勵他一下。」

那一瞬間，我覺得自己的心，受到了極大的震憾：一直以來，我希望從老師那裡得到對一些問題、一些道理的最權威、最正確的解答，可是，老師那裡並沒有所謂的「標準答案」！

但是，這沒有「標準答案」的做法，給我的感覺恰恰最有道理、也最能給人啟示！

這樣的教育方式，讓人耳目一新，更讓我覺得：在這種教育方式下學習，自己一定能得到最大的成長與幫助。

於是，我忍不住問：「老師，您的這種教育方式，與別人有什麼不同呢？」

老師想了想說：「我不認為按照統一的標準施教，才是最好的教育，恰恰相反，我希望根據每個學生的不同特點因材施教。」

這很對呀，每個人求學的目的，不就是希望成為對社會有用的人才嗎？可是人與人個性不同，就像樹一樣，柳樹喜歡潮濕，松柏能耐乾旱，如果看不到這種不同，怎麼能提供各自適合的成長環境呢？

我理解老師的這種教育方式了，接著問道：「老師的這種教育方式，最本質的特點是什麼呢？」

老師沉吟了許久，然後對我微微一笑，說：「關於這個問題，需要你以後好好體會，等你有了心得，我們再討論。」

這又是老師教育的一大特點：有時候，他不願意直接給你一個答案，而是用啟發的方法，希望你自己找到它。

既然這樣，我就好好體會吧。

幾天後發生的一件事，讓我對老師的這種教育有了更切身的體會——

那一天，老師帶我們去齊國的邊境考察，經過一片田地時，由於路不好走，老師下了馬。馬夫將馬交給一個小師弟牽著。

走出去老遠，才發現牽馬的小師弟沒有跟上來。過了好大一會兒，只見他慌慌張張地跑過來，喘著粗氣報告說：「老師，不好了，剛才那馬跑到田裡，不小心吃了幾棵麥子，被農夫扣下來了！」

老師一點不慌，轉頭對我說：「子貢，你的口才是同學中最好的。這件小事應當難不倒你。」

聽了老師的話，我有點飄飄然，二話沒說就去跟那農夫理論。可是，任我將道理講盡，那農夫死活不肯把馬交還。最後，我只得垂頭喪氣到老師那裡覆命了，真是覺得很沒面子！

老師沒說什麼，對馬夫說：「你去試試吧。」

我心想：老師是不是糊塗了呀？連我都不行，他一個馬夫，能行嗎？

萬萬沒想到，才一會兒功夫，馬夫就笑咪咪地牽著馬回來了。

大家都很意外，七嘴八舌問他是怎麼交涉的。

馬夫回答說：「其實也沒什麼。我一見他，就按當地習慣，直接稱呼他老哥。在熟悉之後，就用他能夠接受的語言對他說：『老哥啊，你不在東海耕種，我不在西海牧馬。但兩地的莊稼卻長得一個模樣，牲畜又不懂得人事，馬怎知那是你的莊稼不該偷吃呢？吃了你的莊稼，是我們的不對，可是，你也得理解理解這一點啊。』」

「那麼，你講完這話以後，他又怎麼反應呢？」我不由問。

「說了，你可別生氣。」

「我怎麼會生氣呢？」我當即表態。

他說：「好，那我就告訴你！聽完我的話，他立即就對我態度友好起來了，說：『你這位老兄，真會說話，和剛才那位來討馬的人大不一樣。』」

一聽他說這話，大家的目光一下都轉到我這裡來了。

我的臉一紅，不過因為我剛才講了那麼多，都是徒費口舌，我想：他怎麼講我都不為過。於是，我乾脆厚起臉皮問一句：「那麼，他怎麼向你說我如何講的呢？」

看到平時很愛面子的我敢這樣提問，老師看了我一眼，我從他的眼神裡看得出來他很欣賞我這做法。

馬夫將那位農夫的話直言相告：

「那位剛才跟我交涉的人啊，給我講了一大堆之乎者也的道理，可是我根本聽不懂。而且他派頭還很大，說這馬是老師孔夫子的。孔夫子又如何如何有名，又講了許許多多大道理。我一生氣，心想，孔夫子關我什麼事？我可不聽你這一套，畢竟是你的馬吃了我的莊稼啊，你的派頭和學問用到別處去吧，在我這裡可行不通！」

聽了他的話，我的臉真是燒得火辣辣了。但是，我不得不承認他講的很對。

馬夫接著講自己如何進一步拉近情感，得到諒解的做法。當他講完以後，大家給了他熱烈的掌聲。

這時，有個同學嘴快，說：「真沒有想到，我們的子貢師兄，還不如一個馬夫啊！」

老師趕緊制止了他：「不能這麼說。子貢的學問和口才的確好，只不過用錯了對象。用別人聽不懂的道理去說服他，好比什麼呢？祭祀時最豐盛的犧牲是太牢，可是如果拿來請野獸享用，野獸一定覺得味道糟糕透了；最好聽的音樂是韶樂，可是請飛鳥聆聽，牠可能覺得是噪音。光有學問和口才，並不能達到理想的效果啊！」

如果說子路和冉求向老師求教，老師給了不同的答案，讓我有很大的感觸，那麼這一次討馬的事件，則給了我更大的震撼。

因為這不僅是發生在我本人身上，更重要的是，學問和口才都更強的我，竟然在辦這樣一件事情上，還不如一個馬夫！

我低頭反省，心思重重。老師看到了我的表情，就先誇獎我：「這件事雖然你辦得不好，但是在之後，你能虛心請教別人，就說明你是能進步的啊！」

我說：「老師，你看我這一肚子學問，而且口才也還可以，但是辦起事來，卻比馬夫都不行。這是不是說明，學問這東西，其實沒有多少用呢？」

老師立即回答：「瞎說，誰說學問沒有用。儘管這件事情你辦得不如馬夫，但這並不能說明學問沒用。以後你要辦更大的事情，你就知道學問越大越有用的道理了。但這件事你也該強烈反省，為什麼你的滿腔學問在這裡沒有用呢？學問也就是知識，你是不是可以想一想，知識固然重要，但可能有一種東西，比知識更重要呢？」

「那麼，應該是什麼呢？」我不由急切問老師。

老師還是不願意回答，而要我自己找出答案。

我想著想著，突然豁然開朗，說：「老師，我想，應該是智慧吧？對嗎？」

老師對我露出了肯定的眼光。之後再問我：「那麼，知識與智慧的區別在哪裡呢？智慧對知識的價值又在哪裡呢？」

我脫口而出：「知識是死的，智慧是活的。智慧對知識的價值，就是能夠對知識活學活用！」

老師對我不斷點頭，對我露出了讚賞的微笑。

我終於對老師有了新的認識：他開辦的，不是拿文憑的學校，而是一所前所未有的「智慧大學」！

經過這件事，我對老師的看法有了根本的改變，我決心跟老師學下去……

【子貢學記】

這段時期最大的收穫，是開始明白了知識和智慧的關係。

增長智慧，離不開知識；但如何學好和運用好知識，則更需要智慧。

學習的最終目的，不是知識的累加，而是智慧的提高。

【閱讀原典】

◉子路問：「聞斯行諸？」子曰：「有父兄在，如之何其聞斯行之！」冉有問：「聞斯行諸？」子曰：「聞斯行之。」公西華曰：「由也問：『聞斯行諸？』子曰：『有父兄在。』求也問：『聞斯行諸？』子曰：『聞斯行之。』赤也惑，敢問。」子曰：「求也退，故進之；由也兼人，故退之。」

《論語・先進第十一》

◉孔子行遊，馬失，食農夫之稼，野人怒，取馬而繫之。子貢往說之，卑辭而不能得也。孔子曰：「夫以人之所不能聽說人，譬猶以大牢享野獸，以〈九韶〉樂飛鳥也，予之罪也，非彼人之過也。」乃使馬圉往說之，至，見野人曰：「子耕於東海，至於西海，吾馬之失，安得不食子之苗。」野人大喜，解馬而與之。

《淮南子・人間第十八》

【我的同學】

◉公西赤，字子華。在與孔子談論理想時，公西赤回答：「非曰能之，願學焉。宗廟之事，如會同，端章甫，願為小相焉。」而他本身就是個非常熟悉賓主禮儀的人。

三、教化比拳頭更有力

一對父子互相控告，許多官員都說兒子不孝，應該把他殺掉。身為司法部長的老師卻沒有這樣做。他採取一種特殊的判決方式，結果創造了誰都想像不到的好結局……

老師望著一對相扶著一同離去的父子微笑，我站在一邊，幾乎目瞪口呆。誰想得到呢？幾天前，這兩個人還互相仇恨、爭執到了打官司的程度，而現在，竟然是互相體貼關懷、和好如初了？

而更讓人難以想像的是，讓他們做到這一點的，不是別人，而是剛被提拔為魯國的大司寇——司法部長的老師！

要知道，這可是最有權力的職位之一啊！要知道，大司寇面對打官司的人，應該是用法律的手段就可以了啊。

是的，對法律，老師可以說是運用自如。在這一案件中，他運用了法律，但運用得更多的，則是比法律更重要的東西。

事情是這樣的——

前幾天，一對父子打起官司，竟然告到司寇府來了。

魯國重視孝道，不少官員們知道這一消息，紛紛說：「哪有兒子告父親的？先殺了那個不肖子再說！」

這是占了絕對上風的意見。我們都以為，一貫提倡孝道的老師肯定會接受這種意見。但老師卻說：「不能殺。」

宰相府的一位官員很不理解：「提倡孝道是治理百姓的根本。殺一個不孝的人對大家產生儆戒作用，不是很好嗎？」

老師答：「父子打官司是不對的，尤其是兒子不能告父親，這樣的道理哪個老百姓不知道呢？現在發生了這樣的事，歸根究柢是我們這些居上位的人沒有盡到教導的責任。」

這位官員很不以為然。

老師微微一笑，說：「讓我親自處理這個案子吧。」

案件審理過程中，父子兩人各執一詞。

老者說：「這個逆子，好逸惡勞，什麼事都不幹。我忙裡忙外，他卻只知道坐享其成。我勸他下地幹活，他非但不聽，還動手打我。求大人給我做主！」

少者則說：「並不是我先打他的，是他蠻不講理，開口就罵，還經常打我……」說著，他脫下上衣，露出紫一塊、青一塊的傷痕。

老師沒有表態，而是細細詢問了他們家裡的情況。

原來，老者的妻子健在時，父子感情還不錯，但她去世後，情況就大不一樣了。家庭裡缺少溫暖，加上年成不好，日子越過越窮，父子心情都不好，關係越來越惡化。

聽到這裡，老師非常同情，不厭其煩地給他們講父慈子孝、家和百事興的道理。他們看上去像是有所感觸，但都不肯服輸。

老師板起面孔，厲聲說道：「父不像父，子不像子，豈有此理！來人哪！把這不懂禮制的父子都關進監牢！把老的押進新牢，小的關進舊牢，餓他們三天，看他們還敢不敢說自己冤枉！」

兩個人都吃了一驚，隨即大喊冤枉。老師一甩袖子，退堂了。

一連過了三天，到第四天早上，獄吏匆匆忙忙跑來向老師稟報：「父子倆都說要認罪，正在牢裡痛不欲生地哭呢！」

老師當即升堂。

父子倆一見面，顧不得是在大堂上，抱頭痛哭。

周圍的人都莫名其妙，只有老師在頻頻點頭。

原來，老師在關押他們時，特別把他們分開。老者被關在新牢、少者被關進舊牢。為什麼這樣安排呢？老師其實大有深意——

老者被關進新牢後，不住地唉聲歎氣。突然，房梁上傳來一陣嘰嘰喳喳的叫聲——那裡住著一窩燕子。只見老燕子一直忙碌著，不時進進出出，銜著小蟲餵食小燕子。

老者呆呆地看著，不知不覺間，淚水打濕了衣襟……

少者被關進一間舊牢，裡面又暗又濕。他趴在窗口往外看，只見空蕩蕩的庭院裡只有一棵大槐樹，樹上有個烏鴉窩，小烏鴉正在給老烏鴉餵食。原來老烏鴉的眼睛瞎了，只能靠小烏鴉來餵養。

一連三天，少者都能看見小烏鴉盡心盡力地叼東西給老烏鴉吃。老烏鴉心滿意足的「呱呱」叫聲，一聲聲觸動他的心，最終讓他羞愧無比……

老師問少者：「你現在知罪嗎？」

少者抹淚道：「知罪。」

「罪在哪裡？」

「罪在忘恩負義，不知報答父母的養育之恩。」

「那你以後該怎麼做？」

「痛改前非，重新做人。」

老師點點頭，又問老者：「你知罪嗎？」

老者道：「知罪。」

「罪在哪裡？」

「罪在對孩子缺少慈愛。」

老師聽了，說：「既然如此，我現在就放你們回去。希望你們此後勤於耕種，好好過日子。」

兩人連連點頭，兒子攙著父親一起走了。

這樣的結局讓我們既激動又興奮，老師斷案真是與眾不同啊！

「作為大司寇，您完全可以、而且應該用法律手段來懲罰他們，可是您為什麼沒有這樣做？」一個小師弟好奇地問道。

老師說：「大家一定要記住一個觀點——『不教而誅是為虐』，就是說，如果在對人實施教育、教化之前，就以法律的名義去懲罰他，甚至殺了他，這就是虐待，和殘殺無罪的人性質是一樣的。從政者要事先公佈法律條文、道德規範，這樣百姓才有依從的標準；更關鍵的是，在上位者要以身作則，帶頭遵守。只有這樣，老百姓才會心悅誠服、樂於順從。這才是教化。」

老師進一步強調說：「只知道以權力、法律來懲治人，這叫做『霸道』，而能夠以教化的方式，讓老百姓自動自發改善和提升，這就叫做『王道』。霸道崇尚的是『拳頭說話』，但我要告訴你們，教化比拳頭更有力量！」

老師的確不是一般的司法部長！他有著遠遠超過司法部長的境界！

後來，我和老師周遊列國十四年，我總是不由自主想起老師這個特別的審案故事，並總結出一個最值得重視的現象：

老師一生向各國君主不斷宣導的，其實就是管理的「王道」……

【子貢學記】

一流的領導與管理，不是「霸道」，而是「王道」。

「霸道」重視壓制，「王道」重視教化。

「霸道」強調以力服人，「王道」強調以德服人。

「霸道」只能讓人被動屈服，「王道」卻能讓人主動改善和跟隨。

【閱讀原典】

◉孔子為魯大司寇，有父子訟者，夫子同狴執之，三月不別。其父請止，夫子赦之焉。季孫聞之不悅曰：「司寇欺余，曩告余曰：國家必先以孝。余今戮一不孝以教民孝，不亦可乎？而又赦何哉！」冉有以告孔子。子喟然歎曰：「嗚呼！上失其道而殺其下，非理也。不教以孝，而聽其獄，是殺不辜。三軍大敗，不可斬也。獄犴不治，不可刑也。何者？上教之不行，罪不在民故也。夫慢令謹誅，賊也；徵斂無時，暴也；不試責成，虐也。政無此三者，然後刑可即也。《書》云：『義刑義殺，勿庸以即汝心。』惟曰未有慎事，言必教而後刑也。既陳道德以先服之，而猶不可，尚賢以勸之；又不可，即廢之；又不可，而後以威憚之。若是三年，而百姓正矣。其有邪民不從化者，然後待之以刑，則民咸知罪矣。《詩》云：『天子是毗，俾民不迷。』是以威厲而不試，刑錯而不用。今世則不然，亂其教，繁其刑，使民迷惑而陷焉，又從而制之，故刑彌繁，而盜不勝也。夫三尺之限，空車不能登者，何哉？峻故也；百仞之山，重載陟焉，何哉？陵遲故也。今世俗之陵遲久矣，雖有刑法，民能勿踰乎？」

《孔子家語・始誅第二》

四、要文武兼備，也要剛柔相濟

在齊魯兩國國君的夾谷之會上，代表魯國主持這次會盟的是老師。這次會盟由齊國提出，其目的是要向魯國宣示國威，並藉機壓制魯國。他們認為一向重視禮儀、文化的老師，必然會被他們欺負。沒想到，他們的陰謀徹底被老師挫敗。

「我治理魯國以來，就屬今天最高興了。我們魯國向來被齊國欺壓，但這次卻獲得了最大勝利。大司寇，這是你為國家立下的最大功勞啊！」

魯定公滿面春風，一邊開心地大笑，一邊不斷向老師道謝。

我們跟在他和老師的後面，也一邊高興，一邊為老師感到格外自豪。夕陽西下，晚風吹著老師的臉。我在後面看著老師，對他的景仰和敬佩又增加了幾分。剛剛發生的一切，不僅幫魯國找回了失去的尊嚴和土地，而且讓我們再次感到老師那種超乎尋常的智慧。

齊國是魯國強大的鄰國，一直對魯國虎視眈眈。在一些不懷好意的大臣鼓動下，齊國國君提出要與魯國國君魯定公會盟，相會的地點在齊魯交界處的夾谷。

此次會盟有可能凶多吉少，擔任魯國宰相的季桓子十分狡猾，本來應該由他陪魯君去簽訂會盟，但他藉故不去，卻將老師推了出來，而老師也當仁不讓。

於是國君便讓老師以司寇的身分代行宰相之事，陪同自己去會盟。

我和子路等幾個弟子，陪老師一起參加這次會盟活動。果然，這次會盟發生了不少事，甚至只能以「驚心動魄」來形容。

會議在夾谷南部一處空闊的地帶進行，並臨時築起了一個土壇，齊魯兩國君主登壇就坐。開始時，兩國國君都很客氣。沒多久，齊國大夫黎彌走過來，對魯定公說：「為了這次會盟，齊侯特意讓我們準備了四方樂工為您奏樂，請您觀賞。」

還沒等魯定公說話，黎彌就一揮手，一幫人立即就往壇上衝了過來。

那是什麼樂隊啊！一個個塗著紅粉，頭上紮著羽毛，身披皮衣，手執矛、戟、劍、盾，打扮得如同野人一樣，一邊嘻笑打鬧著，一邊向土壇逼近。

此情此景，我的心一下提到了嗓子口，不由自主去看魯定公，發現他臉色慘白。看來，他從來沒有見過這陣仗，比我受的驚嚇還大。

我立即轉身去看老師，發現一個令許多人想像不到的情景：

老師一點也不慌亂，而是急走上前，對著台下喝道：「兩國國君友好相會，怎麼容得了這樣一幫野蠻樂隊鬧事，請齊國管事的官員下令撤去！」

管事的官員當時就在壇下，與魯國的左司馬相對而立。但他卻對老師的話置若罔聞。老師又很嚴肅地大聲重複了一遍，但那位官員只是看了看黎彌，而黎彌卻毫無反應。於是老師便走到齊景公身邊，躬身施禮之後，用堅定而大聲的語氣說道：「如此盛會，卻用蠻夷之樂，這不合禮儀，請您下令斥退吧！」

看著一臉正氣的老師，齊景公不免有些心虛，在老師的逼視下，齊景公終於揮揮手，讓那幫樂手退了回去。

盟壇好不容易恢復了平靜，沒想到，這時黎彌又上前一步對魯定公說：

「既然君侯和孔夫子不愛聽四方夷樂，齊侯還備有宮中雅樂，請魯侯欣賞吧。」

老師曾經去過齊國，在那裡聽過著名的韶樂，為此甚至還「三月不知肉味」。想必，此刻齊國為了彌補剛才過分的行為，會獻上一齣真正的雅樂吧？

於是老師向魯定公點了點頭，魯定公笑了笑，也向黎彌點了點頭。

於是黎彌走到壇邊，又一揮手。

沒想到這次出現的，並不是曾經使老師極為著迷的雅樂。這次所謂的歌舞樂隊，又是什麼呢？竟然是一隊侏儒，他們唱著奇奇怪怪的調子，似舞似跳地擁到壇前，大呼小叫地亂成一團。

這下老師全明白了，黎彌明擺著存心戲弄魯國。他的目的就是要讓魯定公明白：齊魯兩國雖然結盟，但在強齊眼裡，弱魯只不過如同侏儒一般。

是可忍，孰不可忍！於是老師又走到壇邊，向著齊國管事的官員厲聲喝道：

「侏儒戲諸侯罪不可恕，請齊國的主事官依法行刑！」

主事官於是又將目光投向了黎彌，黎彌照樣裝作沒有看見。

這次，老師也不請示齊景公了，當即大聲說道：「齊魯兩國既已訂盟結好，齊國的事就如同魯國的事一樣。魯國的司馬聽令，立即代齊國執法，將戲弄諸侯的侏儒斬首！」

黎彌沒料到老師會走這步棋，當他看見老師不可侵犯的目光時，才意識到自己輕視的這位老夫子，既不是書呆子也不是懦弱書生。於是他趕緊道歉，之後又開始狡辯：「兩國和好，以樂隊助興，這本來就是一件讓大家高興的事情。可是大司寇卻一而再、再而三地阻止我們齊國好意安排的歌舞活動，這不是讓我們的會盟變得太沒有友好氣氛了嗎？」

老師微微地一笑，說：「您說得對，以樂隊助興，可以給會盟活動帶來友好的氣氛，但也要看如何安排。」

說完，老師走到齊景公面前，施禮後說：

「齊侯，魯君也為這次盟會準備了宮廷樂舞，請齊侯欣賞。」

說完就傳樂隊登壇獻樂。隨著一陣古樸典雅的樂曲聲，魯國的宮廷樂隊在樂師的帶領下，款款登台。

只見六十四人組成的方隊，邊歌邊舞，一下子緩和了剛才劍拔弩張的氣氛。這就是八佾舞。由於魯國是使周朝得以強大的周公的屬國，周禮規定，只能周天子與魯國國君才有資格享用這種舞蹈。

八佾舞是魯國最隆重的舞蹈。在會盟的地方跳這種舞蹈，一方面顯得魯國格外重視這次會盟，同時也是想讓齊國知道，雖然齊強魯弱，但魯國仍然是周天子的東方代理人，齊國再強大，也只能用六佾舞，在這方面，齊國根本無法相比。

於是這次訂盟，就開始變成了禮樂的較量。

首回合下來，齊國就敗下陣來，一下子就落了下風。

我遠遠地看著齊景公，看得出來，這讓齊景公很惱火，也許，他還從來沒有這麼窩囊過吧！

當天晚上，齊國和魯國的君王各自回到自己的陣營休息。

魯定公和臣子們抑制不住自己的喜悅，為剛才的成功而舉杯慶賀。

我們這幾個弟子更是高興，不斷稱讚老師既有學問也有魄力，否則，怎麼能壓得住實力比魯國強大的齊國呢？

但是，耐人尋味的是，老師卻沒有我們這樣輕鬆。一個晚上，只見他進進出出，有時還向魯定公彙報一下什麼，有時，又把有關的官員叫過來吩咐一點什麼。我不由暗暗敬佩：老師可真是一個做事很認真負責的人啊！

我勸老師早點休息，老師說：「有備才能無患。不知道明天會發生什麼呢？我們還是要多做點準備啊！」

第二天，我驚喜地發現，會盟的氣氛和昨天真有天壤之別，齊國顯得格外和善友好，齊景公與魯定公相談甚歡，所談的許多問題，大家意見也很統一。

在融洽的氣氛中，雙方就要訂立盟約了。一切條款都已協商停當，就等著簽字。

我不由鬆了口氣，暗暗地說：老師，昨晚您那樣的忙著，看來是太多慮了。

就在這時，風雲突變。齊方卻突然提出要補充一條：

「齊國出境征討時，魯國必須派三百乘的兵車跟隨，否則就是破壞盟約。」

一聽這話，我們先是震驚，繼而就更氣憤了。

這一下我更明白了：這次齊魯君王相會，就是齊國早就設計好的一個陰謀。他們先是想以非禮的行為來侮辱魯國，壓制魯國，但昨天被老師挫敗以後，他們並沒有放棄反撲，而是要在最後的時刻施展「殺手鐧」，逼魯國就範。

我再去看魯定公，發現他更是又羞又怒，鬍子都抖起來了。

因為，如果照這一條簽字，這就不是會盟，而是把魯國變成齊國的附庸國！

是可忍，孰不可忍！

但是，就在他想表示反對時，只見黎彌手一揮，一幫齊國的官兵快步走來逼向魯定公，手拿長矛利劍，眼睛瞪著他，似乎在說：「如果你不答應，看我們怎樣收拾你！」

一看這陣勢，魯定公立即心慌意亂了，立即將求援的目光轉向了老師。

他剛剛看到老師的表情，便放鬆下來了。因為此時，老師表現得十分平靜。更讓許多人想像不到的是，只見老師微微一笑，大聲宣佈：「齊魯兩國既結盟為兄弟之邦，一國出兵，另一國自當跟隨兵車相助。但魯國也要求補充一條：齊國曾經將魯國的謹陽、鄆邑、龜陰三地占去，請立刻歸還，否則，也是破壞盟約！」

這一下輪到齊國的君臣發愣了。

齊景公惱羞成怒，他正想揮手，讓齊國的官兵進一步威逼魯國君臣。沒想到，但見老師手一揮，便有一個魯國的軍官揮動紅旗，四周一陣狂呼，在夾谷會盟盟台周圍的樹叢中，竟然站出大批的魯國士兵來，一個個威武非常，讓人不敢小覷。

此情此景，大大出乎我們的意料，更出乎齊景公的意料，他顫抖著聲音說：「你們怎麼來這麼多的士兵啊？恐怕是不懷好意吧？」

老師還是很平靜地笑著說：「怎麼會啊？魯國是最講禮儀的，怎麼會有任何傷害您的舉動呢？之所以有這麼多士兵來，是為了保證雙方君主的安全。」

到了這個份上，誰都知道齊國要以武力脅迫魯國君主絕對是做不到了。

這時周圍寂靜無聲，齊景公的汗開始直冒。

不知過了多久，他抬起頭來，看到在他面前的，還是老師那張充滿自信和平靜的臉。

老師輕輕地問他：「時間已經不早了，怎麼樣？您看我們訂不訂盟約啊？」

這真是給齊國的君主出了一個大難題。

要他答應老師的條件吧，等於要他將吞到肚子裡的東西又吐出來。如果不答應，這次會盟就沒有任何意義了。何況，會盟是自己提出來的，如果最後卻沒有簽訂，豈不是遭天下人恥笑？以後齊國還怎麼立足？

經過考慮再三，齊景公決定將原來占領的三地歸還給魯國，並寫進了盟約。

這可是多年來從沒獲得過的外交成果啊！多年來，齊強魯弱，魯國從來只有吃虧的份，而這一次，齊國卻被逼得將侵占的魯國國土歸還。這麼大的勝利，怎麼不值得大家慶賀呢？

在回來的路上，我和子路等幾個同學跟在魯定公和老師的後面，興高采烈。

我們覺得最開心的一幕，是看到齊景公本想以武力威逼魯定公，卻反倒被魯國士兵嚇壞了。我不由問老師：「老師，我們都不知道有這麼多魯國的士兵埋伏在那裡。這是怎麼回事啊？」

只聽一聲哈哈大笑。老師還沒有來得及回答，魯定公卻幫我們揭開了謎底：「我告訴你們吧。當初我們決定與齊國會盟的時候，你們的老師就向我提出：『有文事者必須有武備。這次會盟，我們可得在軍事上做好防備，以免吃虧。』於是，我聽從了你們老師的建議，除帶了必要的護送兵卒之外，又加派了軍隊偷偷埋伏在這裡，我們才沒有吃虧啊！」

說到這裡，他又哈哈大笑：「也許，齊景公和他的臣子們，認為你們的老師只懂得禮儀，不懂得軍事。沒想到，你們的老師可不是省油的燈呢！」

此時，我對老師的佩服，只能用「五體投地」來形容。

而「有文事者必須有武備」這句話，卻激發了我另外一個疑問：

在發生了上次那件魯國的父子案件後，我的腦海中思考最多的，就是「教化」、「禮」這些東西。我認為：這些東西有個特點，就是「柔」。甚至還認為管理和辦事，越「柔」越好。

但這次夾谷之會，卻讓我看到了老師與眾不同「硬」的一面。老師的管理和做法，怎麼會如此矛盾呢？

於是，我把自己的疑問提了出來：「老師，您一直是強調教化、強調王道的，我認為所謂教化、王道，就是柔性管理，甚至越柔越好。但看您這次處理與齊國的外交，卻是強調『硬』的一面。我們該怎麼理解呢？」

老師爽朗地一笑，說：「子貢呀，讀書千萬不要讀成了書呆子啊！做事分『道』和『術』兩方面。所謂『王道』，強調的自然是『道』的層面。而剛、柔這些手段，都只是『術』的表現啊。在做事的手段和方式上，兩手都得具備，都得重視。該柔時柔，該剛時剛，這才是活的智慧啊！」

老師的話，使我對管理和辦事的認識，又提升了一個層次。

夾谷之會，使老師在魯國受到了空前的重視。我想，要是魯國的國君能從此堅定不移地重用老師該多好！

然而，後來發生的事，卻大大出乎我們的意料……

【子貢學記】

夾谷之會，讓我堅定了終身追隨老師的信心，更強化了我對「死知識，活智慧」的認識。不僅如此，老師辦事的方式，讓我看到了一種全面處理問題的法則：

兩手都得抓，兩手都得硬！

只有文武兼備、剛柔相濟、恩威並施，才能獲得最大的成功與勝利。

【閱讀原典】

◉定公與齊侯會于夾谷，孔子攝相事。曰：「臣聞有文事者必有武備，有武事者必有文備。古者諸侯並出疆，必具官以從。請具左右司馬。」定公從之。至會所，為壇位，土階三等。以遇禮相見，揖讓而登，獻酢既畢。齊使萊人以兵鼓譟劫定公。孔子歷階而進，以公退，曰：「士以兵之。吾兩君為好，裔夷之俘，敢以兵亂之，非齊君所以命諸侯也。裔不謀夏，夷不亂華，俘不干盟，兵不偪好。於神為不祥，於德為愆義，於人為失禮。君必不然。」齊侯心怍，麾而避之。有頃，齊奏宮中之樂，俳優侏儒戲於前。孔子趨進，歷階而上，不盡一等，曰：「匹夫熒侮諸侯者，罪應誅。請右司馬速刑焉。」於是斬侏儒，手足異處。齊侯懼，有慚色。將盟，齊人加載書曰：「齊師出境，而不以兵車三百乘從我者，有如此盟。」孔子使茲無還對曰：「而不返我汶陽之田，吾以供命者，亦如之。」齊侯將設享禮。孔子謂梁丘據曰：「齊魯之故，吾子何不聞焉？事既成矣，而又享之，是勤執事。且犧象不出門，嘉樂不野合。享而既具，是棄禮；若其不具，是用秕稗。用秕稗君辱，棄禮名惡。子盍圖之？夫享所以昭德也；不昭，不如其已。」乃不果享。齊侯歸，責其群臣曰：「魯以君子道輔其君，而子獨以夷狄道教寡人，使得罪。」於是乃歸所侵魯之四邑及汶陽之田。

《孔子家語．相魯第一》

周遊列國的十四年，是動盪漂泊的十四年，
我們經歷了人世間的種種磨難：失望、屈辱、困苦、逃亡……
然而，無論遭遇怎樣的困境，老師總是微笑著去面對。

他的言行告訴我們——
如果我們無法改變漂泊的命運，
至少，我們還能保證心靈的安然……

第三章
漂泊的命運，安然的心

一、聖人難敵「美人計」

就在老師處於從政巔峰的時候，竟然被「美人計」算計了！
老師不得不辭去了大司寇之職，並離開了心愛的父母之邦……

老師到底怎麼了？

看著老師最近幾天的表現，我們私下偷偷議論，越來越覺得老師最近可能遇到了大麻煩。是啊，如果不是遇到麻煩，老師為什麼會有那些反常的舉動呢？

這是四天以前的事了，老師下朝回來，一改以往回來後高高興興、開朗大笑的態度，滿臉愁雲。

我們想問他到底怎麼了，他卻擺了擺手，走進內室就不出來了。

第二天還是這樣。

第三天也同樣如此。只是與頭兩天不同，在走進內室後，他彈起琴來。

老師的琴聲，時而憂鬱，時而激昂，時而像一隻受傷的老虎在低吟，時而像一隻中箭的雄鷹在長空嘶鳴……

我們滿心狐疑，格外擔憂！

我們都知道老師是一個了不起的人，一般的難題，哪怕夾谷之會這麼大的難題，老師都能應付自如地解決。如果不是遇到天大的難題，老師怎麼可能這樣愁眉不展呢？

第四天，老師照常去上朝，沒想到不到一個時辰就回來了。

一進屋，老師就很頹然地往椅子上一躺，說：「唉，魯國看來是要完了！」

我和顏回、子路等都圍在老師身邊，很快知道了老師為什麼有這麼大的情緒反應。

自從夾谷之會後，老師達到了從政事業的最高峰。

那是魯定公十四年，老師得到進一步的重用，以大司寇的職位行宰相之責，治理魯國僅僅三個月，魯國風氣就起了天翻地覆的變化：

販羊賣豬的商人不敢哄抬價錢；路上看到別人遺失的東西也不敢撿回去；晚上睡覺，不必關上房門；四方旅客來到魯國，不必向官吏請求，大家都會給予他們親切的照顧……

毫無疑問，在老師的治理下，魯國進入了歷史上最繁華最文明的時期。而魯定公也開始勤於政務，對老師言聽計從。

可是不知為什麼，從四天前開始，魯定公就一直沒有上朝！

有人說魯定公病了。這讓老師很是擔心，趕緊前去探望，卻被侍衛擋了回來，說國君只是偶染小恙，並無大礙，休息一下就好了。

這讓老師很奇怪，前一天魯定公還談笑風生，怎麼說病就病了，還不讓人探望？

直到第三天，魯定公還是沒有上朝。

這讓老師焦慮萬分，甚至懷疑魯定公被人軟禁了，於是想盡一切辦法去打聽，但結果卻讓他大吃一驚：

魯定公沒來上朝，既不是因為生病，也不是被人軟禁，而是沉迷於美色之中！

而送來這些美女的，正是在夾谷之會中丟盡臉面的齊國君臣。

第四天，一臉倦容的魯定公終於上朝了。

不明就裡的眾臣們紛紛給國君請安，而老師的心情卻十分矛盾。他知道作為臣子，自己不應該掃君主的臉面，但又不能眼看著他往陷阱中栽下去，猶豫再三，老師還是開了口：「國家剛開始強大，是最需要勵精圖治的時候，萬萬不可中了齊國的計，沉迷於美色，荒廢了國事。」

魯定公一愣，知道掩飾不過去了，本來堆滿笑容的臉立即陰沉下來。

一向善於見風使舵的宰相季桓子一見，連忙說：「大司寇啊，您未免也太小題大做了。國君為了國家百姓，不辭勞苦，偶爾享受一下，又算得了什麼！」

老師還想說什麼，魯定公卻不耐煩地說：「寡人身體還是有些不適，退朝吧。」就這樣沒說幾句話，大家就不歡而散。

原來是這樣，怪不得老師會如此憂慮。

之後，老師又向魯定公提了幾次，但他根本聽不進去，依舊沉迷於酒色之中。

我們都覺得很奇怪，齊強魯弱，而且魯國剛剛在夾谷之會中獲得了很大的勝利，讓齊國君臣顏面盡失，照說他們應該對魯國敬而遠之才對，為什麼偏偏會在這個時候向魯國「示好」，送上大批美女呢？

於是我便開始四處打探消息，不久終於弄清楚：這竟然是齊國針對老師的一個巨大陰謀。

原來，夾谷之會後，讓齊景公覺得臉面盡失，而且還不得不退還了原來侵占的魯國土地。他看到了老師的本事，並進一步認識到，只要老師在魯國占有重要地位，就會對齊國有巨大的威脅。

夾谷之會後，老師進一步被重用。從魯國傳來的消息越來越刺激他的神經。這些消息對魯國來說是好事，可傳到齊景公耳中，就讓他如坐針氈，甚至徹夜難眠。在他看來，老師如果繼續主政，那麼魯國必會越來越強大，而這樣一來，第一個受威脅的必然是緊挨魯國的齊國。

於是齊國的大臣們紛紛出主意，有的建議向老師學習，修明政治，強化管理；有的建議與魯國搞好關係……

但這些建議顯然都不符合齊景公的心意，一向看不起魯國、自視甚高的齊景公怎麼可能虛心向老師學習、和魯國搞好關係？

這時，在一旁察言觀色了很久的一個臣子說話了：「我倒是有個好主意。」

齊景公叫他快講。但一看到他，就數落了他一頓：「是你呀，那就免開尊口吧！」

這人是誰呢？他就是在夾谷之會中出現的黎彌。

黎彌本是奸臣，夾谷之會中，幾個算計魯國的點子都是他出的。可是，他這些點子讓齊國偷雞不著蝕把米，在夾谷之會後，齊景公將他臭罵了一頓，已把他冷落到一邊了。但是，現在他又找到了新的機會。於是不管齊景公的數落，他又開口了：「您別生氣，夾谷之會我們輸了，這是我考慮不周，請您原諒。但是，我現在有一個釜底抽薪的做法，可以確保您從此高枕無憂。」

齊景公一聽，立即又來了精神，連忙問：「快說，你有什麼好主意？」

「主公，臣認為最好的辦法，莫過於破壞魯國的改革圖強。而要做到這一點，就是將孔子從大司寇的位子上擠下來。」

齊景公想了想，點了點頭，面露難色：「魯國啟用孔子獲得了如此的成效，他現在的地位如日中天，要讓他下來談何容易？」

「這點主公不用擔心，只需這樣就可以了。」

於是黎彌走上前去，在齊景公耳邊如此這般說了一通。齊景公一聽，立即眉開眼笑，連連稱妙，吩咐黎彌趕緊依計辦理。

於是，十幾天後，黎彌動員了一百多匹裝飾華麗的駿馬，載著八十名花枝招展的美女，在一個齊國使節的帶領下，停在了魯國南門外。

由於魯國是十分講究禮儀的國家，加上老師正擔任大司寇，使節不敢直接將美女們送進城去，於是先向掌握實權的季桓子送上書信，給他好處，之後，又讓他偷偷將這一消息告知魯定公。

魯定公早就聽說齊國的女子漂亮得很，這次聽說齊國一次就送來八十名美女，不由得心花怒放。

儘管明眼人都看出這裡面有問題，可魯定公已經被美女們弄昏了頭，哪裡還辨得出是非。他喜孜孜地將美女們接進了後宮，從此天天沉浸在溫柔鄉中，飲酒作樂，不問政事。

魯定公幾天不上朝，老師要見他，他就裝病不出。

開始老師還以為他真病了，盼著他早日康復。但後來，終於打聽到竟然是這麼回事。他當然不會坐視不管，立即進宮去勸阻魯定公。

魯定公開始對老師還保持一點禮貌和尊重，但後來，看見老師還是這樣「不知趣」，對老師的態度就明顯冷淡下來了。或許，一身正氣、憂國憂民的老師，已經成為他滿足私欲、追求享受的絆腳石吧？

對於這些昏庸的掌權者來說，個人的享受遠遠比百姓蒼生的幸福重要啊！

這就是黎彌向齊景公所獻的「美人計」！向昏庸的君王獻美女，君王肯定高興，老師肯定會勸阻。這一來，本來融洽的君臣關係，便會產生越來越大的裂痕。齊國離間魯國國君和老師的目的，就這樣輕而易舉地達到了。

那段時間，老師的眉頭一直沒有舒展過。

那天，陰雨綿綿。老師在屋裡彈琴，我和子路則在一旁為老師煮茶。琴聲掩飾不了老師的憂心忡忡。

一曲彈畢，子路忍不住說：「老師，我看魯國是沒什麼希望了，不如我們到更能實現理想的國家去。」

老師放下琴，踱到窗口，望著飄落的雨絲沉默良久，然後像是說給我們聽，又像是自言自語：「如果不是迫不得已，誰願意離開自己的故土，到別人的土地上去漂泊！」

我知道，除了對故土的不捨，老師心中還對國君抱有一絲幻想。

幾天前他就對我們說過，魯國很快就要舉行郊祭，如果國君能在典禮後將祭肉分送給大夫，表明他還懂得基本的禮數，那麼，魯國還有希望。

郊祭就是祭天，是魯國一年中最隆重的禮節之一。

按常禮，郊祭結束後，國君要將祭肉等東西分送給文武百官，以體現君侯對臣屬的關懷，也表示蒼天對百姓的保佑。

沒想到這最後一絲幻想也破滅了。郊祭之後，國君並沒有分送祭肉給大夫們！

幾十個美女，就讓國君把基本的禮節和國家的興盛丟到腦後了。

世間的「美人計」，中招的是被美女弄暈的當事人。而在齊國策劃的這一美人計中，受害最深的，卻是對「美女」絕不上當受騙的老師。

更可怕的是，魯定公和季桓子對老師不再信任，老師已空有大司寇之名，而無大司寇之實。而且，由於老師堅持自己治國安民的主張，引起了他們的不滿，他們甚至想把老師趕出魯國。

魯國，這片老師深愛的土地，已經沒有了他的安身之地。

接連幾晚，我發現老師屋裡的燈幾乎都是通宵未滅。

那天一早，老師把我們都叫到跟前，說：「我最大的願望，就是將自己治國安民的想法付諸實踐，從而使國家政治清明，老百姓安定富足。但現在看來，這個理想在魯國是無法實現了。我要到別的國家去看看。」

老師的語氣儘管很平淡，但從那幾晚徹夜未滅的燈光中，我能夠想像老師做出這樣決定的艱難。

就像他說的那樣，如果不是迫不得已，誰願意離開自己的故土？更何況，老師已是五十六歲的老人，此去，誰也不知道何時才能回來。

我、子路、顏回、冉求等幾個人當即表示，願意追隨老師。

三天後的清晨，我們出發了。

駕車的是冉求師弟，他一揮馬鞭，隨著一聲清亮的「駕」，十四年動盪顛沛、周遊列國的歲月從此拉開。

當熟悉的杏壇漸漸遠去，我的心情突然變得複雜起來，這其中，有對新生活的嚮往，也有在一個全新的地方實現自己理想的憧憬和豪情，同時，還有一絲對未知的恐懼和不安。

回頭看看老師，他臉上的表情依然那樣平靜，甚至帶著淡淡的微笑。這樣的神情，在十四年的歲月中，我曾見過無數次。

這讓我的心一下子平靜下來。老師的這份淡定似乎在告訴我，如果我們無法改變漂泊的命運，至少，我們還能保持心靈的安然。

【子貢學記】

作為聖人的老師，竟然被「美人計」算計了！

他從事業的巔峰跌入了生命的低谷，讓我感到了命運的無常。

我們根本無法預料，困境和打擊什麼時候會到來！

但老師的從容淡定也告訴我：正因無常事，更需平常心！

別人可以算計我們的命運，但是絕對不能讓他們算計了我們的心靈！

【閱讀原典】

◉齊人聞而懼，曰：「孔子為政必霸，霸則吾地近焉，我之為先并矣。盍致地焉？」黎鉏曰：「請先嘗沮之，沮之而不可則致地，庸遲乎！」於是選齊國中女子好者八十人，皆衣文衣而舞康樂，文馬三十駟，遺魯君。陳女樂文馬於魯城南高門外。季桓子微服往觀再三，將受，乃語魯君為周道游，往觀終日，怠於政事。子路曰：「夫子可以行矣。」孔子曰：「魯今且郊，如致膰乎大夫，則吾猶可以止。」桓子卒受齊女樂，三日不聽政，郊，又不致膰俎於大夫。孔子遂行。

《史記・孔子世家》

二、忍辱才能負重

我們到了周遊列國的第一站衛國，本認為能夠大展宏圖的老師，卻經受了更大的一次侮辱……

「如果我有什麼不好的想法和不檢點的地方，讓天厭棄我！讓天厭棄我！」老師漲紅了臉大聲說。

看來，他實在傷心和生氣到了極點，雪白的鬍子都抖起來了。

我從來沒有看見老師這個樣子，不由得既震驚又惶恐不安。

我剛進門，就看到老師這副讓我一輩子難忘的景象。我正想問老師為什麼這樣生氣和傷心，不料老師一轉身把內堂的門一關，再也不出來了。

我仔細一看，原來老師是對著子路說這話的。而此時子路的神情，顯得更是驚慌、委屈而又茫然失措。

我忙問這是怎麼回事，子路先是不願意說，但後來終於還是將事情的原委斷斷續續告訴我了。

當我聽完子路的解釋後，我固然在一定程度上能理解子路，但更能理解老師，並為他所受的委屈而深感悲哀。

真是天下烏鴉一般黑啊。本以為離開魯國應該能找到更好的理想舞台，沒有想到，在我們到達的第一個國家衛國，卻又經歷了一次次的失望與侮辱。

應該說，我們剛到衛國時，看來真是能一展宏圖的。得知老師帶領我們來到衛國，衛國的君王衛靈公，在風雪中率領著一幫大臣，親自來迎接老師和我們！

那一瞬間，我們所有人心裡都是暖呼呼的，當時我的第一個念頭是：老師屈辱不得志的時刻終於過去了，一展宏圖的時候終於到來了！

但是，沒想到衛靈公卻只是給老師俸祿，在言談上器重老師，卻並沒有任何要重用老師的表示。

打聽之下，才知道了事情的原委：

衛國夾在晉國、楚國等幾個大國之間，他也想儘快讓國家強盛起來。而物色到好的人才，這是強盛起來的根本。所以當他聽說老師要來衛國，十分振奮，認為這是上天幫助衛國強大起來的最好契機，因此不惜親自去迎接老師，並打算重用老師。但大臣彌子瑕的話，卻讓他徹底打消了這一念頭。

彌子瑕是衛靈公的寵臣。但他得寵靠的不是雄才大略，而是漂亮的臉蛋和像蜂蜜一樣甜的舌頭。

當彌子瑕得知衛靈公要重用老師後，十分擔心自己因此失寵，於是說：「孔丘是當今的聖人，又有顏回、子路、子貢這些賢才猛將，這些人哪是主公能掌控得了的？衛國的江山豈不是要拱手讓與他人？」

這番話一下子擊中了衛靈公的要害。

所有政客，首先關心的必然是自己位子的牢固。衛靈公頓時沒了主意，便問彌子瑕該怎麼辦。

彌子瑕滿臉堆笑地說：「依微臣之見，主公不如虛尊孔子，給他俸粟，不委派官職。這樣豈不兩全其美？」

衛靈公一聽覺得有理，便答應了。

不久，彌子瑕來拜訪老師，言談中對老師推崇備至，還將自己的家臣公孫假派來侍奉老師。

明眼人一眼看出，侍奉是假，監視是真。

是可忍，孰不可忍！這種情況怎麼能長久下去呢？

衛國也有些如蘧伯玉這樣的忠臣，他們都很尊敬老師，但是他們的話又不管用。

這時，衛國政壇上，另外一個重要的「風雲人物」出場了。

她就是衛靈公的夫人南子。

南子原本是宋國的公主。南子貌美淫蕩，未嫁前就曾與人私通。嫁到衛國後，仍然本性難改。但衛靈公卻特別寵愛南子，不僅對她的淫亂之事睜隻眼閉隻眼，而且對她的話言聽計從。

老師重視禮數，對南子這樣的人，他是一輩子都不願意有任何來往的。

但沒有想到的是，南子卻偏偏對老師表現出了很大的「興趣」。

這天，南子突然心血來潮，要召見老師。

這樣單獨的召見，於情於禮都不符。但前來傳話的小吏說這也是國君的意思，說南子有事情向老師請教。

看得出來老師很為難，我們也都不想讓老師去，但經不住小吏的一再催促，加上又沒有理由推托，老師最終還是不得不去了。

會面安排在一間掛著帷帳的客室裡，老師在帷帳外，南子在帷帳裡。老師先向南子行禮，隔著帷帳，老師聽到裡面響起一陣珠寶玉器的撞擊聲，想必是南子在還禮。

說是有事向老師請教，其實並沒有事。南子東拉西扯地說了一通話，見老師並不怎麼回應，於是言語中漸漸流露出一些對老師的不恭。

可想而知，老師當時的心情是多麼尷尬和難受。於是只坐了一會，老師便藉故匆匆告辭了。

回來之後，老師臉上的表情前所未有的沉重。

但子路師兄卻一點都不懂得察顏觀色，一見老師，就氣呼呼地說：「老師何等尊貴和受人崇敬，而南子何等下賤和受人鄙棄，您怎麼能去見她呢？」

子路總是得理不讓人，只要他覺得有理，聲音都會比平時高幾分。

而我看問題卻不像子路這樣「一根筋」，我覺得老師去見南子沒有錯，畢竟南子是最能影響衛君的人，如果她能舉薦老師，也不失為一種有效的方法。

何況，如果老師借古喻今，說不定可以讓她痛改前非，這又有什麼不好？

大家以為面對子路的質問，老師會以這樣的理由為自己開脫，但向來從容的老師，只是嘴唇抖動著，好像要說什麼，卻什麼都沒說出來。

而子路還在繼續大聲說：「就算我們不說什麼，但別人不知道會怎麼議論。老師這樣做真是太失身份了。」

就在這時，老師的情緒突然爆發了，他滿臉通紅地吼道：「別說了！如果我有什麼不好的想法和不檢點的地方，上天會厭棄我！上天會厭棄我！」

這就是我進門所看到的那一幕。

老師的神情把大家都嚇壞了。這是老師唯一一次情緒如此失控，也是唯一一次用賭咒的方式來表白自己。

這一幕，至今深深印在我心中。

看著目瞪口呆的子路，我不禁有些怪他不懂事，明明知道老師已經蒙受了莫大的羞辱，卻還要不依不饒地逼問，這不是在老師的傷口上撒鹽嗎？

同時，我也為老師寄人籬下、不得不處處低頭的處境感到心酸。

隨著日子一天天過去，老師見南子的風波終於逐漸平息下來。但我們怎麼也沒有想到：一場更大的風波還在等著他。

這天，老師正準備給我們上課，忽然衛君派人來請老師進宮。

一見老師，衛靈公就笑咪咪地說：「好久沒見夫子了，今天天氣那麼好，不如我們一起到郊外走走，順便向夫子請教，夫子意下如何？」

老師一想，這可是難得的機會，在這樣輕鬆的環境下，說不定自己的一些想法能夠被衛君接受，於是就答應了。

然而，就在準備登車的時候，又有讓人更加意想不到的一幕出現了——

南子打扮得花枝招展地走過來，向衛靈公撒嬌說，自己也要去。

這樣的要求，衛靈公本來應該拒絕，但衛靈公一見南子嬌滴滴的模樣，早就把禮數拋到了九霄雲外，立即答應了。

但即使答應了，出於對老師的尊重，衛靈公也應該讓老師和他同乘一輛車，而讓南子坐在另一輛車上。

但衛靈公卻厚顏無恥地說：「夫子，只好委屈您乘後面一輛車了。」

這是老師萬萬沒有想到的，他一下子陷入了進退兩難的境地。

任何一個有自尊心的人，這時都會感到無限的羞辱。

但如果拒絕或者離開，就等於不給衛君面子，這是老師無論如何不會做的。

萬般無奈之下，老師只好坐進另一輛車中。

車隊從鬧市中經過，南子和衛靈公打情罵俏的聲音不時傳來。

儘管老師正襟危坐，但仍然阻止不了路人的指指點點：

「快看快看，那不是最有學問的孔子嗎？」

「想不到孔子這樣的人也會陪南子出遊。」

「看來孔子也不過徒有虛名，口口聲聲要講究禮數，可為了自己，什麼禮數都可以不顧。」

這些話如同針一般扎在了老師心上。老師活了大半輩子，一直將自身德行的修養當作生命一樣寶貴，處處受人尊重，何曾受過別人這樣的指點？這樣的痛苦，比逃亡、比被人罵成「喪家之犬」，何止強千倍萬倍？

那天老師回來之後，好像大病了一場。

沉默了很久，老師說了一句讓我們終身難忘的話：

「走遍天下，沒有見到好德的人能像好色者這樣啊！」

我知道老師的這句話，這樣的地方，道盡了他這段時期不得志的悲哀。在魯國是這樣，在衛國是這樣。

這樣的君主，值得我們去奉獻心力嗎？這樣的地方，值得我們繼續待下去嗎？

我們終於決定離開衛國了。當我們正要離開衛國都城帝丘時，我的腳步突然沉重起來了。

因為，我想起了我們剛到帝丘時的情景——

那一天，我們是在黃昏中到的，雖然已是寒冬，雪花紛飛，但帝丘城裡卻熙熙攘攘，熱鬧非凡。

儘管我們一路經過了數不盡的顛簸勞累，但那時，連日奔波的疲憊一掃而空，老師當時的心情尤其好，看著來來往往的人群，他忍不住讚歎說：「這裡的人真多啊！」

聽了老師的話，正在趕車的冉求回過頭來問：「老師，人多了以後，該怎麼辦呢？」

老師毫不猶豫地回答：「使他們富裕起來。」

「那麼富裕了之後呢？」冉求又問。

老師笑咪咪地看了大家一眼，拉長了聲調說：「富裕了嘛……你們說呢？」

沒等我們回答，他自己又將答案說出來了：「富裕之後就要施以教化，讓他們學習禮儀，懂得做人的道理，使人人成為君子。」

老師愉悅的心情感染了大家。我們當時都覺得選擇來衛國是對的。我們都憧憬著：這就是實現我們理想的地方！可是，如今我們又不得不經歷理想破滅，並再次踏上新的流浪之旅了。

滿懷期望而來，滿帶失望而走。當時的情景歷歷在目，我怎麼能夠不黯然神傷呢？

但是，我驚奇地發現：與我相反，老師的神情是既輕鬆又快樂。老師的臉，再次洋溢著久違了的笑意，老師的動作和行為，再次流露出我以往所格外佩服的從容和淡定。

老師問我為什麼這樣心事重重。

我把我剛才的感覺和想法告訴了老師，之後說：「老師，您是這麼有學問和有智慧的人，為什麼要經歷這麼多的侮辱呢？」

老師點了點頭，拍了拍我的肩，說：「子貢啊，前些日子我遭受了這些事情，也認為是人生的奇恥大辱，難過無比。但是，經過這幾天的反省，我一下子想通了。」

我立即洗耳恭聽。

老師說：「歷史上做成大事業的人，有誰不是經歷了千難萬難，遭受了許多常人難以想到的痛苦和侮辱呢？不說遠的，就拿本朝開國君王周文王來說吧，當時被殷紂王囚禁，可是他在那種環境中，推演出了《周易》這部重要的著作。」

老師的話，如滴滴清泉進入了我的內心，減輕了我心靈的沉重，同時也給了我一份新的激勵。

我再聚精會神地聽老師進一步闡述：「再來看我最崇敬的周公旦吧。當他廢寢忘食，一心一意在輔佐年幼的周成王時，許多人造謠誹謗他，說他圖謀不軌。那些造謠誹謗他的人，唾沫星子都有可能把他淹沒了。但他有過怨天尤人的舉動嗎？責怪過生活的不公平嗎？沒有！他徹底承受住了這些冤枉和侮辱，終以實際行動證實了自己偉大的人格。是的，魯國和衛國的兩次經歷，對我而言是從來沒有過的莫大侮辱，也讓我痛不欲生。但是想一想周公，我就覺得實在太羞愧了。與文王和周公所遭受的委屈和侮辱比起來，我這一點點的侮辱，算得了什麼呢？」

講到這裡，老師放大聲音，對大家說：「弟子們呀，我們一定要記住：我們是身負使命的人，任重而道遠，所以一定要能經歷孤獨、痛苦和侮辱！文王和周公就是我們永遠的榜樣啊！」

看著老師，再經老師這一點撥，我剛才感到很強烈的那些憤恨、憂傷和侮辱感，猛然消失得無影無蹤了。我再次對未來充滿希望，心中又增加了一份新的力量。

於是，我從冉求手中把馬車的韁繩和馬鞭奪過來，手一揮，大叫一聲：「駕！」

馬車載著我們，也載著我們的新希望，奔向未知的明天。

【子貢學記】

要做成大的事業，就得培養自己的「忍」功。

為追求正義的事業，更有可能經受想像不到的痛苦和侮辱。對此，我們應該坦然面對，積極承擔。

小不忍則亂大謀，忍辱才能負重！

【閱讀原典】

◉去即過蒲。月餘，反乎衛，主蘧伯玉家。靈公夫人有南子者，使人謂孔子曰：「四方之君子不辱欲與寡君為兄弟者，必見寡小君。寡小君願見。」孔子辭謝，不得已而見之。夫人在絺帷中。孔子入門，北面稽首。夫人自帷中再拜，環佩玉聲璆然。孔子曰：「吾鄉為弗見，見之禮答焉。」子路不說。孔子矢之曰：「予所不者，天厭之！天厭之！」居衛月餘，靈公與夫人同車，宦者雍渠參乘，出，使孔子為次乘，招搖市過之。孔子曰：「吾未見好德如好色者也。」於是醜之，去衛，過曹。是歲，魯定公卒。

《史記・孔子世家》

◉子適衛，冉有僕。子曰：「庶矣哉！」冉有曰：「既庶矣。又何加焉？」曰：「富之。」曰：「既富矣，又何加焉？」曰：「教之。」

《論語・子路第十三》

三、笑是化解困境的最好手段

在匡地，一場無妄之災差點要了老師和我們的命。讓我們沒有想到的是，最終化解困境的，居然是笑聲和歌聲……

真沒想到，我們竟然被人圍困起來了！

這場災難發生在我們趕往宋國的路上，在經過一個叫匡的地方時。它來得可謂全無徵兆，差點要了老師和我們的命。

到匡地時，天已快黑，我們找了一家客棧住了下來。一路的奔波讓大家疲憊不堪，簡單吃了點飯菜，大家就上樓準備休息。

這時，只聽外面傳來一陣急促而嘈雜的腳步聲，緊接著，火把的光幾乎把整個夜空都照亮了。

我隔著窗一看，只見一大群人高舉火把，氣勢洶洶地將客棧團團圍住，嘴裡不停高呼：

「陽虎出來！」

「不要放走陽虎！」

「向陽虎討還血債！」

……

夜空中，憤怒的聲音一浪高過一浪高，聽得人驚心動魄。

這樣的場面讓我們都楞住了，究竟出什麼事了？

老師示意我們不要驚慌，然後推門出去，想看個究竟。誰知老師剛一露面，樓下圍著的人情緒就變得越發激動起來：

「就是他！」

「陽虎出來了！」

「不要再讓他跑了！」

「殺了陽虎！」

沒等老師開口，只聽「嗖」的一聲，一支冷箭從老師耳邊飛了過去，差點射中了老師。

我一看情形不對，趕緊將老師拉了進去，關緊了房門。

沒想到憤怒的匡人一見老師進去了，便開始發動進攻，拿著木棒和長矛往大門口衝。

子路師兄一看不好，於是大喝一聲，拿著大刀迎了上去。

剎那間，刀光劍影。子路師兄的功夫確實了得，一會功夫，就打得圍攻的人連連後退。師兄還想乘勝追擊，卻被老師叫住了。師兄進來後，老師立即吩咐將大門緊鎖。

子路師兄顯然還沒打過癮，一邊摩拳擦掌一邊大聲說：「老師不用怕，就算全匡城的人都來了，也動不了您半根毫毛。」

老師說：「子路啊，看來這其中一定有誤會，誤會是不能靠武力來消除的。我們學聖賢之道，講的是仁義，怎麼忍心因誤會而引起傷亡呢？」

「跟這些蠻不講理的人還講什麼仁義，老師也太迂腐了。」子路師兄很不服氣地說。

「正因為別人不懂，我們才更需要遵循仁義之道，否則，仁義怎麼能真正推行？何況，這也是鍛煉我們心性的最好時機。」

聽了老師的話，子路師兄不做聲了。

因為領教了子路的勇猛，匡人沒敢再發起進攻，只是輪番圍守在客棧外。看樣子，他們是打算將我們困死在客棧中。

三天過去了，匡人沒有任何撤退的意思。

眼看著糧食就快沒了，再這樣下去，用不了幾天，我們就必死無疑。

子路師兄再也沉不住氣了，拿起大刀，準備和另外兩個師弟衝出去和匡人拚個你死我活。

老師再次攔住了子路，並把大家都叫到了跟前：「你們認為，什麼是勇？」

「那還用說，就是遇到危險和困難不避開，敢於迎戰嘛！」

子路對老師的阻攔很是不滿，於是氣呼呼地說。

老師微笑著點點頭：「在水中不避蛟龍的，是漁父之勇；在陸地不避虎豹豺狼的，是獵人之勇；白刃交於前，視死若生的，是烈士之勇。子路，你是哪一種勇？」

子路眼睛都沒眨，當即說：「烈士之勇。」

「不錯，你是烈士之勇，但這並不是勇的最高境界。」

勇還有最高境界？這可從沒聽說過。我們的興趣一下子都被激發起來了，一時間忘記了還被圍困。子路師兄也似乎已經忘掉了剛才的不滿，瞪大眼睛看著老師。

「最高境界的勇，是聖人之勇。也就是知窮之有命，知通之有時，臨大難而不懼。就像這次的事情，我們誰也沒有預料到，但既然躲不掉，已經發生了，就坦然接受它。這就是知窮之有命。而知通之有時，就是相信哪怕處境再糟糕，也有走出去的時候。」

老師的話固然很激勵人，但看匡人架勢，恐怕我們還沒走出困境，就已經餓死了。

或許是為了撫慰我們的不安，老師提議大家一起唱歌。唱歌？在這種時候？老師沒有搞錯吧？

但看著老師臉上肯定的微笑，我們都不由自主地點了點頭。或許，這正是「臨大難而不懼」吧！

老師調好琴弦，開始彈奏他最喜歡的、歌頌文王情操的《南風歌》，隨著優美旋律的響起，大家紛紛唱了起來。開始時聲音很小，慢慢地，聲音越來越大。

唱著唱著，我發現所有人臉上的表情都開始變得柔和、甚至微笑起來。幾天的惶恐、壓抑和沮喪一掃而空，內心的光明和力量開始一點點浮上來。

一支接一支的歌，讓我們忘掉了所有的困頓和磨難。不知唱了多久，直到喉嚨已經嘶啞，我們才停了下來。

這時才發現，客棧的掌櫃不知道什麼時候進來了。

他向老師行了個禮，說：「圍在外面的人已經走了，匡地的長官現在在外面，請求拜見夫子。」

我們趕緊推開窗戶，可不是嗎，那些匡人不知什麼時候全走光了。

突如其來的變化讓我們既高興又疑惑，到底發生了什麼事？

見了匡地的長官，我們才知道事情的真相。

原來數年前，魯國有個叫陽虎的傢伙作亂，被魯國趕了出去。當他經過匡地去晉國時，曾在匡城大肆殺人放火，使得匡人至今仍談「虎」色變。

由於我們講話帶魯國口音，我們進城時引起了守城老兵的注意，加上老師長得和陽虎有幾分相似，於是誤將老師當成陽虎，立即向匡地長官報告。

匡地人對陽虎恨之入骨，一聽陽虎又回來了，一個個都憤怒得不得了，於是立即召集人馬，手持兵器直奔我們住的客棧而來。於是，就出現了前面的一幕。

但我們還是不解，既然匡人認定老師就是陽虎，為什麼又會撤走呢？

匡地的長官說：「這要感謝你們唱的那些歌。陽虎殺人不眨眼，怎麼會唱那些歌頌文王、讚揚百姓的歌呢？聽到歌聲，我們就知道搞錯了，後來一打聽，果真如此。」

為了表達自己的歉意，匡地的長官表示第二天要宴請我們，並向老師請教為政之道。

送走了匡地的長官，我們都如釋重負。

我們都沒有想到，困境來得如此突然和兇險，而最終化解它的，卻是最平常的歌聲與笑聲！

夜已經深了。老師和同學們都已睡去，而我卻一點睡意都沒有。披衣下樓，我在院子裡坐了很久。朗朗的明月，靜靜地照著院中的老槐樹。一切，都那麼寧靜！被困三天，再一次呼吸自由的空氣，我第一次覺得，生命，是那麼美好！

【子貢學記】

笑聲和歌聲，竟然能使我們走出絕境，這是我萬萬沒有想到的，但同時也了我很深的啟示：任何困境，都無法降伏一顆能笑的心靈！

【閱讀原典】

◉將適陳，過匡，顏刻為仆，以其策指之曰：「昔吾入此，由彼缺也。」匡人聞之，以為魯之陽虎。陽虎嘗暴匡人，匡人於是遂止孔子。孔子狀類陽虎，拘焉五日，顏淵後，子曰：「吾以汝為死矣。」顏淵曰：「子在，回何敢死！」匡人拘孔子益急，弟子懼。孔子曰：「文王既沒，文不在茲乎？天之將喪斯文也，後死者不得與於斯文也。天之未喪斯文也，匡人其如予何！」孔子使從者為寧武子臣於衛，然後得去。

《史記・孔子世家》

◉孔子遊於匡，宋人圍之數帀，而絃歌不惙。子路入見，曰：「何夫子之娛也？」孔子曰：「來！吾語女。我諱窮久矣，而不免，命也；求通久矣，而不得，時也。當堯舜而天下無窮人，非知得也；當桀紂而天下無通人，非知失也；時勢適然。夫水行不避蛟龍者，漁夫之勇也；陸行不避兕虎者，獵夫之勇也；白刃交於前，視死若生者，烈士之勇也；知窮之有命，知通之有時，臨大難而不懼者，聖人之勇也。由處矣，吾命有所制矣。」無幾何，將甲者進，辭曰：「以為陽虎也，故圍之。今非也，請辭而退。」

《莊子・外篇・秋水第十七》

四、做一隻偉大的「喪家犬」

我們滿懷希望地來到了宋國，沒想到，卻惹來了一場殺身之禍。我們連夜倉惶逃出了宋國的都城，落魄的老師，竟然被人形容成了「喪家之犬」……

天哪，我們竟然和老師走散了！

大家都驚惶失措，喊的喊，叫的叫，馬受了驚嚇，差點跑了。慌亂之中，冉求還把自己的一個包袱丟了。

大家開始分頭尋找，然而大道上、小道上、岔道中，哪裡都沒有老師的蹤影。

整整一個上午過去了，依然沒有老師的下落。

我累壞了，倚著一個大石頭休息一下。我一邊看著自己昨晚被荊棘劃破的衣服，一邊回想起和老師走散的經過，眼淚忍不住掉了下來。

離開匡地後，我們到了宋國。

老師的祖上本是宋國人，所以對宋國有很特殊的情感。

然而沒想的是，在宋國，等待我們的是更大的災難。

那天，我們來到了宋國國都商丘的郊外。經過一座山腳下時，看到數百名石匠正在烈日下打石料，修砌一座巨大的墳墓。

一位上了年紀的老石匠因為動作慢了點而遭到了監工的鞭打。

老師很不忍，於是便讓我去勸勸監工。

而另一個監工似乎覺得用皮鞭打還不夠，操起一根木棒，就要朝老石匠的頭上打去。

沒等我反應過來，子路就已經衝了上去，一把奪過監工手中的木棒。由於用力過猛，監工一下子失去了重心，踉蹌了幾步，摔倒在地上。

惱羞成怒的監工爬起來，大聲叱問：

「你們是何人？竟敢如此放肆！」

老師自報了家門，並解釋說我們只是路過，見老人著實可憐，想請他手下留情，並沒有別的意思。

監工冷笑一聲說：「我不管你是什麼子，只要敢攔阻我們大司馬桓魋的工程，就沒有好下場！」

「請問這是什麼工程？」

或許是看老師氣宇不凡，又彬彬有禮，監工不敢輕舉妄動，於是冷冷地說：「這是大司馬為自己百年之後準備的，已經造了三年，今年一定要完工。」

「不知你們大司馬今年高壽？」

「三十八歲！」

老師歎了口氣，像是自言自語地輕聲說：「這麼早就為自己做這樣的準備，而且耗費那麼大，沒必要啊！」

監工顯然聽見了老師的話，於是厲聲說：「我們大司馬的事，哪輪得到你們說三道四。在這裡，誰敢對大司馬說半個不字！我看你們是活得不耐煩了！」

說完惡狠狠地瞪了我們一眼，轉身走了。

這番話讓我們的心情一下子沉重起來。看來，宋國的環境比魯國和衛國還要惡劣啊。老師決定先不拜見宋國國君，先瞭解一下情況。

我們找了家客棧住了下來。

儘管過著奔波動盪的日子，但老師始終沒有放鬆對我們的教育，任何環境都不會影響他給我們上課的心情。

因為客棧太小，老師就每天帶我們到客棧前面的大樹下學習。朗朗的書聲，伴隨著陣陣微風，悅耳的鳥鳴，別有一番情趣。

那天早上，我們像往常一樣來到樹下，卻發現大樹已經被一幫士兵連根挖起。

子路師兄一看，忍不住衝上前質問他們。

一個頭領模樣的人冷冷地看了子路一眼，說：「為什麼？你問我們的大司馬去。」說完，就用挑釁的眼光看著我們。

子路師兄早已按捺不住了，右手緊緊握住腰間的刀柄，準備隨時拔刀，但卻被老師用目光制止了。

儘管我們都已經感到危機近在咫尺，但老師還是那樣從容淡定：「我們只是做自己應該做的事，大司馬又能如何？」說完，老師便帶我們到另外一棵樹下繼續上課。

那幫士兵見我們根本不理會他們，站了一會兒，只好悻悻地離開了。

晚上，我們正準備休息，突然聽見一陣急促的敲門聲。

敲門的正是那位老石匠。他慌慌張張地告訴我們，自己有位當差的鄰居告訴他，大司馬桓魋準備連夜派兵來追殺我們。

原來桓魋知道老師到了宋國，怕國君一旦重用老師，自己的地位就會不保，於是便對我們起了殺意。

來不及多想，匆匆收拾了一下行李，我們便開始連夜逃離商丘。

那真是一段不堪回首的經歷，我們在前面倉惶地跑，後面是舉著火把窮追不捨的追兵。荊棘、泥濘早已顧不上了，當時我們都只有一個念頭：一定要逃出商丘，不能就這樣做了桓魋刀下的冤魂。不知跑了多久，直到東方發白，我們終於到了一個新的城市，不用再怕宋國的追兵了！就在大家剛剛鬆了口氣的時候，卻發現老師不見了！

坐在樹下，想起離開魯國後的種種經歷，想起老師現在生死未卜，我不禁心如刀絞。就在這時，只見一位頭戴竹笠，肩背草筐的老人哼著小曲走了過來。

於是我連忙站起來打聽：「老先生，您可曾見過我的老師——一位個子很高，年約六旬，鬚髮都白了的外地人？」

老人打量了我一番，笑著說：「我不知道那是不是你的老師。剛剛在東門外，我看到一位老者，身長九尺有餘，生一雙河目，闊額高顴，頭似唐堯，頸似皋陶，肩部好像子產，自腰部以下，比禹差三寸，一副倒楣的樣子，在那裡不斷徘徊，如同喪家犬一般。」

我趕緊向老人道謝，匆匆向東門跑去。

還沒到東門，遠遠就看到了那個熟悉的身影。不是老師是誰？

老師一見我，眼睛立即亮了。

老師看起來疲憊不堪，於是我找了輛馬車，扶老師上了車，向大家約好的聚集地點走去。路上，老師問我是怎麼找到他的。於是，我將怎麼遇到老人、他是如何形容老師的話原原本本說了出來。本以為老師會生氣，沒想到老師卻哈哈大笑起來：「我的相貌未必如他形容的那樣。但他說我是喪家之犬，倒真是那樣啊！」

老師的反應讓我有些詫異，這有點不太像老師。老師是多麼看重面子的人，如今被人罵成喪家之犬，卻好像一點都沒有往心裡去。

「良犬尚且需要一個好的主人。而我呢，空有一番經世濟民的學問和輔助明主、建功立業的胸懷，卻上無明主器重，下無賢士推薦，有力使不上，不是喪家之犬又是什麼？哈哈！」老師的笑聲很爽朗，絲毫沒有掩飾的成份。

老師的笑聲，讓我欣慰和敬佩，心情開朗了許多。

那麼我們以後該往哪裡去呢？老師沉吟了片刻，說：「晉國是獨霸中原的大國，也許我們能在那裡找到舞台吧。」

傍晚時分，我們來到黃河邊上，等待從對岸過來的船隻，準備渡河去晉國。

船剛一靠岸，就見大群的流民一湧而下，背著包袱，領著孩子，有的手裡還抱著雞、牽著羊，看樣子是到衛國逃難來了。

莫非晉國出事了？

一問之下，果然如此。晉國執政大臣趙簡子殺害了竇鳴犢和舜華兩位大臣，晉國一片混亂，百姓不得不紛紛逃離家園。

聽到這個消息，老師久久不語。望著滾滾東流的黃河水，老師長歎一聲：「好壯美的黃河啊！可是，孔丘卻不能渡過去了，這也許是命運的安排吧。」

說完，兩行淚水從他眼中了流出來。

當晚，我們在一個叫陬鄉的地方住了下來。那天，老師屋裡的燈亮到很晚。

第二天一早，老師帶我們來到黃河邊，彈奏了他昨晚連夜做的一首琴曲。琴曲的名字叫做〈陬操〉。顧名思義，這是一首表達情操的曲子。

東升的旭日，靜靜地照著奔湧的黃河水。

我驚喜地發現：儘管經歷了這麼多的磨難與侮辱，老師的琴聲中，卻沒有歷經種種磨難後的屈服，反而是對光明必然到來的堅定信念和嚮往。

老師的琴聲，時而清雅、高潔，有如深谷中的幽蘭，不因為不受人欣賞就不吐出自己獨特的芬芳；時而激越、高昂，就像這眼前的黃河水，不管遇到什麼阻攔，也決不屈服，也要奔向大海和遠方……

【子貢學記】

誰都不願意被罵「喪家犬」，但老師卻坦然接受這一稱呼。這是為什麼呢？我覺得：老師的〈陬操〉琴曲，也許正是他坦然接受「喪家犬」稱呼的最好注解。

有著崇高理想和偉大情操的人，有可能不容於天下，於是他們會像無根的浮萍一樣到處漂泊。為理想和情操而流浪的人，恐怕都是喪家犬吧？

但是，理想是人生的明燈，情操是生命的脊樑。與其過那種沒有理想和情操的生活，不如就當一隻偉大的「喪家犬」！

【閱讀原典】

◉孔子在宋，見桓魋自為石槨，三年而不成，工匠皆病，夫子愀然曰：「若是其靡也，死不如朽之速愈。」冉子僕曰：「禮，凶事不豫，此何謂也？」夫子曰：「既死而議謚，謚定而卜葬，既葬而立廟，皆臣子之事，非所豫屬也。況自為之哉！」

《孔子家語，曲禮子貢問第四十二》

◉孔子去曹適宋，與弟子習禮大樹下。宋司馬桓魋欲殺孔子，拔其樹。孔子去。弟子曰：「可以速矣。」孔子曰：「天生德於予，桓魋其如予何！」孔子適鄭，與弟子相失，孔子獨立郭東門。鄭人或謂子貢曰：「東門有人，其顙似堯，其項類皋陶，其肩類子產，然自要以下不及禹三寸。纍纍若喪家之狗。」子貢以實告孔子。孔子欣然笑曰：「形狀，末也。而謂似喪家之狗，然哉！然哉！」

《史記・孔子世家》

◉孔子自衛將入晉，至河，聞趙簡子殺竇犨鳴犢及舜華，乃臨河而歎曰：「美哉水，洋洋乎！丘之不濟此，命也夫！」子貢趨而進曰：「敢問何謂也？」孔子曰：「竇犨鳴犢、舜華，晉之賢大夫也。趙簡子未得志之時，須此二人而後從政；及其已得志也而殺之。丘聞之：刳胎殺夭，則麒麟不至其郊；竭澤而漁，則蛟龍不處其淵；覆巢破卵，則凰凰不翔其邑。何則？君子違傷其類者也。鳥獸之於不義，尚知避之，況於人乎。」遂還，息於鄹，作〈槃琴〉以哀之。

《孔子家語・困誓第二十二》

五、君子坦蕩蕩，小人長戚戚

我們被困於陳蔡整整七天七夜，到最後，連一粒糧食都沒有了。想到這些年的漂泊，處處受排擠，哪裡都得不到重用，我們第一次對老師的理想和追求產生了懷疑……

老師帶著我們走到一棵松樹邊，說：「你們看一看吧？這棵松樹和別的松樹有什麼不一樣？」

儘管老師經常利用各種方式教育我們，可此時此刻，我對老師的做法，還是有一些不解和抱怨：開什麼玩笑？我們已經幾天幾夜沒吃飯了，還有什麼心思研究松樹問題啊！

這是在陳國和蔡國交界的地方，我們正經歷周遊列國時最嚴峻的一次考驗。

離開衛國之後，我們又在陳國住了相當一段時期，但老師仍然沒有被重用。

當時正好吳國前來攻打陳國，楚國立即出兵相助。楚昭王是個重視人才的君王，聽說老師在陳國，便邀請老師到楚國去。

沒想到，走到陳國與蔡國交界的地方，我們竟然又被圍困住了！

原來，楚昭王要重用老師的消息一傳開，陳、蔡兩國的大夫們便相聚謀劃說：「孔子是一代聖賢，他要是被楚國重用，那我們陳蔡兩國就危險了。」

於是他們就派兵攔住我們，不讓我們到楚國去。

這樣過了三天，我們帶的米糧快吃完了。四天之後，大家改為一天只吃一頓。到了第六天，連一天吃一頓的糧食也沒有了。

看著空空的米袋和餓得有氣無力的師兄弟，我感到事情的嚴重性。在匡地時，我們至少還有一點糧食，而且圍困的時間也短。而現在，事情遠比在匡地要嚴峻得多。我幾乎都能感到死亡的氣息在一步步逼近。

難道這一次，我們真的無法度過難關？

但老師還是和平常沒有兩樣，有空講課，弦歌不輟。

到了第七天，老師又開始左手拿一根樹枝，右手拿一根樹幹，一邊打著節拍，一邊唱起歌來。

老師的若無其事讓我和子路都有點生氣。想起這些年跟隨老師經歷的奔波勞苦，以及一次次的失望和屈辱，我們不禁有些灰心，第一次對老師的理想和做法產生了懷疑。同時，也對老師這種置身事外的態度有些不滿。

子路不等老師唱完，就走上前去說：「我們都快餓死了，您卻還在唱歌，這合理嗎？」

老師並沒有因為子路的問話而停止，一曲完畢，老師才把我們叫到跟前，然後平靜地說：「我問你們，抱怨和憂慮能夠化解困境嗎？」

當然不能。

「既然不能，為什麼不採取安然的心態去面對呢？」

子路愣了一下，繃得緊緊的臉慢慢開始放鬆，顯然，這句話打動了他。但他接著又問：

「您說得對，但我還有一點不明白。」

老師用鼓勵的眼神看著他。

「老師曾經說過：『常做好事的人，上天以好運來報答他；常做壞事的人，上天以災禍來懲罰他。』難道是老師不夠仁德和聰明，才落到今天的地步？」

子路的話未免也太直白了，我一邊偷偷觀察老師的反應，一邊暗暗替子路捏了把汗。

但老師並沒有惱怒，依然平靜地說：「這些年我們處處受到排擠，哪裡都得不到重用，也難怪你們會產生這樣的想法。但子路啊，你以為仁德的人就一定被信任嗎？那麼伯夷、叔齊就不該餓死在首陽山。你以為聰明人一定被重用嗎？那麼比干就不該被殷紂王剖心。」

這時我忍不住說：「老師的主張雖好，但既然處處碰壁，不為天下人所接受，那您為何不將自己的標準降低呢？」

老師看了我一眼，冷冷地說：「君子絕不會因為自己的主張不被人接受，就降低標準，違背自己的心性，以求得別人的認同。子貢啊，你的志向不夠遠大，想法不夠深遠啊！」

老師的話讓我臉上有些發燒。

也許是多年經商的緣故，什麼東西我都希望「賣得出去才是真理」，可對理想的追求，恐怕不是能以「賣出去」作為唯一的標準。

也是，如果老師為了出仕，不惜像彌子瑕一樣諂媚卑膝，或者像桓魋一樣飛揚跋扈，那老師還是老師嗎？

這時顏回也過來了，說：「先生學問高深，以致天下都不能接受。先生推行的主張，世人不用，那是掌權者的錯誤，先生有何不對？先生還能堅持，更顯出先生是君子。」

這番話說得老師眉開眼笑，他忍不住拍了拍顏回的肩膀，說：「顏回，你才是真有學問呀！假使我有很多錢財，我讓你當總管。」

老師對顏回的親切真有點讓我妒忌，但不能否認，顏回的話確實有道理。

這時，其他幾位同學也都進來了。老師看了大家一眼，帶領大家到了一棵大松樹面前，要我們好好研究一下這棵松樹，並發表自己的意見。

我仔細一看，這棵松樹和別的松樹好像沒有什麼太大區別啊。如果說有，那就是它很高大，不知道多少年歲了，滿目青翠，高聳入雲。

儘管我向來尊敬老師，可是讓大家餓著肚子來研究這個松樹問題，我還是心有疑惑。老師這樣做是不是有點不合時宜啊？

大家也許是肚子餓得受不了，導致智力衰退，也許是和我一樣有疑惑。大家你看看我，我看看你，好像都不知怎樣表達意見。

這時，老師引導我們：「時下是冬天，你們看一下周圍的樹，和這棵樹有什麼區別嗎？」

這一下我們就都看出來了，周圍的樹，葉子都脫落了，只剩下光禿禿的樹幹和樹枝，在寒風中發抖。

「歲寒，然後知松柏之後凋也。做人也是這樣啊！」

我這才明白：老師是要藉這棵大松樹，來給我們進行人生教育啊！

只聽老師進一步說：「我們都知道現在的處境很難，灰心、抱怨、傷心，都是很正常的。但是，我們應該對自己有更高的標準和要求。我們要像松柏，越是風霜越能經得起考驗。我們還要像蘭草，生長在深山老林，不因為沒人欣賞就不芳香。」

最後，老師強調：「君子不會因為困窘就改變氣節，也不會因此而改變自己坦蕩和快樂的心境。」

老師的一番話感染了我們，連日的壓抑和陰霾一掃而空。我突然明白了老師要告訴我們的話：越是困境的時候，越要用最大的樂觀去面對。
「那麼，我們現在該做什麼呢？」
老師哈哈一笑：「唱歌啊！」
儘管已經兩天粒米未進，但大家都不由自主地隨著老師的節拍唱了起來。子路一高興，還操起兵器舞將起來。

到了第八天，我們終於擺脫了困境。原來楚王派來接我們的人到了。陳、蔡的士兵見勢不妙，趕緊逃走了。

但是走出被圍困的逆境並不意味著走出事業的逆境。本認為老師在楚國會被重用，但沒想到，由於奸臣的挑撥，楚王也很怕老師到來以後形成自己的「勢力」，危及到他的位置。於是，在楚國又重演了其他國家多次上演過的一幕：老師又被冷落到一邊了。

沒有辦法，我們只好再次趕往其他的國家。非常巧的是，我們竟然再一次經過了當初被困的陳蔡之地。

當初的情景歷歷在目。

時下已經是春天，蝴蝶在起舞，小鳥在歌唱，綠意盎然，到處一片生機。暖風拂面，並送來花草的味道，格外芬芳。

但周圍美麗的情景，和我灰暗的心境形成了鮮明的對照。

是啊，跟隨老師周遊列國，已經十多年過去了，老師也已經快七十歲了，可是老師和我們的理想，至今還沒有找到實現的舞台，我們怎麼能不憂傷和感慨呢？

但是，走到當初的那棵松樹面前，老師「歲寒然後知松柏之後凋」的話又浮現在我的耳邊。從眼前這棵樹上，我又重新找到一種力量。

是啊，此時是一片蔥蘢，綠意盎然，誰知在冬天的時候，周圍一片蕭條，惟見它那種挺拔的英姿呢？

非凡的生命，只有在經受考驗的時候，才顯出自己高貴的本質啊！

我突然想起在楚國邊境時，接待我們的官員葉公有一次向子路問話。

他問子路：「你的老師到底是個什麼樣的人？」

這個問題看似簡單卻並不好回答，老師的德行和學問可不是一句話可以概括的。子路不禁一時語塞，於是就來問老師。

老師笑呵呵地說：「你應該這樣告訴他，這個人啊，十分簡單，學而不厭，誨人不倦，發憤忘食，樂以忘憂，不知老之將至。」

當時，老師的灑脫讓我很感慨，很多人遭遇的磨難越多，越是心灰意冷，但老師卻恰恰相反。而此刻，當我們心事重重時，我看見老師真的還是「樂以忘憂，不知老之將至」。

我認為，老師就是我眼前這棵挺拔的松樹。

可是，我還是有一點不明白：不管是遭遇逆境還是老之將至，他為什麼就能那麼快樂呢？

我把自己的疑問提出來，老師回答說：「只因我一直只想做一個君子。」

我不解，做君子與快樂有什麼必然聯繫嗎？

老師解釋說：「君子坦蕩蕩，小人長戚戚。」

我還是不太理解，而子路，更是想問得再細一些：「照您這樣說，君子就沒有憂慮嗎？」

「君子沒有憂慮。因為，君子重視品格和理想，時刻都在修行。沒有得到的時候，則樂其意；得到了，又樂其治。所以待人接物處世猶如在平坦大道上行走，安然而舒泰。所以他有終身之樂，無一日之憂。小人正好相反，他們重視的是利益。沒有得到的時候，憂慮自己得不到；得到了，又害怕失去。所以小人有終身之憂，無一日之樂。」

老師的話使我豁然開朗。我突然明白：

這或許就是為什麼被圍困在匡地和陳蔡時，老師還能唱著歌、自得其樂的根本原因吧！

【子貢學記】

老師一生講「仁」，他在十四年的漂泊中，能保持一顆安然的心，最關鍵的一點，在於他本人是一個真正的君子。

君子的核心，就是老師經常向我們宣導的「仁」。仁者愛人，謀求的是大眾的利益，所以做任何事都坦坦蕩蕩，遇到苦難和打擊，再苦也甜，再痛也樂！而小人只愛自己，時刻計較自己的利益，所以往往患得患失，整天憂心忡忡。

於是我更明白：追求偉大的理想時，目標的實現固然重要，但追求理想的過程可能更重要。只要你走在理想的道路上，你就有足夠的理由幸福和開心，更有足夠的力量去挑戰困境，堅持到底！

【閱讀原典】

●楚昭王聘孔子，孔子往，拜禮焉，路出于陳、蔡，陳、蔡大夫相與謀曰：「孔子聖賢，其所刺譏，皆中諸侯之病，若用於楚，則陳、蔡危矣。」遂使徒兵距孔子，孔子不得行，絕糧七日，外無所通，藜羹不充，從者皆病，孔子愈慷慨講誦，弦歌不衰，乃召子路而問焉曰：「《詩》云：『匪兕匪虎，率彼曠野。』吾道非乎？奚為至於此？」子路慍，作色而對曰：「君子無所困，意者，夫子未仁與？人之弗吾信也；意者，夫子未智與？人之弗吾行也。且由也昔者聞諸夫子：『為善者天報之以福，為不善者天報之以禍。』今夫子積德懷義，行之久矣，奚居之窮也？」子曰：「由！未之識也。吾語汝：汝以仁者為必信也，則伯夷、叔齊，不餓死首陽；汝以智者為必用也，則王子比干不見剖心；汝以忠者為必報也，則關龍逄不見刑；汝以諫者為必聽也，則伍子胥不見殺。夫遇不遇者，時也；賢不肖者，才也。君子博學深謀，而不遇時者眾矣，何獨丘哉？且芝蘭生於深林，不以無人而不芳；君子修道立德，不謂窮困而改節。為之者人也，生死者命也，是以晉重耳之有霸心，生於曹、衛；越王勾踐之有霸心，生於會稽。故居下而無憂者，則思不遠；處身而常逸者，則志不廣，庸知其終始乎？」子路出，召子貢，告如子路，子貢曰：「夫子之道至大，故天下莫能容夫子，夫子盍少貶焉？」子曰：「賜！良農能稼，不必能穡；良工能巧，不能為順；君子能修其道，綱而紀之，不必其能容。今不修其道而求其容，賜！爾志不廣矣，思不遠矣。」子貢出，顏回入，問亦如之，顏回曰：「夫子之道至大，天下莫能容；雖然夫子推而行之，世不我用，有國者之醜也，夫子何病焉？不容然後見君子。」孔子欣然歎曰：「有是哉！顏氏之子。吾亦使爾多財，吾為爾宰。」

《孔子家語．在厄第二十》

●子曰：「歲寒，然後知松柏之後凋也。」

《論語．子罕第九》

●葉公問孔子於子路，子路不對。子曰：「女奚不曰，其為人也，發憤忘食，樂以忘憂，不知老之將至云爾。」

《論語．述而第七》

●子曰：「君子坦蕩蕩，小人長戚戚。」

《論語．述而第七》

◉子路問於孔子曰：「子亦有憂乎？」子曰：「無也。君子之修行也，其未得之，則樂其意；既得之，又樂其治。是以有終身之樂，無一日之憂。小人則不然，其未得也，患弗得之；既得之，又恐失之，是以有終身之憂，無一日之樂也。」

《孔子家語・在厄第二十》

第四章

越能讀懂人性，越能擁抱成功

子路拿自己的俸祿補貼民工，被老師制止；
君子顏回，也有被懷疑的時候；
一個資質平平的強盜後代，卻因為老師的激發成了人才……
這一切無不說明：
越不懂得人性，越易遭遇失敗；
越能懂得人性，越能創造成功！

一、千萬別碰人性的「雷區」

出於好心，子路拿自己的俸祿補貼民工，

受老師的委派，我以極端的方式制止了他。

子路十分生氣，老師卻告訴他，這樣做可能潛藏著巨大的危險……

我把子路師兄的大飯鍋掀掉了！

子路師兄拿著一根大棒子在後面凶神惡煞地追，我在前面一邊氣喘吁吁地逃，一邊哈哈大笑。子路師兄一邊追一邊使勁罵。我當然不敢和這位功夫最厲害的師兄過招。終於跑到老師身邊了，沒等老師反應過來，我已經躲到了老師身後。

子路還想追過來，被老師喝住了。

「你們倆幹什麼？在大街上打打鬧鬧，成何體統？」老師生氣地說。

一看老師生氣了，我趕緊出來解釋：「我把師兄煮飯的大鍋掀掉了，所以……」

聽完我的講述，老師不禁啞然失笑，輕輕責罵了我一句：「我讓你去阻止他，可沒讓你掀掉飯鍋，這樣做有點過分了。」

聽語氣我就知道，老師光打雷不下雨，其實是贊許我的做法了。

子路顯然被我們弄糊塗了，於是有些疑惑地問：「老師，難道是您讓子貢這麼做的嗎？」

看老師點了點頭，子路立即就嚷嚷開了：「老師怎麼能這樣做，太過分了！」

老師卻不疾不徐，笑咪咪地看著子路說：「別急別急，你先坐下來，讓我先誇誇你治理蒲市的政績。」

這是老師教育的一個特點，即使要指出別人的錯誤，也要先肯定他的成績。

蒲市位於衛國邊境，曾經發生過叛亂。三年前，叛軍被消滅，衛君要老師推薦一個學生到這裡擔任行政長官，老師便推薦了子路。

對於治理這個人心亂、經濟差的地方，子路師兄並沒有太大的信心，於是老師便建議他先行「仁義」，再施「教化」。三年下來，蒲市就變了個樣。

前幾天，聽說了子路師兄補貼民工的事，老師很是擔憂，於是立即和我一起啟程去蒲市。一到蒲市，老師就連誇了子路師兄三次。

第一次是剛進入蒲市境內，老師眉開眼笑地說：「哈哈！子路治理蒲市，對老百姓很有信用啊。」

到了鎮上，他又誇獎：「好啊！子路能寬厚待民啊。」

到了子路辦公的庭院，他又說：「不錯！子路明察善斷啊。」

還沒見到師兄的面，老師就把他誇上了天，這也太讓人納悶了。

老師似乎看出了我的疑惑，說：「剛進蒲市，就看到莊稼長得很好，沒有什麼雜草，說明他對老百姓很守信用，就算邊界之地的老百姓，也能安心耕種，人盡其力。鎮上的房屋高大，樹木茂盛，說明他能寬厚待民，百姓不起偷盜之心。子路辦公的庭院，十分安靜，沒有來告狀和要求處理糾紛的人，這說明他明察善斷，所以老百姓不來干擾啊。」

當我把老師的這番話告訴子路師兄時，他已是樂得合不攏嘴，早把我掀鍋的事拋到了腦後，一個勁地問：「真的嗎，老師真的是這麼說的嗎？」

看著子路的高興勁兒，老師和我都忍不住笑了。

這時，老師不失時機地說：「現在我們來談談你補貼民工的事吧。」

「好啊。」有了剛才的一番誇獎做引子，子路師兄的心情看上去好極了，立刻爽快地答應。

原來，蒲市地勢較低，一到雨季就洪水氾濫。

子路上任後，不忍百姓再受洪水侵擾之苦，開始大修排水管道。

工程開始時進展得非常順利，但最後卻遇到了一個「硬骨頭」：要挖開一段很堅實的岩石，管道才能打通。這既費力又費時，但雨季就快到了，所以非儘快完工不可。

為了鼓舞大家的士氣，子路於是親自帶頭到工地幹活，不分晝夜。不僅如此，見民工實在太辛苦，官府給的工錢又不多，他便用自己的俸祿買了口大鍋，不時做些好飯好菜免費提供給民工。

這樣一來，民工心裡都暖呼呼的，一個個幹勁十足，工程也因此進展迅速。

照說，這是件好事，但老師卻似乎有不同的看法。

子路忍不住問：「我這樣做，難道不符合老師強調的仁義之道嗎？」

看著子路那張因為日夜勞累而消瘦的臉，老師動情地說：「你對待百姓的那份仁厚之心，老師何嘗體會不到！」但老師話鋒一轉，「你有沒有想過這其中可能存在巨大的危險呢？」

子路一臉迷惑地看著老師。

「你認為對的、老百姓也叫好的事，並不見得掌權者就喜歡，弄不好還會招來殺身之禍啊！」

「老師也太危言聳聽了吧。」

「掌權者最害怕的就是底下人背叛，而他們左右，多是趨炎附勢的小人，為了往上爬不擇手段。如果他們在國君面前添油加醋，說你這樣做是想收買人心，意圖謀反，你說得清嗎？」

「我的心天日可表，國君怎麼會輕易相信呢？」

「你的心是天日可表，但別人的心呢？你怎麼肯定國君不聽他們的而聽你的？尤其蒲市地處邊境，是出過叛軍的地方，當初衛君為了挑選這裡的行政長官，可謂煞費苦心，這裡任何一點風吹草動，都可能引起他的懷疑啊！」

老師的話讓子路陷入了沉思。這也是子路師兄最好的特質，只要別人講得有道理，他就能從善如流。

【子貢學記】

做好事也有可能碰到「人性的陰暗面」。

所以，做任何事情，都要首先瞭解對方的心理，要重視別人最在乎什麼，更要重視別人最忌諱什麼，三思而後行，這樣，才不會碰到了「雷區」還不自知。

這一點，不僅普通人要注意，管理者尤其需要警惕。

【閱讀原典】

◉子路為蒲宰，為水備，與其民修溝瀆；以民之勞煩苦也，人與之一簞食，一壺漿。孔子聞之，使子貢止之，子路忿不悅，往見孔子曰：「由也以暴雨將至，恐有水災，故與民修溝洫以備之。而民多匱餓者，是以簞食壺漿而與之。夫子使賜止之，是夫子止由之行仁也。夫子以仁教而禁其行，由不受也。」孔子曰：「汝以民為餓也，何不白於君，發倉廩以賑之？而私以爾食饋之，是汝明君之無惠，而見己之德美矣。汝速已則可，不則，汝之見罪必矣。」

《孔子家語・致思第八》

◉子路治蒲三年，孔子過之，入其境，曰：「善哉由也，恭敬以信矣。」入其邑，曰：「善哉由也，忠信而寬矣。」至廷曰：「善哉由也，明察以斷矣。」子貢執轡而問曰：「夫子未見由之政，而三稱其善，其善可得聞乎？」孔子曰：「吾見其政矣。入其境，田疇盡易，草萊甚辟，溝洫深治，此其恭敬以信，故其民盡力也。入其邑，牆屋完固，樹木甚茂，此其忠信以寬，故其民不偷也。至其庭，庭甚清閒，諸下用命，此其言明察以斷，故其政不擾也。以此觀之，雖三稱其善，庸盡其美乎？」

《孔子家語・辯政第十四》

二、身正也怕影子斜

我們都說「耳聽為虛，眼見為實」。

但有一次，我們親眼看到顏回煮飯時的一個「不道德」的舉動。

事實證明，我們都錯了……

老師接著對子路說：「你是我所有弟子中武功最好的，現在卻私自給老百姓恩惠，站在國君的角度，你想想他會不會起疑心？」

「是倒是，但衛君知道我是您的弟子，信奉的是仁義之道，而且，誰都知道我是好人……」

「是我的弟子就不被懷疑嗎？是好人就不會被懷疑嗎？你還記得我們被圍在陳蔡之地時，是怎樣懷疑顏回的吧？」

一提起這事，不僅子路無話可說，連我也覺得很不好意思。

因為，我們一起懷疑了我們德行最好的顏回師兄，而我，恰恰是表現得最糟糕的。

當時我們被圍困了幾天，後來我好不容易偷著跑了出去，用珠寶換了幾斤糧食，然後交給了顏回和子路去煮。

我清楚地記得，老師當時很累，就在正對著灶房門口的椅子上睡著了。

過了一會，我去看飯是不是熟了，當時子路正坐在門檻上休息，於是我們便一起走了進去。

誰知道，我們竟然看到了一個根本想不到的情景——飯熟了，正散發著撲鼻的香味。而顏回——這個我們最尊敬、認為道德修養最好的同學，正背對著我們，偷偷把一團香噴噴的飯，塞到嘴裡吃掉了！

我們根本想不到顏回會做出這種事，震驚之餘更是憤怒，子路師兄已經按捺不住了，差點叫了起來。

這時，突然傳來老師的聲音：「顏回，飯熟了嗎？」

我偷偷拍了拍子路的手，示意他不要做聲，然後走到老師面前，輕聲說：「老師，您能不能到那邊去一下，我有事要跟您說。」

老師和我走到了院子裡，子路師兄也跟了過來。

「老師，君子會因為窮困而改變自己的仁德和操守嗎？」

老師回答說：「改變了就稱不上君子了。」

「像顏回這樣的人，不會因為貧困而改變節操吧？」

「應該不會。」

說完，老師意味深長地看了我們一眼：「你這樣問，是不是有特別的含意？」

不等我開口，子路就迫不及待地將顏回偷吃米飯的事告訴了老師，就在他越說越激動的時候，老師打斷了他：「我也看見了。他剛才的做法我也很難理解。這樣吧，你們跟我進來。」

於是我們跟著老師進了灶房，老師對顏回說：「你準備一下，我們用煮好的米飯先祭祀一下祖先和周公。」

老師這一招確實厲害，因為誰都知道，吃過的米飯不能用來祭祀，否則就是大不敬。不知道顏回對此會有什麼反應。

沒想到顏回一聽，連忙說：「老師，萬萬不可。」

「為什麼？」

「剛才我煮飯時不小心，一撮灰掉進去了，弄髒了一小團飯。我覺得弄髒的飯絕對不能給老師和同學吃，可是扔掉又太可惜，於是我就將那團飯吃了。這樣的飯，怎麼能用來祭祀呢！」

聽了顏回的話，我和子路不禁目瞪口呆！

老師似乎也受到了震撼，他看了我和子路一眼，問：「現在，我們還要懷疑顏回的德行嗎？」

「老師，您為什麼說『我們』而不是『你們』呢？」這時子路問。想不到向來粗心的他也有如此細緻的時候。

「因為我和你們一樣，剛才也對顏回的德行產生了懷疑。」老師的語氣既複雜又沉重。

聽了我們的對話，顏回不禁一頭霧水。

接著，老師把大家都叫到跟前，將這件事原原本本講了一遍，然後讓大家進行討論。

老師說：「不要說子貢和子路，連我看到這一幕時，都不敢相信自己的眼睛。我的第一個念頭，也和子貢、子路一樣，覺得顏回辜負了大家的信任，在窮苦和沒有監督時，做了不符合道義的事情。我們常說『耳聽為虛，眼見為實』，而這一次，我們儘管親眼看到了，卻判斷錯了。我們一直相信顏回是君子，但遇到特定的情況，卻把平時的看法拋到了一邊。連自己的心都不足以依賴，又何況是別人的心！」

看得出來，這件事對每個人都有很大的震撼。

老師繼續深入討論：「如果我只是把懷疑藏在心裡，而顏回也沒主動解釋，那麼結果會怎樣？」

「可能會從此對他產生偏見，不再信任他。」

接著，老師又問顏回：「那你又能從中學到什麼？」

「我沒想到，一個人要不被誤會是那樣難。同時，我也覺得自己剛才的做法有些欠妥。如果這件事我是當著大家的面做的，誤會本來完全可以避免。」

顏回的回答讓老師露出了贊許的目光。

「說得太對了！我對顏回，不可謂不信任；子貢和子路對顏回的瞭解，不可謂不深。在社會裡上對下的關係，有沒有像我和顏回這樣牢靠的？平輩之間的感情，有沒有子路、子貢和顏回這樣深的？」

想了想，大家都搖了搖頭。

「但即便是這樣的關係，都會因一點小事引起很大的誤解，又何況是其他的關係？我們又怎麼能不格外留意自己的言行呢？」

這樣人際關係的分析，是我們以前從沒聽過的。

「從這件事中，我們能夠學到什麼？」

於是大家開始你一言我一語地發言。

「有了誤會就要及時溝通和化解，否則誤會就會越來越深。」

顏回也發言了：「我覺得，不要片面強調『身正不怕影子斜』，還要看這件事情可能給他人造成的印象。有位哲人講過：印象統治著世界——我們給別人造成了什麼樣的印象，別人就會對我們有什麼樣的態度。」

顏回師兄不愧為老師最得意的弟子，總結得十分精闢。

老師接著說：「顏回說得沒錯。我們處於亂世，人心之險，甚於山川。所以做任何事，哪怕是好事，也要格外重視給別人造成的印象，不要讓人誤會，尤其要避免被不懷好意的人利用！」

……

儘管已經相距多年，這一幕至今還歷歷浮現在眼前。

老師看著子路說：「想想當初我們對顏回的懷疑，再連結你現在所做的事情，是不是有不妥當的地方？」

子路點了點頭，說：「老師，您讓子貢來阻止我是對的。」

【子貢學記】

千萬不要迷信「身正不怕影子斜。」

德行最好，也難以超過顏回；再睿智聰明，也難以超過老師；人們之間的信任，也難以超過老師和顏回之間的信任。可是即使這樣，都容易產生誤會。我們在與人交往過程中，能不格外留心嗎？

誤會的產生是那麼簡單，而消除卻並不容易，所以我們一定要記住：

一方面，在認識別人時不要輕易下判斷，以免誤解了別人；另一方面，要時時謹言慎行和及時溝通，以避免不應有的誤會產生。

【閱讀原典】

◉孔子厄於陳、蔡，從者七日不食，子貢以所齎貨，竊犯圍而出，告糴於野人，得米一石焉。顏回、仲由炊之於壞屋之下，有埃墨墮飯中，顏回取而食之，子貢自井望見之，不悅，以為竊食也，入問孔子曰：「仁人廉士，窮改節乎？」孔子曰：「改節，即何稱於仁廉哉？」子貢曰：「若回也，其不改節乎？」子曰：「然。」子貢以所飯告孔子，子曰：「吾信回之為仁久矣，雖汝有云，弗以疑也，其或者必有故乎？汝止，吾將問之。」召顏回曰：「疇昔，予夢見先人，豈或啟祐我哉？子炊而進飯，吾將進焉。」對曰：「向有埃墨墮飯中，欲置之則不潔；欲棄之，則可惜，回即食之，不可祭也。」孔子曰：「然乎？吾亦食之。」顏回出，孔子顧謂二三子曰：「吾之信回也，非待今日也。」二三子由此乃服之。

《孔子家語・在厄第二十》

三、標準要高，姿態要低

要行仁義，又要考慮到不被人算計和猜疑，這是個兩難問題。
但老師卻舉了晏子的例子，讓我們從中學到了把握人性的智慧，
子路也因此獲得了前所未有的成功……

「又要行仁義，又要考慮到不被人猜疑和算計，這也太難了。」聽了老師的話，子路覺得很有道理，但很快又皺起了眉頭，如此說。

老師笑著說：「我先給你們講一個晏子的故事。」

晏子？不就是齊國的宰相嗎？

一次，晏子出使魯國，在魯國待了一段時間。剛一回國，老百姓便紛紛來向他訴苦。

原來，趁晏子不在的時候，齊景公下令再造一座宮殿，很多老百姓都被抓去服勞役。天寒地凍，加上辛苦勞作，死了不少人，老百姓因此怨聲載道。

見晏子回來，齊景公十分高興，於是隆重宴請晏子。

酒酣之際，齊景公表示要好好賞賜晏子。

但晏子卻站起來說：「臣不要賞賜，臣只求大王能下令停止修建宮殿，讓老百姓免受勞役之苦。」

說完，他一邊流淚，一邊陳述了不宜修建宮殿的種種理由。

聽完晏子的話，齊景公沉默良久，最終答應了他的請求。

講到這裡，老師不講了，而是笑咪咪地看著我們，之後，問：「你們覺得晏子做得怎麼樣啊？」

我點了點頭，看見大家也點頭。但所有人都沒有很激動的神情。的確如此，我覺得晏子的做法固然不錯，可是似乎也很平淡。將老百姓的意見反映給國君，把問題解決了，這畢竟是許多忠臣們都會做的事啊！

我想，大家的心理和我的心理可能都是一樣的吧？

老師可能也看出了大家的心思，說：「怎麼，覺得晏子不過如此，是嗎？」

我心直口快，立即將自己的心思向老師說了。

老師問大家，大家也都是相同的意見。

老師再一笑，說：「你們想的很對，如果這樣做，的確沒有什麼了不起。晏子真正了不起的是他後面的舉動。」

於是，老師接著說——

晏子立即拜謝齊景公，然後飛快地跑到工地上，二話不說拿起皮鞭，一邊抽打那些當初要他向國君進諫的人，一邊罵道：「國君的地位如此尊貴，修個新宮殿有什麼了不起的？你們卻拖拖拉拉，再敢這樣，我就打死你們！」

本指望晏子幫自己說話，沒想到卻等來這樣的結果，那些修宮殿的人一個個恨得咬牙切齒，暗暗罵：「晏子助紂為虐，要遭天譴的啊！」

晏子前腳剛走，齊景公派的人就到了，宣佈立即停止修建宮殿，讓大家各自回家。

於是一時歡聲雷動，老百姓無不對齊景公感恩戴德。

講完這個故事，老師問我們：「你們覺得晏子的做法怎麼樣？」

我大為慨歎：「晏子輔佐三代君王，在齊景公手下位至宰相，上得君王器重，下得百姓讚揚，的確有過人之處啊！」

老師再問：「子路，你怎麼看？」

子路沒有馬上回答，沉吟好一會才說：「我把晏子的做法與我的行事方式來對比。我想，假如是我的話，很難做得到這點。我很可能會不顧情面指責國君，這一來，不僅有可能激發衝突，而且會給百姓帶來很大的麻煩與災禍。」

老師點點頭，稱讚說：「善為人臣者，有一個共同點：聲名歸之君，災禍歸之身。私下裡可以誠懇地指出國君的不足，促使他改正，但在眾人面前，卻一定要維護國君的形象。」

晏子的這個故事我還是第一次聽到，儘管以前我對這個其貌不揚的矮個子齊相不太喜歡，但不可否認，他的這種做法，也使我不由讚歎：「是啊，晏子的這種做法，既體現了仁德，更體現了智慧。」

老師鼓勵我說下去。

我隨即加以發揮：「這種智慧就是洞察人性的智慧。我們做任何事情一定要懂得別人的心理，尤其是當臣子的，更要懂得國君的心裡怎麼想。如果連這點都做不到，不要說成功，恐怕連怎麼失敗了都不知道。」

老師頻頻點頭，說：「人人都渴求成功，但成功的基礎卻是如何避免失敗。在人際關係中，最容易導致失敗的，不是別的，而是不懂得別人的心理，甚至犯了別人心理的忌諱還不自知。所謂人同此心，心同此理。每個人都有非常忌諱、不能讓人輕易碰的地方。在人最忌諱的地方，往往就有人性最黑暗的的地方。這是大家最應該留心的啊！」

晏子的故事，以及老師與我關於人性觀點的發揮，看來深深觸動了子路——

「老師，我明白了。衛君應該說還是識才的，但他遲遲不用您，原因就是怕您一旦受重用，他就無法掌控。正因為衛君有這樣的顧慮，作為您的弟子，我更應該謹慎行事才是。否則，一旦有人進讒言，不要說我，就連老師恐怕也會受到牽連啊！」

老師不斷點頭：「你能這樣想，最好不過了。」

幾個月後，我們聽到了好消息——

子路向國君報告，說由於蒲市的地理位置特殊，加上曾經鬧過叛亂，尤其需要穩定。而穩定首重人心的穩定。人心要穩定，這就要先做幾件解決百姓實際問題的大事，修渠道自然是當務之急……

報告合情合理，立即打動了國君，當即撥了不少錢財和糧食給蒲市，不僅解決了修渠道的問題，還解決了春荒問題。

此後，子路又藉機在蒲市開展了「感恩國君，熱愛衛國」的活動，全市人民都熱情地自發參與，成為在衛國轟動一時的活動。

這些情況傳到衛國國君耳中，他十分高興，連連稱讚老師給他推薦了一個好人才，還讓子路也給他推薦人才。於是，子路將我們一個十分年輕的同學子羔推薦給了國君。子羔其貌不揚，後來也被重用。

【子貢學記】

晏子的故事和子路的成功，讓我不僅懂得了衝突越大，越要圓滿處理的道理，更懂得了

「責任歸於自己，功勞歸於他人」的巨大價值——

懂得放低自己，墊高別人，不僅可以避免猜忌，還能獲得最大的支持，做起事來，自然遊刃有餘！

所以，要成功就一定要銘記：標準要高，姿態要低！

【閱讀原典】

◉晏子使于魯，景公使國人起大臺，歲寒不已，凍餒者鄉有焉，國人望晏子，晏子至，已復事，公延坐，飲酒樂，晏子曰：「君若賜臣，臣請歌之。」歌曰：「庶民之言曰：『凍水洗我，若之何！太上靡敝我，若之何！』」歌終，喟然嘆而流涕。公就止之曰：「夫子曷為至此？殆為大臺之役夫！寡人將速罷之。」晏子再拜。出而不言，遂如大臺，執朴鞭其不務者，曰：「吾細人也，皆有盍廬，以避燥溼，君為一臺而不速成，何以為役？」國人皆曰：「晏子助天為虐。」晏子歸，未至，而君出令趣罷役，車馳而人趨。仲尼聞之，喟然歎曰：「古之善為人臣者，聲名歸之君，禍災歸之身，入則切磋其君之不善，出則高譽其君之德義，是以雖事惰君，能使垂衣裳，朝諸侯，不敢伐其功。當此道者，其晏子是耶！」

《晏子春秋．內篇．諫下第五》

【我的同學】

◉高柴，字子羔。子羔小孔子四十歲，身高不高，長得也不好看，但他為人正直有法度，在衛城擔任刑法的官員時，眼見犯人要被執行刖刑（一種斷腳的酷刑），臉色便不自覺地憂愁起來。後來他因為衛國政亂被追殺，便是這犯人救了他。孔子稱讚他「善哉為吏」！

四、激發人性光明面，就會出現奇蹟

一個水準不高的強盜後代，卻被老師激發成了真正的人才，而且在他的帶動下，蒲市人的學習熱情空前高漲。這讓我們看到在人性中，還有十分重要的另外一面……

經過子路這件事後，我對如何在人際交往中「避嫌」有了很深的認識。我的耳邊，不時響起老師那句話——「人心之險，甚於山川」，時刻警惕自己：千萬別碰人性的雷區，要謹言慎行……

但是，我的體會全面嗎？重視人性，就是要經常提醒自己別碰他人心中陰暗的地方嗎？過不久老師處理的另外一件事，讓我們對人性的認識，又加深了幾分。

一天早上，一位讀書人打扮的年輕人在門外聲稱要拜見老師。

一見他的樣子，我就很不喜歡。他給我的感覺不僅有曾參的「木頭」，還有些畏畏縮縮。進來之後，他拿出幾卷竹簡，說是自己的文章，希望老師指點。

老師熱情而客氣地接待了他。從老師與他的交談中，我得知他是當地人，從小喜歡讀書、寫文章。

看了年輕人的文章，老師大大讚揚了一番，並提供他一些建議。老師的誇獎讓年輕人兩眼放光，出門時神采飛揚，簡直變了個人。

能得到老師如此的讚揚，想必年輕人的文章一定非常出色，於是我忍不住拿起一篇讀了起來。

只看了幾行，我就忍不住皺起了眉頭，這寫得也太一般了吧，如果放到同學裡面，恐怕比最後一名還要差得遠。

老師今天是怎麼啦？

這時子路回來了，一進門就問：「剛才那位年輕人是來請老師指點文章的吧？」

「你怎麼知道？」

「我剛到蒲市，他就來拜訪我了，還讓我看他寫的文章。那些東西也能叫文章？後來我才知道，他的父親曾經是強盜，後來被人打斷了腿，才痛下決心讓自己的兒子好好讀書。你想，一個強盜的兒子能寫出什麼好文章？所以就沒多理他，沒想到他竟然直接來找老師了。」

接著，他又問我：「你看了他寫的文章吧？怎麼樣？」

我笑了笑，說：「你自己看吧。」

看完之後，他哈哈大笑說：「一點長進都沒有。不知老師是怎麼評價的？」

「老師評價很高。」

「不會吧？」他吃驚地看著老師。

這時我們才發現，老師已經面露慍色：「看來我是白給你們講了許多課了。」

老師的話讓我們都不敢作聲。

「他寫的文章怎麼樣，難道我看不出來？可是我們還是要多讚揚他，為什麼？蒲市的民風並不純樸，所以子路上任前，我特別提到了要重視教化的作用。但教化不是光靠幾個人就能做到了，需要大家都來參與……」

老師還沒有說完，子路就忍不住打斷老師的話：「可是一個強盜的後代，又沒什麼水準，靠他就能促進教化，說出來誰相信！」

這時候，老師微微一笑，說：「你呀，真是將自己的過去全忘了。要不要向大家說說你第一次見到我的情景呀？」

這本是一句很平常的話，但很有意思的是，老師一說到這兒，本來性格豪爽的子路，此刻竟不知為何，有點扭扭捏捏起來了。

儘管是老同學了，但是子路進師門比我早。他第一次見老師的情況，我還真不知道，就趕緊問他是怎麼回事。

但是，他不斷搖頭，而且，臉也開始紅了。

這進一步激起了我的興趣，便催問老師到底是怎麼回事。

也不管子路是不是難為情，老師微微一笑，就揭開他的「老底」了：「他第一次見我時，一臉鬍子，嗓門粗大。至於打扮，就更有個性了：身佩公豬形飾物，腰掛長劍，最有意思的是，頭上居然插著長長的公雞毛，而且還染得五顏六色。」

老師說到這裡，我忍不住哈哈大笑，差點肚子都笑疼了。

真想像不到當初的子路，竟然是這個樣子！

我問子路：「真的嗎？真的嗎？子路師兄，是這樣嗎？」

子路一聲不吭地坐在那裡，滿臉通紅，當然是默認了。

老師問：「子路，現在你是覺得不好意思了，為什麼呢？」

子路說：「當時自己是個野蠻人，還覺得很威風，但現在想起來實在太丟人了。」

好不容易等我們安靜下來了，老師便讓子路說說他當時的體會。

「我第一次見老師時，還是無業遊民，恃勇好鬥。我見老師，純粹出於好奇心，想看看人人都尊敬的夫子到底長什麼樣，根本就沒想過要跟隨老師學習。」

但接著與老師的一番談話，卻讓他徹底改變了對學習的看法。

當時老師問他有什麼愛好，他回答說喜歡長劍。

老師說不是問這個，是問他有沒有學識方面的愛好。

他理直氣壯地說沒有，然後反問了老師一句：「大丈夫立於天地間，有武功就行。有必要學其他的嗎？」

老師說：「質勝文則野，文勝質則史。文質彬彬，然後君子。」

他直言相告自己聽不懂。

於是老師就做了一番解釋：質樸多於文采就會顯得粗野，文采多於質樸就會流於浮華。文采與質樸搭配適中，才能成為君子。

這下他明白了，但又提出：「您的父親就是一員武將，至今還有人稱讚他，像他那樣不也很好嗎？」

老師說：「先父雖然重視武功，但也很重視做人的道理，沒有單純只強調武力的作用。因為以武力服人，很難使人心悅誠服。」

他聽了沉默了一下，接著粗聲粗氣地問，學習到底有什麼用？

老師思考了一下，回答說：「駿馬如果沒有韁繩，就沒法控制；木頭不受繩墨，就難以變直；人有了學問，才能心明眼亮，事事通達。」

老師的話對他有所觸動，但他還是有點不服氣，提出世上好多東西是天然長成的。比如說南山上的竹子，並沒有人修整它，照樣長得很直。將它做成利箭，連犀牛皮都能穿透。這不就是天生的嗎？與學習有什麼關係呢？

老師因勢利導：「你說得沒錯。但如果把這些竹箭裝上鋒利的銅箭頭，再用它去射犀牛的皮，不是力度更大、可以穿得更透嗎？有了天賦再努力學習，就會有更大的收穫，這與竹箭裝銅箭頭是同樣的道理啊。」

這番話讓他徹底折服了，於是下決心跟隨老師學習。

自從跟隨老師後，子路師兄的武功並沒有退步，反而因為老師射箭的技藝十分高超，自己也成了射箭高手。

不僅如此，他的言談舉止、處理問題的能力都有了很大的改變和提升，這些在他治理蒲市時都得到了驗證。

老師問子路：「你現在有這樣大的成績，後悔跟隨我學習嗎？」

「當然不。」

「假如當初我沒看到你的潛質，多引導你，肯定你，你能有現在這樣的成績嗎？」

「當然不會。」

「那麼同樣的道理，正因為這位學生是強盜的後代，水準又不高，卻還這樣好學，所以更值得鼓勵。你們想想，如果連這樣的人都能被激發成人才，何況是其他人呢？」

老師的想法就是與眾不同，我們怎麼就想不到呢？

今天，我是第一次知道子路是從那樣一個「半野人」的狀態，成為老師的得意弟子。我在感動老師有這樣的胸懷的同時，也開始更進一步思考。

我聯想老師在當司寇時不殺那個告父親狀的兒子，想到老師經常對我們說要改變社會，首先要改變人心，要改變人心，要首先重視教化……其實，這應該是有著人性方面的理論依據的啊！

由於我最近老在思考關於人性的問題，我猛然體會不碰人性的陰暗面，僅僅是一個部分。而這些故事，似乎顯示了人性的另一面。

於是，我把自己的看法提出來：「老師，看來人性是包括兩方面的：人性既包括陰暗面也包括光明面，您說對嗎？」

老師笑了笑，點點頭，進一步引導我說：「你繼續申論看看。」

於是，我就大膽地闡述了：「什麼是全面的人性呢？我得出了一個公式：人性=神性+魔性。所謂神性，就是向上發展、給人希望的光明面；所謂魔性，就是充滿問題和危險的陰暗面。如果刺激魔性，就有可能給自己或者他人帶來不好的效果。相反，如果刺激神性，人性中積極光明面就會被激發出來，甚至就可能創造出某些奇蹟。」

老師誇獎我說：「子貢啊，你能這樣分析，太好了。我想再問你們，在教化人時，如何善於激發別人的光明面呢？」

子路沉吟了片刻，找到了一個形象的比喻：「那就是要善於運用人的大拇指。經常發現別人的長處和特點，並不斷地表揚他，讚美他。長久下去，他的最大光明面和最大潛能，就有可能被激發出來了。」

老師不斷地點頭。

幾個月後，子路師兄帶回消息說，那位讀書人因為老師的鼓勵和指點，自信心大增，愈加發憤，水準也日見增長，言談舉止都不可同日而語。

為此，子路還專門將他招至自己的門下，給了他一個比較重要的職位。

一時間，強盜的後代透過自己的努力而獲得重用，成為了蒲市街頭巷尾老百姓津津樂道的話題。

而蒲市人學習知識、學習禮義的風氣也因此空前高漲，很快就成為了衛國的明星市鎮，全國各地紛紛前來取經。

這些消息使我和老師十分高興。而更使我們高興的是——

我有兩位同學在魯國的權臣季氏手下擔任高級官員，政績突出，這些都大大加強了老師在魯國國君魯哀公和季氏心目中的份量。他們終於隆重發出邀請，請老師回到魯國。

也就是說，在經過了十四年的動盪生活之後，老師和我們終於要回家了！

【子貢學記】

人性是神性與魔性的混合體。我們不僅要善於遏制魔性的那一面，而且要善於發掘神性的那一面，即積極光明的那一面。人性中的神性一旦被激發，就可能創造一般人想像不到的奇蹟。

要激發人的神性和光明面，有一個訣竅：少用食指，多用大拇指。

因為，食指往往意味著指責，這樣會打擊別人的自信心，扼殺別人成長的願望。

大拇指卻意味著讚揚和肯定，這樣往往能激發別人的自信，開發別人最大的光明與潛能！

【閱讀原典】

◉子路性鄙，好勇力，志伉直，冠雄雞，佩豭豚，陵暴孔子。孔子設禮稍誘子路，子路后儒服委質，因門人請為弟子。

《史記・仲尼弟子列傳》

◉子曰：「質勝文則野，文勝質則史。文質彬彬，然後君子。」

《論語・雍也第六》

◉子路見孔子，子曰：「汝何好樂？」對曰：「好長劍。」孔子曰：「吾非此之問也，徒謂以子之所能，而加之以學問，豈可及乎？」子路曰：「學豈益哉也？」孔子曰：「夫人君而無諫臣則失正，士而無教友則失聽，御狂馬不釋策，操弓不反檠，木受繩則直，人受諫則聖，受學重問，孰不順哉？毀仁惡仕，必近於刑，君子不可不學。」子路曰：「南山有竹，不柔自直，斬而用之，達于犀革，以此言之，何學之有？」孔子曰：「栝而羽之，鏃而礪之，其入之不亦深乎？」子路再拜曰：「敬而受教。」

《孔子家語・子路初見第十九》

第五章 善學，你也可以成「天才」

老師博學多才，最初的起點，卻是來自一次年輕時受到的巨大刺激；
顏回做了多件我們覺得只有「神仙」才能做到的事情，
其「祕訣」是他掌握了一套高效學習的方法；
我一出馬，就挽救了魯國，並改變了五個國家的命運。
這一切都說明：
所謂「天才」，絕對不是天生之才，而是善於學習的結果。
若能確知學習的重要性，並掌握高效學習的種種智慧，
你也可能成為「天才」。

一、「天才」不是天生之才

我向季康子誇讚老師是「天才」。
老師卻把我們帶到了宰相府前，講了一個大家意想不到的故事……

回家的感覺真好啊！

雖然我出生在衛國，但在魯國跟隨老師多年，我早已把魯國當成了自己的故鄉。一踏上魯國的土地，我們就感到說不出的親切。尤其是回到我們以前上課的杏壇，一切都那麼熟悉和親切。

又是秋天，銀杏樹長得越發茂盛，風一吹，一顆顆成熟的銀杏果嘩啦啦地掉下來，像珍珠一樣在地上滾來滾去。

一群頑皮的小孩看到了，歡呼著跑上去，嘻嘻哈哈地在地上撿了起來。

就是這樣一個普通得不能再普通的情景，卻讓老師忍不住流下眼淚。

是啊，離家時，老師還值壯年，而歸來，卻是兩鬢花白的七旬老人，而我們這些跟隨老師周遊列國的學生，也都已步入中年。只有我們才知道，這樣的寧靜與幸福，來得多麼的不容易。

對於老師的回國，魯君表示了熱烈的歡迎，但並沒有委任老師擔當任何職務。

很多人得知老師回來了，都紛紛把自己的孩子送到杏壇。來學習的，不僅有魯國人，還有吳國、楚國、宋國、衛國等各個國家的人。

老師的兒子孔鯉也長大了，也成為老師的學生。

那段時間，老師整天都笑容滿面。

就在這時發生了一件大事——

這年十月，魯國發生了蝗災。本來，蝗災並不足為奇，但這次的蝗災發生在冬初，這可是前所未見。

一時間，謠言四起，有人說這是上天震怒了，要懲罰魯國人，更大的災害還在後頭，說不定會天塌地陷。

頓時人心惶惶，世道也隨之變得混亂不堪。

面對這樣的局面，魯哀公心亂如麻，整天愁眉苦臉，度日如年。

執政的宰相季康子也憂心忡忡，於是就來請教老師為什麼冬季會發生蝗災，莫非這真的預示著巨大的災難？

老師沉思了一會，說：「我聽說每年十月間，心星西沉，天氣變寒，萬物蟄居時才開始進入冬季。現在心星還在，天氣還很暖和，蛇蠍昆蟲也很活躍，應該還在九月間。可能是司吏將時間算錯了，或許今年是閏九月。」

季康子半信半疑，馬上命令司吏重新計算，結果發現果然算錯了，這一年確實是閏九月，九月裡發生蝗災，便不足為奇了。

消息在全國公佈後，人心漸漸穩定了下來，舉國上下無不對老師倍加敬仰。

其實這對老師而言，只是很平常的一件事，但在別人看來，可是太有學問了。自那以後，老師更加受到尊重，被譽為「尼父」。

一天，我去拜訪季康子，談起這件事，他忍不住讚歎說：「你的老師，天文地理無所不知，真了不起啊！」

我頗有些得意地說：「或許是上天要讓老師成為聖人，所以才讓老師這樣多才多藝吧。」後來，在一次課堂討論中，我談到了這段對話。

老師問我：「你真是這麼想的嗎？」

「百分之九十九是這樣想的，不過也有百分之一，是想為您造造勢，借老天來抬抬您，讓他們更加重視您。」

老師一聽，忍不住笑了。又問其他同學，是不是也這樣認為。

同學們紛紛點頭，有個同學甚至小聲地說：「那是自然，老師那樣的天分，十萬個人中也找不出一個啊！」

老師想了想，說：「這樣吧，我今天帶你們到另外一個地方去上課！」

老師上課從來不拘一格，包括上課的地方。一聽說要到別的地方去上課，年輕的同學都忍不住興奮起來。

跟著老師穿過大街小巷，最後我們來到一個宅子前。抬頭一看，這不是宰相府嗎？不過我們並沒有進去。老師把我們帶到了不遠處的大樹下，開設了一個「臨時課堂」。坐下來後，老師說要給我們講一個故事。

在宰相府前講故事，肯定不同一般。

季氏三代均為宰相，一直都住在這裡。幾十年前，就是在這裡，季孫氏舉辦了一次專門招待「士」級貴族的宴會。

士是貴族的最低等級，但其中有很多受過一定教育並學有所長的優秀人才。季孫氏宴士，一方面是為了爭取更大的支持，另一方面也是為了從中物色人才。

赴宴的士中，有一個十六、七歲的年輕人，他的父親原是武士，後來又做過陬邑宰，在士中有一定的名聲和影響力，不幸剛剛過世了。

按規定，這位年輕人是有資格參加這個宴會的，何況年輕人在母親的教育下，早已熟悉各種禮儀，應付這樣的場合根本沒有任何問題。

誰知年輕人剛到門口，就被季孫氏的家臣攔住了，喝道：「你來幹什麼？」

年輕人一愣，說：「我是來赴宴的。」

家臣輕蔑地掃了他一眼，說：「我們宴請的是士，你是什麼東西，竟然也敢跑來充數。別擋了客人的路，快滾遠一點吧！」

講到這裡，老師的聲音突然有些哽咽。

我驚訝地發現，老師的眼中竟然含有淚花。我猛然一驚：老師講的這個年輕人，莫非就是他自己？

這時只聽老師說：「想必你們已經猜出來了，那個被趕出來的年輕人，就是老師。」

儘管跟隨老師多年，但對老師青少年時期的經歷，我瞭解得並不多，老師也很少提及。我們都沒想到，這麼受人尊敬的老師，竟然有過這樣的遭遇。

「那，後來呢……」一位年輕的同學忍不住低聲地問了一句。

老師苦笑了一下，說：「我還能怎樣呢？只能強忍著內心的羞辱，悻悻地回了家，然後對著母親大哭了一場。」

可想而知老師當時的心情，不要說老師，任何一個人遇到這樣的事情，都會感到莫大的打擊。

「但哭有什麼用呢？哭過之後，我明白了一個道理：與其怨恨別人的勢利，不如自己發憤。要想教人看得起，就必須有讓人看得起的本領。」

從那以後，老師便開始發憤學習，尤其是各種禮儀。當時曲阜城內經常舉行禮儀活動，普通人都可以參加，老師便經常前去觀摩。

為了更好地掌握禮儀，老師甚至不惜在喪葬嫁娶活動上做吹鼓手。就是在這些「不體面」、被人看不起的工作中，老師漸漸掌握了各種具體的禮儀知識。慢慢地，老師成了曲阜城內小有名氣的懂禮之人。

再後來，老師又做過管理倉庫和牛羊的小吏。這些都是士瞧不起的工作，但老師都認認真真去做。就這樣，老師漸漸成長起來，最終有了現在的作為。

老師的故事給大家帶來很大的震撼。想不到名滿天下、處處受人尊重的老師，成長的經歷也如此坎坷，起點如此低！

「現在，你們還認為我有這樣的學問，是因為上天要讓我成為聖人嗎？」

這時候，我們才明白了老師帶我們到宰相府門口上課的真正原因。

大家都搖了搖頭：「不是，是您自己發憤的結果！」

「說得很對。一個人來到這世界上，並沒有誰注定是受上天恩寵的，尤其對我們這些出生貧寒的人更是如此。那麼，你們能從中悟出什麼呢？」

顏回立即回答：「老師是天才級的人物，但天才並不是天生之才，而是自己努力的結果！」

我也脫口而出：「生氣不如爭氣！」

我們兩個的話音剛落，立即響起了熱烈的掌聲。

老師點了點頭，微笑著說：「不錯，能有這樣的感悟，也算是十分用心了。所謂的『天才』，不過是自己努力的結果，這才是根本。同時，我也希望大家都好好記住子貢的話『生氣不如爭氣』。別人不承認自己，生氣是沒有用的，不如爭氣，做出點成績讓別人看看。這也就是『不患無位，患所以立』，不怕別人不給你職位，就怕自己沒有擔當這個職位的能力啊！」

【子貢學記】

老師年輕時的這段經歷不僅告訴了我們，「天才」並非天生之才，更讓我悟出了一個深刻的人生智慧：面對不公平的命運，生氣不如爭氣。

因為，生活只相信自強和奮鬥，不相信憂傷和眼淚！

【閱讀原典】

◉大宰問於子貢曰：「夫子聖者與？何其多能也？」子貢曰：「固天縱之將聖，又多能也。」子聞之，曰：「大宰知我乎！吾少也賤，故多能鄙事。君子多乎哉？不多也。」《論語・子罕第九》

◉季康子問於孔子曰：「今周十二月，夏之十月，而猶有螽，何也？」孔子對曰：「丘聞之，火伏而後蟄者畢，今火猶西流，司曆過也。」季康子曰：「所失者幾月也？」孔子曰：「於夏十月，火既沒矣，今火見，再失閏也。」《孔子家語・辯物第十六》

◉孔子要絰，季氏饗士，孔子與往。陽虎絀曰：「季氏饗士，非敢饗子也。」孔子由是退。《史記・孔子世家》

◉子曰：「不患無位，患所以立；不患莫己知，求為可知也。」《論語・里仁第四》

二、高效學習的四大訣竅

顏回是老師弟子中最善於學習的人。
藉著點評顏回的學習方法，老師讓我們知道了高效學習的四大要點……

儘管公認顏回是老師最好的學生，但是，當我得知顏回剛剛做過的一件事，那一刻所受的震撼，只能用「目瞪口呆」這四個字來形容。

我得老老實實地承認：那一刻，我幾乎認為顏回不是我們的同學，而是一個降落在我們中間的神仙。

是啊，如果不是神仙，怎麼有那種未卜先知的本領呢？

如果不是神仙，怎麼能做出那種其他人都不可能做出的判斷呢？

這件事發生在前不久，與魯君接見他有關——

在老師回到魯國後，許多人都向魯君建議：孔子的學生中人才濟濟，應該從中提拔一些來為國效勞。顏回是老師最得意的弟子，當然首先成為魯君考慮的對象。於是幾天前，他便召顏回進宮去面試。

交談中，兩人談到了東野華。

東野華是魯君的御馬官，頗得魯君賞識。

但顏回有些不以為然地說，用不了多久，東野華的馬就會跑掉。這讓魯君很不高興，也許他是這樣想的：東野華可是魯國最有本事的御馬官，怎麼可能讓馬跑掉呢？你顏回就算是孔門第一賢弟子，也不能如此狂妄斷言吧？

話不投機半句多，顏回的面試失敗了。

沒想到就在今天，東野華的馬果然跑了不少，大家費了很大的勁才找回來。這讓魯君大吃一驚，顏回莫非真有未卜先知的本領？於是特地派人來獎賞顏回，而且一定要顏回告知，為什麼能得出這樣的判斷？

別說魯君，我們也太想知道了。

顏回向來謙虛，不願意多說。但是，老師進一步引導他，鼓勵他說出來。於是，顏回揭開謎底：「我哪有什麼未卜先知的本領，只是不久前我親眼看過東野華御馬。他只求馬快，卻一點都不懂得愛惜，每次駕馬，總是讓馬累得四蹄淌汗，力竭聲嘶。所以我知道他的馬必然會跑掉。」

原來是這樣！他一講完，大家立即報以最熱烈的掌聲！

顏回不是未卜先知，他是透過觀察和分析，得出東野華的馬會跑掉這樣的結論啊！

看到這一點，我和大家一樣，對他的敬佩又多了一分！

魯君的使者走了，但大家對這件事的熱情還沒有絲毫的降溫。於是老師決定趁熱打鐵，引導大家開始討論「如何學習更有效」。

「在大家的心目中，學習需要吃苦，這是肯定的。但是顏回剛剛做出的這件事告訴大家，勤學苦學固然重要，但是掌握學習的方法也同樣重要。對嗎？」

「是啊，老師，我們也正要向老師請教。怎樣的學習方法，才是最有效的呢？」剛入學不久的新生曾參就提出了一個問題。

老師點點頭，接著總結了學習的四大要點：

第一，博學：學習的面要廣；

第二，篤行：踏踏實實地實踐；

第三，慎思：慎重地進行思考；

第四，明辨：要善於辨別問題的同中之異，異中之同。

於是這一堂課，就圍繞這四點展開。

老師首先賣了個關子，讓我們先說說同學中誰是最會學習的人。

「顏回。」大家幾乎是異口同聲地說。

這時，不知哪位同學說了句：「子貢師兄……」

他的聲音不大，但是大家都聽得清清楚楚。

老師點了點頭，說：「子貢也很出色。你認為和顏回比，誰更會讀書？」

我和顏回的性格截然不同，論能力各有所長，但要問誰最會讀書，還是顏回。

於是我說：「我不能跟顏回比，他能夠聞一而知十，而我最多是聞一知二罷了。」這倒不是謙虛，而是真心話。

「論學習，我也認為你不如他，但你所說的觸類旁通，不要說你，有時我也不如他啊！」

老師喜愛顏回是眾所周知的，所以老師這樣讚揚他也不足為奇。

接著，老師便要我向大家敘述一下「顏回辯哭」的故事——

這件事給我的印象實在太深了。我們周遊列國的期間，某一天，我們準備離開衛國，一早就起來了。這時，從不遠處傳來一陣哭聲，悲悲切切，聽得人肝腸寸斷。

老師聽得揪心，於是說：「大清早哭得如此淒慘，也不知道發生了什麼事？」

站在一旁的顏回說：「聽這哭聲，不只有對逝者的悲傷，還帶有生離的哀音，看樣子是有生離死別的傷心事啊。」

看著老師有些疑惑的眼神，顏回解釋說：「桓山有一種叫聲獨特的鳥，一次能孵四隻小鳥。當小鳥羽毛豐滿的時候，就要飛往四面八方，此去一別，可能永不再見。每當這時，小鳥的母親就會悽楚地鳴叫著送牠們遠行。我在桓山時，親耳聽過這種鳴叫。剛才的哭聲，很像桓山之鳥的悲鳴。我想或許是親人將要離去，不再回來吧。」

老師半信半疑，立即派人去打聽。不一會兒派去的同學回來說，鄰家的婦人剛死了丈夫，因為家中貧寒，無錢埋葬，只好將兒子賣掉。待會買主就要來領走孩子了，所以婦人抱著兒子哭個不停。

老師趕緊讓人去送些銀兩給婦人，讓她不要賣掉孩子。同時，忍不住對顏回大加讚歎：「能夠不見面就識別哭聲，真了不起，簡直是聖人啊！」

老師很少用「聖人」稱讚別人，尤其對學生，那是絕無僅有的一次。

我把這個故事講述給大家聽。很多年輕同學臉上都露出了敬佩的表情。

老師評論說：「顏回的這個故事，給大家啟示了高效學習的第一要點：博學。你涉獵面不廣，知識面不寬，怎麼可能能做出這樣的判斷與分析呢？」

大家不斷地點頭。這時小師弟子張又問：「不過，老師，我有一個疑問，有的人很勤奮，讀的書也很多，可未必能像顏回那樣聰明。這到底是怎麼回事呢？」

老師要顏回回答，顏回總結說：「要想真正做到博學，不是涉獵廣就夠了，還要把握關鍵的兩點：一是學而能化，也就是學了之後消化，轉化成自己的東西；二是學而能通，也就是融會貫通。我從兩種哭聲中聽出共同點，也算是融會貫通的一個小體會吧。」

老師對顏回的回答露出了贊許的笑容，鼓勵他說下去。

顏回接著說出一個更精彩的觀點來：「死學知識，只會『隔行如隔山』；融會貫通，更能『隔行不隔理』！」

哇，總結得真妙啊！話音剛落，便迎來大家熱烈的掌聲！

講完「博學」，接著，就該講到第二點──「篤行」了。

就在這時，突然聽到老師叫了一聲：「宰予！」

老師的聲音很大，而且還帶有怒氣，但是沒有聽到宰予的回答。

抬頭一看，原來宰予竟然睡著了，還打著很響的鼾聲。

旁邊的同學趕緊將宰予推醒。他迷迷糊糊地睜開眼，看到老師滿臉怒容地看著他，立即慌了，趕緊站了起來。

「大白天居然睡覺，真是朽木不可雕也。」

宰予其實也是同學中的佼佼者，尤其口才和我不相上下，但他就是有些華而不實，大家聽得津津有味的時候，他居然睡覺，難怪老師要生氣。

「也好，這倒提供了『篤行』的反面教材。篤行，顧名思義就是踏踏實實地實踐，上課睡覺，肯定不是篤行的表現。」

老師接著又把話題轉到了顏回身上：「你們記得我是怎樣誇獎顏回是賢良之人吧？」

「記得。」立即有同學表示。

「好，你們說說看。」

於是，幾個年輕的同學就開始背：「賢哉回也，一簞食，一瓢飲，在陋巷，人不堪其憂，回也不改其樂。賢哉回也。」

他們搖頭晃腦的樣子，像透了老師，本以為老師會生氣，但看著他們可愛的樣子，老師忍不住和大家一起笑了起來。

課堂又恢復了輕鬆活潑的氣氛，宰予這時也開始聚精會神地聽。

「學習態度認真，這只是篤行的一個面向。還有就是要將學到的運用到實踐之中，也就是知行合一。我誇顏回不是沒道理的，我所說的話，他從不提反對意見，看起來很愚鈍的樣子，但仔細觀察，就會發現用不了幾天，他就已經將我所講的東西加以實踐，這可是篤行的大功夫啊。」

接著就該談談第三點——「慎思」了。

老師說：「顏回判斷東野華丟馬的事，正好說明了慎思的價值。不管遇到什麼事情，認真細緻的思考十分重要。學而不思則罔，思而不學則殆。學習與思考，是相輔相成的。慎思，就是要慎重、縝密的思考，學會思考問題的根本，見微知著，透過現象看本質。」

講到這裡，老師把頭轉向顏回，問：「顏回，你正是由於能見微知著，透過現象看本質，才得出東野華丟馬的的判斷吧？」

顏回笑著點頭。

「你還有什麼補充的嗎？」

顏回是個謙虛的人，好像要補充什麼，但欲言又止。

這點被老師發現了，就鼓勵他：「有什麼你就說吧，讓大家多多分享你的思考。」

大家也紛紛地給他鼓掌。

在老師和大家的鼓勵下，顏回很快做了進一步的闡述：「因為鳥窮則亂啄，獸窮則亂攫，馬窮則脫軼，人窮則作亂。這個故事，不僅告訴我們怎樣馴馬的道理，更告訴我們，管理一個地方，乃至治理天下，不能把人逼到絕路上去，否則會造成人心思走，離心離德，甚至會引起社會的動亂啊！」

顏回的話，迎來大家更加熱烈的掌聲！

他從現象分析出東野華丟馬，大家十分敬佩；此刻，他得出一些治國安邦的道理，更顯得智慧超群，大家對他更心服口服了。

最後，老師準備向大家說明高效學習四大要點中的最後一點——明辨。

「到底怎樣才能明辨呢？」老師接著就對我說：「子貢，你幾天前向我提出了一個問題。我沒來得及回答你，現在你再說一遍，讓我們一起來分析分析吧。」

於是，我把前幾天問過老師的問題重新講了一遍：「從前齊國國君向您請教如何治理國家，您說節省財力；魯國國君向您詢問如何治理天下，您說瞭解大臣；楚國的葉公向您詢問政治，您說『近者悅，遠者來』。同樣的問題，您卻給了不一樣的回答，為什麼呢？」

老師立即告訴我們答案：「齊景公治國，十分奢侈，大興土木，整天歌舞不斷，出手大方，所以我告訴他治國在於節省；魯哀公有三位大臣，他們結黨營私，愚弄自己的君王，所以我說治國在於讓大臣明白事理；楚國地廣，可是葉公的都城狹小，百姓不能安居樂業，所以我說要讓近處的人高興，讓遠方的人來歸附。這三種為政的方法確實不同，但卻是根據實際情況做的具體分析。」

老師的話，讓我恍然大悟：這也就是老師所說的明辨吧！

「明辨的目的，就是要將那些看起來似是而非的東西分析清楚。就像剛才講的三種治國方式，在愛民、律己等方面，應該都是相同的，但具體做法，三人又不完全一樣。這就是表面看起來相同的東西，其實往往有著很大的差別啊！」

這讓我又想起老師對子路和冉求關於「聞斯行諸」的不同回答，也是同樣的道理啊。

這讓我想到一個觀點：世上沒有兩片葉子是完全相同的，智慧也許就體現在差異之中……

【子貢學記】

今天的學習，不僅讓我知道了關於「博學、篤行、慎思、明辨」等高效學習的四大訣竅，而且更明白了幾個基本道理：

對一個優秀的學生而言，勤學和苦學是必要的，但是還要懂得巧學，即掌握好的學習方法。高效學習的關鍵，並不是死學知識，而是要掌握好的思維方式，既能具體情況具體分析，又能舉一反三，融會貫通。

【閱讀原典】

◉魯定公問於顏回曰：「子亦聞東野畢之善御乎？」對曰：「善則善矣，雖然，其馬將必佚。」定公色不悅，謂左右曰：「君子固有誣人也。」顏回退，後三日，牧來訴之曰：「東野畢之馬佚，兩驂曳兩服入于廄。」公聞之，越席而起，促駕召顏回，回至，公曰：「前日寡人問吾子以東野畢之御，而子曰：善則善矣，其馬將佚，不識吾子奚以知之？」顏回對曰：「以政知之。昔者帝舜巧於使民，造父巧於使馬。舜不窮其民力，造父不窮其馬力。是以舜無佚民，造父無佚馬。今東野畢之御也，升馬執轡，銜體正矣；步驟馳騁，朝禮畢矣；歷險致遠，馬力盡矣，然而猶乃求馬不已，臣以此知之。」公曰：「善！誠若吾子之言也。吾子之言，其義大矣，願少進乎？」顏回曰：「臣聞之：鳥窮則啄，獸窮則攫，人窮則詐，馬窮則佚，自古及今，未有窮其下而能無危者也。」公悅，遂以告孔子，孔子對曰：「夫其所以為顏回者，此之類也，豈足多哉？」

《孔子家語・顏回第十八》

◉孔子在衛，昧旦晨興，顏回侍側，聞哭者之聲甚哀，子曰：「回！汝知此何所哭乎？」對曰：「回以此哭聲，非但為死者而已，又有生離別者也。」子曰：「何以知之？」對曰：「回聞桓山之鳥，生四子焉，羽翼既成，將分于四海，其母悲鳴而送之，哀聲有似於此，謂其往而不返也，回竊以音類知之。」孔子使人問哭者，果曰：「父死家貧，賣子以葬，與之長訣。」子曰：「回也，善於識音矣。」

《孔子家語・顏回第十八》

◉博學之，審問之，慎思之，明辨之，篤行之。

《禮記・中庸》

◉子謂子貢曰：「女與回也孰愈？」對曰：「賜也何敢望回。回也聞一以知十，賜也聞一以知二。」子曰：「弗如也！吾與女弗如也。」

《論語・公冶長第五》

◉宰予晝寢。子曰：「朽木不可雕也，糞土之牆不可杇也，於予與何誅。」子曰：「始吾於人也，聽其言而信其行；今吾於人也，聽其言而觀其行。於予與改是。」

《論語・公冶長第五》

◉子曰：「賢哉，回也！一簞食，一瓢飲，在陋巷。人不堪其憂，回也不改其樂。賢哉，回也！」

《論語・雍也第六》

◉子曰：「學而不思則罔，思而不學則殆。」

《論語・為政第二》

◉子貢問於孔子曰：「昔者齊君問政於夫子，夫子曰：『政在節財。』魯君問政於夫子，子曰：『政在諭臣。』葉公問政於夫子，夫子曰：『政在悅近而來遠。』三者之問一也，而夫子應之不同然，政在異端乎？」孔子曰：「各因其事也。齊君為國，奢乎臺榭，淫于苑囿，五官伎樂，不解於時。一旦而賜人以千乘之家者三，故曰政在節財。魯君有臣三人，內比周以愚其君，外距諸侯之賓以蔽其明，故曰政在諭臣。夫荊之地廣而都狹，民有離心，莫安其居，故曰政在悅近而來遠。此三者，所以為政殊矣。《詩》云：『喪亂蔑資，曾不惠我師。』此傷奢侈不節以為亂者也。又曰：『匪其止共，惟王之邛。』此傷姦臣蔽主以為亂也。又曰：『亂離瘼矣，奚其適歸。』此傷離散以為亂者也。察此三者，政之所欲，豈同乎哉？」

《孔子家語・辯證第十四》

【我的同學】

◉顓孫師，字子張。子張長相俊美，個性溫和寬厚，甚得孔門同輩的友愛；但他凡事從容，不力求仁義之行，因而也不怎麼得別人敬重。

◉宰予，字子我。孔子曾說：「以言取人，失之宰予。」宰予的口才了得，聞名於世，但也常被孔子說他口利善辯。曾經因為白天睡覺被孔子痛罵，謂之「朽木不可雕也」。

三、人人是可學的老師，處處是可學的良機

老師帶我們上山遊玩。
我們從捕蟬老漢那裡學到了專心就能成功的智慧，
從捕鳥老漢那裡學到了避禍的智慧……

看見老師那種津津有味、依依不捨的樣子，我很擔心來不及走完遊覽的行程，就催老師快點。

不料，老師一點都不急，而是更加認真地觀賞著。

他那麼投入地看著，到底在看什麼呢？

說來難以置信，在我們的印象中，一直是研究大學問的老師，此刻著迷的，卻是看一個老人在捕蟬。

當然，這個老人捕蟬的確有一套。我們看見他拿一根竹竿往樹上的一隻隻蟬點去。竹竿所到之處，必不落空，總有一隻蟬被粘住，隨即落入他的小布袋中。

我很佩服他的本領。但這只是生活中的小技巧，有什麼值得我們花那麼多的時間和心思在他身上呢。

我正想再次催老師快走，不料他不僅不走，反倒走上前去，和老人打起招呼，並由衷地

讚歎道：「老人家，您捕蟬的技巧太高明了！真是十分佩服啊！」

老人抬起頭來，看到老師那張慈祥而親切的臉，也趕緊回應：「沒有沒有，您過獎了！」

老師走得更近，客客氣氣地請教：「老人家，請問這其中有什麼訣竅嗎？」

見老師這樣客氣，老人也客客氣氣地回答說：「沒什麼訣竅啊，不過是熟練和專注而已吧。」

「那具體來說是怎麼做到的呢？」

於是老人便說明過程——

自己剛開始捕捉蟬時，根本粘不住，於是決定改變方法，從練習基本功入手。

他花了五、六個月時間，練習將一個彈丸放在竿頭上不讓它掉下來。當一個彈丸放穩後，又加了一個。等到兩個彈丸都不掉下來，他粘蟬失手的情況就大大減少了。

就這樣一個個增加，等到疊放五個彈丸在竹竿上，五個都不掉下來的時候，他粘蟬就像彎腰撿東西一樣容易了。

最後，他做了這樣一個總結：「雖然天地如此之大，萬物如此之多，但我只注意蟬的翅膀。當我心神安定專一，不被萬物所擾的時候，怎麼會捉不到呢？」

聽完老人的話，我的心中突然有所觸動。老師若有所思，回過頭來對我們說：「你們說說，這位老先生的做法，給了我們什麼啟示？」

我還沒有來得及說，老師就自言自語了：「用心專一，能通於神。這也是我們學習和做任何事情成功的關鍵啊。」

之後，我們告別了老人，往前走去。老師問我：「子貢啊，你老催我快走。你難道不覺得，如果錯過了剛才向老人問話的機會，我們不是丟失了一個學習的好機會嗎？」

剛才的那一幕，的確給我很大啟示。我老是覺得要學習就得向老師這樣的大師學習，普通人不可能給我指導。誰能想到：就是剛才這樣一個不起眼的老人，竟然也能讓我們的學習大有啟發呢？

告別了捕蟬老人，我們繼續往前走，不久又看見一個老漢在用羅網捕捉麻雀。

這一次，不必老師提醒了，我也認真地看他如何捕雀。

看得出來，他也是一個蠻會捕捉麻雀的人，但很奇怪，他捕到的大都是黃口小雀，幾乎沒有大雀。

於是我上前問他，為什麼會這樣。

老漢回答說：「大雀警覺性高，很難捉到，而小雀貪吃，所以容易捕捉。小雀如果跟在大雀後面，就捉不到；而大雀跟著小雀，就可以捉到。」

老師聽了，又回頭對我們說：「這是不是又給了我們雙重的啟示呢？第一，永遠不要貪婪，貪婪必有禍害；第二，君子跟從什麼人，需要謹慎，若跟隨的人不正當，就會遭到羅網的憂患啊！」

隨機教育，這正是老師教學的又一特別之處。我這次感受最深的，還不只是這兩件事情告訴我的具體哲理，還有一個更重要的體驗

老師問是什麼。我說：「那就是您所經常說的——『三人行，必有我師焉』！」

【子貢學記】

對一個善於學習的心靈而言，不一定有固定的老師，也不一定有固定的學習場所。

我們可以向老師學習，也可以向各種背景的人學習；我們可以向書本學習，更可以向生

活本身學習。

只要你放下身段，就會發現到處都是讓你學習的對象；只要你願意張開心眼，就會發現哪裡都是學習的良機。

【閱讀原典】

◉仲尼適楚，出於林中，見痀僂者承蜩，猶掇之也。仲尼曰：「子巧乎！有道邪？」曰：「我有道也。五六月累丸二而不墜，則失者錙銖；累三而不墜，則失者十一；累五而不墜，猶掇之也。吾處身也，若蹶株拘；吾執臂也，若槁木之枝；雖天地之大，萬物之多，而唯蜩翼之知。吾不反不側，不以萬物易蜩之翼，何為而不得！」孔子顧謂弟子曰：「用志不分，乃凝於神，其痀僂丈人之謂乎！」

《莊子．外篇．達生第十九》

◉孔子見羅雀者，所得皆黃口小雀。夫子問之曰：「大雀獨不得何也？」羅者曰：「大雀善驚而難得，黃口貪食而易得。黃口從大雀則不得，大雀從黃口亦不得。」孔子顧謂弟子曰：「善驚以遠害，利食而忘患，自其心矣，而獨以所從為禍福，故君子慎其所從。以長者之慮，則有全身之階；隨小者之戇，而有危亡之敗也。」

《孔子家語．六本第十五》

◉子曰：「三人行，必有我師焉。擇其善者而從之，其不善者而改之。」

《論語．述而第七》

四、學其形，更要得其魂

粗豪的子路向老師學習彈琴。

老師從他的琴聲中聽出了他的問題，並讓他改進。

老師還向大家講授了一個自己年輕時候學琴的故事，讓大家看到怎樣的學習才最有效果。

我在老師的房間和老師談話，談興正濃時，老師突然皺起了眉頭。

怎麼，有什麼不對嗎？

我不由趕緊閉住了口，發現老師側著耳朵聽門外，眉頭越皺越緊。門邊除了偶爾飄過的風聲，隱約可聽到琴聲。

這時，老師轉頭對我說：「你出去一下，看是不是子路在彈琴？」

我立即出去，回來告知老師：的確是子路在彈琴。

「他這樣彈琴不對，你去把他叫過來。」

子路是前些時日剛從衛國回來的。他看到老師回到魯國、並在杏壇上課，就乾脆辭去蒲市的職務，回到杏壇再跟老師學習。

子路的性格原是比較粗豪的，但真沒想到，這個粗豪的漢子，不僅向老師學習治國安邦之道和別的學問，最近居然迷戀上音樂，跟老師學彈琴學得很起勁。

我走到子路前面時，看見他整個人都沉迷在音樂中，琴聲激昂，他卻揮灑自如。

如果不是親眼所見，根本無法相信，老師竟然把這樣一個粗豪的人，鍛煉為一個如此有情趣的人。可是，老師為什麼對他彈琴很不滿意呢？

我不好直接告訴他，就把他帶到老師這裡來了。

看得出來，他一方面還沉迷在琴聲中，另一方面，又有點狐疑的神情。

果然，老師開始問他：「你剛才在彈琴時，在想什麼呢？」

子路一聽，立刻不好意思起來，坦言說自己這幾天正在讀兵書，滿腦子都是刀光劍影，所以彈琴的時候，不由自主的有些殺氣騰騰。

「子路啊，我知道你性格直爽，音樂可以適度豪放，但現在卻過了頭。先王創造音樂，目的是以樂調心，聲音要溫和適中，強調有德，體現的是治世安樂之音。只有小人的音樂，才會有悲涼之味和殺伐之氣。偶爾一兩次倒沒什麼，可長此以往，就不僅無益於調心養性，還會滋長心中不好的念頭啊！」

老師的話，使子路很有感觸，但也很有些尷尬。我對他很同情，就向老師求情，說：「老師，畢竟子路就是子路，他這樣一個粗豪漢子，能夠這樣去學習音樂，已經夠難為他了。」

老師點了點頭，但還是很嚴肅地說：「你講得對，可是，千萬不要小看音樂啊。我喜歡韶樂，乃至三月不知肉味。因為它是舜帝的遺音，溫潤像春天，所以才能滋養萬物呀。所謂風雨動魚龍、仁義動君子、財色動小人。如果我們彈奏音樂的時候不加以小心，不僅無益，反倒對自己和別人有很大的傷害啊！」

老師十分重視音樂的作用，在回到魯國後，他提出了這樣一個觀點——興於詩、立於禮、成於樂。

其含義是：修身養性起於《詩經》，立身之道在於禮，性情所成在於音樂。

老師的話讓子路感觸良多。他問老師彈琴有什麼訣竅。

老師回答說，彈琴關鍵不在手上，而在心上。

這話立即引起子路的強烈興趣。他突然提問：「老師，我聽魯國的樂師向我說過，老師在年輕時，曾向師襄這位著名樂師學習，收穫極大，您能將當時學習的情況給我們說說嗎？」

老師微微一笑：「當然可以，那真是一段十分難忘的經歷啊！」

於是，老師便將這一段經歷向我們詳細述說——

當時師襄教老師一首曲子，非常好聽，但沒有告訴老師曲子的名稱。

學了十來天，老師已經非常熟練了，但還是反覆彈奏。

這讓師襄很不解，因為來學琴的人，往往一首曲子還沒彈熟，就急著換新曲，而老師卻與眾不同。

老師解釋說，雖然這首曲子自己已經彈熟了，但還沒有真正掌握彈奏的技巧。

過一段時間，看到老師已經掌握了彈奏的技巧，師襄又建議他學新曲。

但老師還是不肯，說自己還沒有領會這首曲子的志趣神韻。

又過了一段時間，師襄認為老師已經領會曲子的志趣神韻了，可以換新曲了。

但老師卻說自己還希望從這首曲子中體察作者的為人。

終於有一天，老師在彈到最入神的時候，眼前突然出現了一個人的形象，那人兩目炯炯、仁慈中具有威嚴，儼然是王者的相貌。老師直覺想到：這就是自己最尊崇的周文王！

於是，他把自己的感覺告訴了師襄。師襄聽完，立即站起來讚歎道：「你說得很對，這首曲子就叫《文王操》！」

哇塞！老師簡直太厲害了。
「那麼，老師對此最深的體會是什麼呢？」有同學問。
老師不願意回答，要我們自己做分析。
我說：「學習不是淺嘗輒止，更應該精益求精。」
子遊說：「不能滿足於表面的、形式上的學習，更要掌握精髓。」
老師笑著不斷點頭。
而這個故事，子路感觸最多，我發現他竟然滿頭大汗，說：「他們講的都很對。而我體會得最深的，是音樂之道，直接反映了心靈修煉的功夫。單練手上的動作是不行的，還必須從內心深處下工夫。」
之後，他將自己關在屋子裡，不吃不喝，反覆琢磨，幾天下來，人都瘦了一圈。等到有所領悟後，他才再開始彈琴。
老師對子路依舊十分關心，認真聽完他的狀況之後，點了點頭，稱讚道：「不錯不錯，子路真的大有進步了！」

【子貢學記】

儘管老師講的是學習音樂的道理，但我覺得這對所有學習都適用：
學習的目的，固然在獲得新知，更在創造全新的自我。
創造全新自我的關鍵，是找出自己的不足不斷改正，找出自己的缺陷不斷彌補。
因此，學習不只是眼睛和手上的功夫，更是心上的功夫。
而且，學習任何好東西，不僅是要學其外形，更要得其精神和靈魂。

【閱讀原典】

◉子路鼓琴，孔子聞之，謂冉有曰：「甚矣，由之不才也！夫先王之制音也，奏中聲以為節，流入於南，不歸於北。夫南者生育之鄉，北者殺伐之域，故君子之音溫柔居中，以養生育之氣，憂愁之感，不加于心也；暴厲之動，不在于體也。夫然者，乃所謂治安之風也。小人之音則不然，亢麗微末，以象殺伐之氣，中和之感，不載於心；溫和之動，不存于體。夫然者，乃所以為亂之風。昔者，舜彈五弦之琴，造〈南風〉之詩，其詩曰：『南風之薰兮，可以解吾民之慍兮；南風之時兮，可以阜吾民之財兮。』唯修此化，故其興也勃焉。德如泉，流至于今，王公大人，述而弗忘。殷紂好為北鄙之聲，其廢也忽焉，至于今，王公大人舉以為戒。夫舜起布衣，積德含和，而終以帝；紂為天子，荒淫暴亂，而終以亡，非各所修之致乎？由今也匹夫之徒，曾無意于先王之制，而習亡國之聲，豈能保其六七尺之體哉？」冉有以告子路，子路懼而自悔，靜思不食，以至骨立。夫子曰：「過而能改，其進矣乎！」

——《孔子家語・辯樂解第三十五》

◉子在齊聞韶，三月不知肉味。曰：「不圖為樂之至於斯也！」

——《論語・述而第七》

◉孔子曰：「簫韶者，舜之遺音也。溫潤以和，似南風之至。其為音，如寒暑風雨之動物，如物之動人。雷動禽獸，風雨動魚龍，仁義動君子，財色動小人，是以聖人務其本。」

——《御覽・八十一・引樂動聲儀》

◉子曰：「興於詩，立於禮。成於樂。」

——《論語・泰伯第八》

◉孔子學琴於師襄子，襄子曰：「吾雖以擊磬為官，然能於琴，今子於琴已習，可以益矣。」孔子曰：「丘未得其數也。」有間，曰：「已習其數，可以益矣。」孔子曰：「丘未得其志也。」有間，曰：「已習其志，可以益矣。」孔子曰：「丘未得其為人也。」有間，孔子有所謬然思焉，有所睪然高望而遠眺。曰：「丘迨得其為人矣。近黮而黑，頎然長，曠如望羊，奄有四方，非文王其孰能為此？」師襄子避席葉拱而對曰：「君子，聖人也，其傳曰〈文王操〉。」

——《孔子家語・辯樂解第三十五》

五、會讀書，更要會辦事

魯國面臨被齊國侵略的危險。
我一出馬，不僅化解了魯國的危機，
還徹底改變了五個國家的命運。

我成了所有人關注的焦點了！

不僅魯國君臣對我格外尊敬，其他國家的許多人都知道了我子貢響噹噹的名字。同學們看我的眼光也不一樣，我看得出來，有的同學看我時眼中充滿了崇拜。

我到底幹了什麼事呢？

當初，為了挽救魯國，老師命令我出馬，結果我充分發揮自己對時勢和人物心理的判斷力，以及非凡的口才，不僅幫助魯國解救了危機，而且還改變了其他幾個國家的命運。

這是我最風光的一天，老師要我將整個情況向大家報告——

當時我們還在周遊列國，老師突然得到消息，齊國大將軍田常準備作亂專權。為了顯示自己的實力和樹立威信，要藉故發兵攻打魯國。

這使得老師憂心忡忡，儘管自己不被祖國所容納，但他也不忍眼睜睜看著故土遭難。於是，他希望弟子中有人能出面，幫助魯國解除這場危機。

子路要去，老師搖搖頭，否決了。

還有其他同學自願要去，也被老師否決了。

最後，老師看了看我，將化解這場危機的重任交給了我。

於是我立即整理行裝，向齊國出發。

儘管我在同學中口才最強，但是我知道這次要成功，不僅要靠口才，更要準確評判情勢和每個人物心理，才能完成這艱難的任務。

等我匆匆趕到齊國，田常已經整軍待發了。一見我，田常就很傲慢地說：「如果你是來勸我不要攻打魯國的，那麼就請回吧！」

好厲害的角色！我的目的，他一眼就看穿了。

我當然也不是省油的燈，當即頂了回去：「開什麼玩笑，我們老師都被魯君趕走了，至今不能回去。魯國的生死，關我們什麼事。」

我的話讓他不禁一愣，於是我不失時機地說：「我這次來，不是為別人，正是為大將軍您。」

這可是遊說他人最重要的一點。我所說所做的，都是為您著想，都符合您的利益。因為人對和自己利益相關的事，總是最關心。

果然，這句話一說，立即就起了作用，田常的興趣馬上被撩撥起來：「您為什麼這麼說呢？」

瞧，稱呼都從「你」改為「您」了！

「您先說說為什麼要攻打魯國？」

「魯國對齊國不敬，所以我要替國君討伐魯國。」

接著，田常講了幾件所謂魯國對齊國不敬的事情。
聽完之後，我哈哈大笑，直到眼淚都出來了。
這就叫表演，目的是為下面的「心理戰」做準備。
果然，我越笑，田常心裡就越發毛，終於他忍不住問：「先生何故發笑？」
「我看將軍的災禍就在眼前，所以不遠千里前來幫您，沒想到您卻不說實話。為這點小事，哪值得發動兩國的戰爭？既是如此，我還是走吧。」
說完，就裝著要走。
這叫欲擒故縱。我知道，只要我一抬腳，魚就要上鉤了。
果然，田常馬上攔住我，再三道歉，並摒退了左右，希望我能給他「指點指點」。
於是我一針見血地指出了他的心病：「據我所知，將軍是有遠大志向的人，可惜將軍在齊國的地位並不牢固，甚至岌岌可危。您三次有機會受封，但三次都沒有成功，原因就在於大臣們反對您。所以您要藉攻打魯國之機，樹立自己的威信。可惜啊可惜，這樣做不僅達不到您的目的，反而會損害您的利益啊！」
一番話吊足了他的胃口，眼看著他就一步步往我設計好的袋子裡鑽。
「齊國和魯國在歷史上是兄弟之邦。兄弟之邦沒有太多理由就開戰，這在道義上首先就站不住腳。其次，這場戰爭無論輸贏，對您都沒有好處。齊強魯弱，打贏了也不算本事，國君和大臣們照樣不把您當回事，等於白費力氣。打輸了就更不用說，所有責任都在您身上。到那時，您在齊國可就真沒立足之地了。」
話不在多，關鍵在於能不能說到別人心坎上。田常一聽，連忙問：「那如何是好？軍隊馬上就要出發了，臨時取消總不合適吧？」

「我倒有一個建議，您不如去攻打吳國。現在各國爭霸，吳國和齊國相隔不遠，正成崛起之勢，已經形成了對齊國的威脅。攻打吳國可謂名正言順，獲得支持也容易。而對您個人而言，好處更是不言而喻。」

這番話可是頗費了一番心思，前面是幫他編說法，讓他對國君和大臣能夠有所交代。而後面的話，一看就明白，還是扣緊個人利益。

看著田常若有所思的表情，我接著說：「打贏了，那可不是一般的功績，等於樹立了絕對的威信，誰敢再輕視您？萬一輸了，不過我想沒有這種可能，論實力，齊國遠遠強過吳國；論才略，將軍您可是常勝將軍，吳王哪是您的對手？退一萬步，即使有點閃失，吳國畢竟隔得比較遠，軍隊又在您手中，到時您相機行事，同樣可以進退自如。」

儘管這番話明顯有誇大之嫌，但還是讓田常眉開眼笑，不過他還是有些猶豫：「話雖這麼說，但吳國畢竟和齊國沒有什麼正面衝突，以潛在的威脅作為理由向吳國開戰，似乎總有些不妥。」

「這好辦，您先按兵不動。我去勸說吳王對齊國發兵，這樣一來，您不就理直氣壯了嗎？」

田常一聽有理，於是立即答應了，還挑了兩匹快馬給我。

於是我晝夜兼程到了吳國，見到了吳王夫差。

這之前，我已對吳國的情形好好研究了一番。

吳越兩國多年交戰，有一段時期，越國打敗了吳國。等到吳王夫差執政，又一舉打敗了越國，還俘虜了越國國君勾踐，讓勾踐給自己當了多年的奴僕。此時的夫差，可謂雄心勃勃，不可一世，日思夜想的就是稱霸，我當然要圍繞這一點做足文章。

我對夫差說：「齊國就要討伐魯國，齊強魯弱，打起仗來，齊國必勝無疑。而魯國挨著吳國，齊國滅魯之後，必定要與吳國爭霸，我是格外為大王擔憂啊！」
「那依您之見，該如何是好呢？」
「很簡單，仗義救魯。這樣不僅能獲得仁義的好名聲，還能將對手在萌芽初期就消滅，這可是大王稱霸天下的最好良機啊！」
「您分析得沒錯。只是吳越兩國宿仇未解，我將勾踐俘虜後，他裝得卑躬屈膝，甚至連我的大便都嚐過，最終騙得我的信任回了國。但他回去之後，臥薪嚐膽，養士教民，我看他報仇之心不死，這是我最大的憂患。待我先滅了越國，再移師伐齊救魯吧。」
「大王您錯了。越國又小又偏僻，根本不足為患。齊國則不一樣，正處於蓬勃發展時期。等您討伐完越國再去攻打齊國，齊國恐怕早已稱霸中原了。那時候，您要伐齊可就相當困難了。況且，如果大王現在打敗了齊國，還可以趁機向和吳國有仇的晉國進攻。這一來，大王成就霸主，簡直易如反掌。」
看得出吳王已經動心了，但他還是沒有下定最後決心。
我當然明白他在顧慮什麼，於是說：「大王如果擔心越國趁機報仇，我現在就去見越王，讓他出兵隨您一起討伐齊國。」
這番話既激起了吳王稱霸的野心，又解除了他的顧慮，他自然是一萬個樂意。
之後，我直奔越國。在我意料之中，越王勾踐親自來迎接我。一番寒暄之後，我便直奔主題，告訴他吳王已經開始懷疑他，並有可能討伐越國。
勾踐一聽，當即流下了眼淚，說：「當年我甘願受吳王役使，為的就是有一天能夠報仇雪恨。但我知道以今天的實力，根本不是吳國的對手。如果現在吳國來討伐，越國必亡啊！」
我趁機說：「大王倒是不必過於憂慮。如今吳王殘暴不仁，百姓怨聲載道，大臣們也想發動政變。這正是越國復仇的大好時機。大王如能暫且屈尊聽命於吳王，出兵隨他討伐齊國，激發他攻打齊國的鬥志，就能夠獲得千載難逢的機會。」

一聽這話，勾踐的眼睛立刻亮了。

「如果吳國打敗了，那可是越國的福氣。如果勝了，就會助長吳王更大的野心，這樣一來，他勢必移師伐晉。而我會立即去見晉君，讓他派出最精銳的部隊迎敵。吳國先與齊國交戰，肯定有不少傷亡，到時晉國再以重兵迎擊，那麼吳國的軍事實力必然大大削弱，到時大王復仇就輕而易舉。」

勾踐一聽，連連作揖拜謝。

於是我又馬不停蹄地回到吳國，告訴吳王勾踐已答應派兵前來聽從調遣。

沒過幾天，越王就派大夫文種率領三千精兵來吳，跟隨吳王出師攻打齊國。

一看越國的精銳部隊都已在自己手上，吳王自然沒有了任何顧慮，於是立即出兵攻打齊國。

之後，我又趕到了晉國，向晉君透露了吳國伐齊之後，有可能接著攻打晉國。

晉君立即礪兵秣馬，嚴陣以待，準備隨時抵禦吳國的進攻。

之後事態的發展，簡直和我設計的一模一樣——

吳國和齊國一交戰，齊國就大敗。

打敗齊國之後，吳王爭霸的野心越發高漲，鬥志昂揚，繼而開始攻打晉國，卻受到了早有準備的晉軍狠狠打擊，最終慘敗而歸。

而越王勾踐趁機起兵，一舉將吳國打敗，吳王夫差也被殺死。

這樣一來，五國的命運就被我徹底改變了，這就是後來歷史學家所言：「故子貢一出，存魯，亂齊，破吳，強晉而霸越，五國各有變。」

我也因此聲名大震。

當我將這些經歷簡要地敘述給同學們的時候，所有的同學都嘖嘖稱奇，年輕的同學還吐出了舌頭。

老師要大家發表對這件事情的看法，大家都沒能作出更多的評論，只是讚嘆：「子貢太聰明了，太厲害了……」

老師要我講對於這件事的體會，我明確表示：這都是結合以往所學的理論，加上學以致用。像是如何洞察人性，如何評判形勢，甚至還說從當時的《詩》中去吸收知識與智慧。還有，就是當初看到老師在「夾谷之會」中如何巧妙應對齊國的算計等等。

最後，我們請老師講評。

老師這樣評論：「我的初衷是保存魯國，這一目的雖然達到了，但你也因此將五個國家的命運改變了。有些結果，並不是我願意看到的。做過分了，也太危險了，以後千萬要注意。」

我不斷點頭，老師講得很有道理，以後一定要引以為戒。

但接著，老師又這麼說：「我們該如何讀書呢？假如他能滿口詩文，交給他治理政事，卻不能勝任；叫他出使外國，又不能獨立應酬，讀得再多，又有什麼用呢？」

儘管老師沒有直接表揚我，但是我知道：老師表揚了我學以致用的努力。

【子貢學記】

真正的學習，不是要把自己變成一個儲存知識的倉庫，而是要學以致用。

對一個一流的人而言，不僅要學會讀書，更要利用所學，掌握如何辦事的本領！

【閱讀原典】

◉田常欲作亂於齊，憚高、國、鮑、晏，故移其兵欲以伐魯。孔子聞之，謂門弟子曰：「夫魯，墳墓所處，父母之國，國危如此，二三子何為莫出？」子路請出，孔子止之。子張、子石請行，孔子弗許。子貢請行，孔子許之。……故子貢一出，存魯，亂齊，破吳，彊晉而霸越。子貢一使，使勢相破，十年之中，五國各有變。

《史記・仲尼弟子列傳》

◉子曰：「誦詩三百，授之以政，不達；使於四方，不能專對；雖多，亦奚以為？」

《論語・子路第十三》

魯君招待老師，老師違反常規先吃黍再吃桃子；
宓子賤將從老師學到的理論付諸管理實踐，結果成了最理想的執政榜樣……
這，告訴所有從政者，
政，首先是領導者的自我端正！

第六章 「政」，首先是「正」

一、先吃黍，還是先吃桃？

魯君招待老師，老師違反常規先吃黍再吃桃子，大家都以為老師大大丟臉了。

沒想到老師卻是藉機教育魯君：

治理國家，首先應該重視的是什麼……

天哪，老師怎麼犯這樣的錯誤啊！看來，他的臉這次可真丟大了！我看著眼前的情景，幾乎叫出聲來。

我回頭看冉求，發現他比我更緊張，甚至額頭上都冒出汗珠來了。

老師是怎麼回事呢？是他年老發昏了嗎？還是他真的不知道規矩？

我心中不斷浮現這樣的念頭，同時在不斷盤算如何解除面前的這場「丟臉」危機。

這是老師回到魯國之後，與魯國國君魯哀公的第一次見面。

對這次會面，我們都很憧憬，畢竟老師是他們隆重請回來的，希望從此君臣相悅，老師能像當初擔任大司寇一樣，重展抱負。

可見到魯君後，我隱隱感到，這恐怕是不可能了。

和老師有些掩飾不住內心的激動相比，國君顯得很平淡，甚至有些心不在焉。

不過三言兩語，我很快就明白：現在的魯哀公，實際上比他的父親魯定公更昏庸無能。他對老師並不重視，只是大權把握在季氏手中，季氏提出以厚禮請老師回來，他自然也不便說什麼。

是啊，老師都是七十歲的老頭了，在他看來，還能有什麼作為呢？但是，他還是客氣地接待了老師。

幾句客套話後，場面一下子冷了下來。為了打破尷尬的局面，魯哀公吩咐道：「快快，給夫子送點吃的過來。」

侍從很快給老師端上一盤鮮紅的桃子，還有一小碟新鮮的黍。

老師先吃了點黍，然後又拿起一個桃子，津津有味地吃起來。

我突然發現冉求的神色有點不對，而哀公左右的人都在捂著嘴笑。

哀公也笑了，說：「夫子啊，您的確離開魯國太久了。黍是用來擦拭桃子的，不是用來吃的。」

這一下，別說冉求，我們也都感到有些尷尬。

但老師卻面不改色，一邊繼續吃著桃子，一邊不疾不徐地說：「我知道。但黍是五穀中最好的東西，郊祭時都把它當成祭祀用的上等食物。果品有六種，桃子是最低下的一種，祭祀時根本不用。我聽說，君子應該用低賤的東西去擦拭珍貴的東西，而不會用珍貴的東西去擦拭低賤的東西。如果拿五穀中最好的東西去擦拭水果中最賤的東西，就是以上等擦拭下等，這樣做可不符合禮教啊，所以我不敢以黍擦拭桃子。」

那一瞬間，我又一次對老師佩服得五體投地。儘管直到今天，我也不知道老師是否真的知道這種新吃法。

老師的話，反倒讓魯哀公不好意思起來，於是他正襟危坐，說：「夫子是想以此來告訴我治國之道吧？我正想洗耳恭聽呢！」

於是，老師便問了這樣一個問題：「您覺得，在一個國家中，什麼是最重要的呢？」

魯哀公好像要回答，立即又止住了，看得出來，他是怕自己丟臉。

於是，老師便問他是否知道鄭國子產設鄉校的事。魯哀公點了點頭。

子產是鄭國的宰相，曾經開設鄉校。後來，到那裡去的人經常批評和議論政事，因此國君想把鄉校毀掉，卻被子產阻止了。

魯哀公說：「我覺得鄭君的想法沒錯，那些小民，無事生非，有什麼必要讓鄉校存在呢！可惜他的想法沒有得以實行，想必也是子產不仁、權力太大的緣故吧！」

聽了魯哀公的話，我差點沒笑出來。在魯國雖然他是國君，但實際上大權卻旁落在季孫氏手裡。他可能以為天下的國君都像他一樣，大權都掌握在大臣手裡吧！

老師對魯哀公說，事實上，真正的原因是子產認為毀掉鄉校弊大於利。人們早晚工閒時在那裡遊玩，偶爾談論一下政事，也沒什麼不好。政令的推行，也可以聽聽百姓的意見，說得對，就改進，有好的建議，就推行，說得不對，就加以引導。如果不顧老百姓的想法，只是一味地強迫他們服從，甚至採用嚴酷的刑法不讓他們發表意見，就會堵塞老百姓的怨恨，結果就如同堵塞洪水一樣，如果大規模決堤，就會引起很大的災難。倒不如採取像鄉校這樣的小規模疏通的方式比較好。

「您覺得子產的話有道理嗎？」

魯哀公一時不知如何回答，嘟嘟噥噥不知說些什麼。

老師又將剛才問過的話，重新問了一遍：「您認為一個國家中，什麼是最重要的呢？」

他講得有些遲疑。

「應該是國君吧？」

哀公用期待的眼神看著老師，但不知是怕自己的觀點不對，還是害怕季氏等權臣，所以他講得有些遲疑。

「從禮的角度來講，這是對的。但從仁的角度來說，一個國家最應該重視的是百姓。國君與老百姓的關係，是舟與水的關係，國君是舟，老百姓是水。水可載舟，亦可覆舟啊！」

這是我聽過關於治國最精彩的觀點。其實在周遊列國時，老師就不止一次向一些國君講過同樣的觀點。

本以為這會讓魯哀公有所感悟，但遺憾的是，他好像對這個觀點頗不以為然。也許是為了避免尷尬的局面，他說：「來來來，不談這些了，我給你們講個笑話。有個人得了健忘症，居然連自己的妻子都忘了。夫子周遊列國，想必還沒有見過這樣的人吧？哈哈哈！」

說完，他捧腹大笑起來。

這也算笑話啊？笑話不好笑，但他的樣子倒是讓人覺得好笑。

老師望著魯哀公前仰後合的樣子，一本正經地說：「這還不算最健忘的人。」

魯哀公一下子楞住了。

「最健忘的人，連自己都會忘掉。」

「有這樣的人嗎？」他很好奇地問。

老師說：「夏桀貴為天子，富有四海，卻忘了聖祖的治世之道，整天沉湎於酒色，致使佞臣當道，最後導致百姓群起攻之，落得個喪身喪國的結局。這難道不是忘了自己的人嗎？」

老師的話，夠直接的了。我覺得，如果他是一個真正對國家負責的人，老師的觀點振聾發聵，應該引起高度的重視。但十分可惜的是，這位君王不知是聽不進老師的話，還是故意裝傻，好像根本沒有領悟到老師的觀點。

於是，老師只好耐心地向他總結了一個「古之為政，愛民為大」的觀點，說為政者，無論什麼時候都應該把老百姓放在第一位，就像剛才應該先吃黍再吃桃子一樣，順序不能夠顛倒。

也許是出於禮貌，魯哀公對老師還是不斷點頭。但明顯看得出來，他十分言不由衷。看來我們不得不告辭了。

這時候，他站起來，笑咪咪地說：「治理國家，需要人才。夫子回來，肯定對魯國大有幫助啊！」

我有點喜出望外，看來我們最盼望的一幕要出現了，老師可能要再次被重用了。

沒想到，我們聽到的卻是這樣的話：「夫子的弟子中人才很多，不如向我推薦一些吧。」我看到失望從老師眼中一閃而過，但他很快就恢復了平靜，微笑著點了點頭，然後推薦了宓子賤。

不會吧，怎麼是他？話不多，木頭木腦。老師可真會敷衍人！

推薦過人才，看來該做的事都做了。於是老師客客氣氣地向魯哀公告辭。

一路上，大家都沉默無語。老師說：「不要灰心，也許不用太久，光一個宓子賤，就能讓國君看到我們的實力。」

對宓子賤，我沒有什麼印象，於是忍不住問：「為什麼啊？老師您真的那麼看重宓子賤，我怎麼沒有看出他是人才呢？」

「子貢啊，你還是改不了瞧不起人的老毛病！宓子賤雖然話不多，但卻是學習仁義最用心、，也是最有政治智慧的人，將來可能是你們當中最有出息的政治人才！」

最有政治智慧的人？最有出息的政治人才？

【子貢學記】

為政者和老百姓之間的次序不能顛倒，無論什麼時候，老百姓都是最重要的根本。動搖了這一根本，其他的就不復存在。

領導者與被領導者的關係，絕對不是壓迫與屈服的關係。真正的領導力，恰恰來自於對百姓、對下屬的關心和尊重。

只有百姓、下屬和自己的目標一致，心甘情願地成為自己的追隨者，你才能在上位坐好。如果你只知道壓迫百姓和下級，最終他們有可能把你拋棄或者推翻。

【閱讀原典】

◉孔子侍坐於哀公，賜之桃與黍焉。哀公曰：「請食。」孔子先食黍而後食桃，左右皆掩口而笑。公曰：「黍者所以雪桃，非為食之也。」孔子對曰：「丘知之矣，然。夫黍者五穀之長，郊禮宗廟以為上盛。果屬有六，而桃為下，祭祀不用，不登郊廟。丘聞之，君子以賤雪貴，不聞以貴雪賤。今以五穀之長，雪果之下者，是從上雪下，臣以為妨於教，害於義，故不敢。」公曰：「善哉！」

《孔子家語・子路初見第十九》

◉鄭有鄉校，鄉校之士，非論執政，鬷明欲毀鄉校，子產曰：「何以毀為也？夫人朝夕退而游焉，以議執政之善否。其所善者，吾則行之；其所否者，吾則改之，若之何其毀也？我聞忠言以損怨，不聞立威以防怨。防怨，猶防水也。大決所犯，傷人必多，吾弗克救也；不如小決使導之，不如吾所聞而藥之。」孔子聞是言也，曰：「吾以是觀之，人謂子產不仁，吾不信也。」

《孔子家語・正論解第四十一》

◉夫君者，舟也，庶人者，水也。水所以載舟，亦所以覆舟。君以此思危，則危可知矣。

《孔子家語・五儀解第七》

◉哀公問於孔子曰：「寡人聞忘之甚者，徙而忘其妻，有諸？」孔子對曰：「此猶未甚者也，甚者乃忘其身。」公曰：「可得而聞乎？」孔子曰：「昔者，夏桀貴為天子，富有四海，忘其聖祖之道，壞其典法，廢其世祀，荒於淫樂，耽湎於酒，佞臣諂諛，窺導其心；忠士折口，逃罪不言，天下誅桀而有其國，此謂忘其身之甚矣。」

《孔子家語・賢君第十三》

◉公曰：「寡人雖無似也，願聞所以行三言之道。可得聞乎？」孔子對曰：「古之為政，愛人為大。所以治愛人，禮為大。所以治禮，敬為大。敬之至矣，大昏為大。大昏至矣！大昏既至，冕而親迎，親之也。親之也者，親之也。是故君子興敬為親，舍敬，是遺親也。弗愛不親，弗敬不正。愛與敬，其政之本與？」

《禮記・哀公問第二十七》

【我的同學】

◉宓不齊，字子賤。宓子賤有才智，赴任單父的長官時，他向國君要了兩個書吏以紀錄政事，在書吏書寫時又不斷拉扯他們的手肘，使得書吏寫不好，藉此諫勸國君不要亂政。而在任上時他能推賢任人，仁民愛物，深得百姓愛戴。孔子稱讚他：「不齊所治者大，其與堯、舜繼矣。」

二、「政」，首先是「正」

齊桓公喜歡穿紫色衣服，導致全國人都喜歡，他帶頭不穿，大家也不跟風了；

一個老翁因為自己的愚蠢導致被騙，所以自己所在的山谷被稱為「愚公谷」，

齊國的宰相管仲聽到這一事後，首先想到的是自己管理不力。

老師用齊國兩個著名君臣的故事，向季康子闡述了「政」的含義。

老師的話我向來相信，但此刻，我還是半信半疑。

季康子肯定沒有想到會發生這種情形。他本想營造一個與老師最好的見面場面，但沒有想到：這個打算被他自己的一個小小舉動破壞了。

我們來到他的門前拜訪他，卻正遇到他在鞭打僕人。他的樣子有點氣急敗壞，缺乏風度，如果不是對他很瞭解，真難想像這樣一個人，竟然是魯國當今的宰相。

這一情景，使擔任他家臣的冉求很不好意思。畢竟，今天來拜訪他的人，不是別人，而是我們的老師，一個最講禮貌和風度的人。

冉求匆匆忙忙地跑過去。我們看見季康子抬頭看了看我們這邊，好像有點不好意思。之後，手一揮，讓那被打的人快快離開。自己則滿臉笑容，過來迎接我們了。

坦白說，老師這次回國，的確與他重視並向魯哀公進言有關。而他那副熱情洋溢的模樣，

更使人感覺到他與魯哀公不一樣，真的像是要做一番大事業似的。

果然，剛剛入座不久，他就開始向老師請教什麼是「政」。

老師的心思可能還停留在剛才見國君的情景中，於是脫口而出：「政者，正也。」

這樣的解釋倒是很新鮮。看得出，季康子的興趣似乎被勾引出來了。

「正，首先是領導者的自我端正。如果領導者自我端正了，天下哪有什麼不能端正的呢！」

他沒有流露出任何的不耐煩，而是要老師進一步闡述。

老師一笑，就講了一個齊桓公的故事——

齊桓公喜歡穿紫色衣服，於是齊國朝野上下競相效仿，導致紫色絲綢的價格大幅上漲，甚至比本色絲織品的價格高了五倍。

情況反映到齊桓公那裡，他開始憂慮起來，於是問管仲該怎麼辦。

管仲建議齊桓公不再穿紫色衣服，並對左右臣子說自己很厭惡紫色衣服的氣味！

齊桓公按照管仲的建議去做，當天宮中就沒人穿紫衣服了。

第二天，整個都城都沒人穿紫衣服了。

第三天，全國都沒人穿紫衣服了。

老師講完後，季康子連連點頭稱有道理，但隨即話鋒一轉：「我覺得您講的這個故事很有道理。這是關於國君的故事啊！可惜我們的國君不在這裡，否則，他就能得到最大的啟示了。」

他還是那樣滿臉堆笑，顯得那麼天真無邪。但那一瞬間，他的那份笑容突然讓人有點噁心，因為我覺得，不管他怎樣掩飾，都無法遮蓋虛偽的成分。

稍微有點常識的人，都應該明白：老師的這個故事，難道不是針對所有管理者而言的嗎？換言之不也是在提醒他嗎？不知他是真的反應遲鈍還是故意裝傻，想必是後者吧？

但老師不動聲色，微微一笑，接著又講了一個故事——

一次，齊桓公出門打獵，因追逐一頭鹿走進了一個山谷，遇到一位老翁，就問他這叫什麼谷。

老翁回答說叫「愚公谷」。

桓公覺得很奇怪，就問他為什麼會叫這個名字。

老翁說是因他而得名，因為從前他養了一頭母牛，後來生了一頭小牛。小牛長大後，他把牠賣掉了，又買了一匹小馬。有個不良少年見了就說：「牛不能生馬，你肯定是偷來的。」老翁覺得辯不過他，就由他牽著小馬走了。他的鄰居聽了這件事後，認為他很愚蠢，所以就把這個山谷叫做愚公谷。

第二天上朝時，桓公將這件事當成笑話講給管仲聽，不料管仲卻整了整衣襟，嚴肅地拜了兩拜，說：「這不是老人的愚蠢，是我管仲的愚蠢啊。假如堯還在位，咎繇掌管司法，哪會出現搶人家馬駒的人呢？即使遇到強橫的人，即使那個老翁再軟弱愚蠢，也一定不會給他。我想，可能那位老翁知道司法還沒走上正軌，所以就給了他吧。我請求修明政治和法律。」

講完這個故事，老師問季康子有什麼感悟。

我們都聽出來了：管仲不是君王而是臣子，面對所出現的新問題，他能從自身去找原因，這種態度正是季康子這樣的臣子應該學習的榜樣。

但季康子卻半眯著眼，似乎沒聽，又似乎在思考。氣氛一下子僵起來了。我一看這樣的局面，乾脆就幫老師打開僵局，便說：「記得老師也曾經給我們講過這個故事，老師當時說，儘管管仲是一個非常賢明而能幹的大臣，幫助桓公稱霸天下，位高權重，但一聽說出了問題，首先反省的是自己哪點做得不好，並下決心改正，這才是真正的賢良啊！」

話說到這個份上，看來季康子再不表態就說不過去了。

於是他當即誇讚老師的故事和觀點十分精彩，接著要老師對「政，就是『正』」的觀點，再做一下闡述。

老師於是講了幾個觀點：「其身正，不令而行；其身不正，雖令不從。」

老師的意思很明白：當政者自身行為端正，不發命令，事情也行得通；當政者本身行為不端正，雖然三令五申，百姓也不會信從。

我隱隱感到，老師的話，對季康子還是有一定觸動的。儘管季康子認為勢單力薄的魯哀公毫不足懼，但對千千萬萬的民眾卻恐慌不已。怎樣使百姓服從政令、努力生產而不生事端，是他日思夜想卻無法解決的問題。因為老百姓不安分，無法專心從事生產，社會秩序便會紊亂，這就會危及社稷，後果不堪設想！

於是他請教老師如何才能做到使人民嚴肅認真，盡心竭力並互相勉勵。

老師回答：「您對待民眾的事情嚴肅認真，他們對您的政令也會嚴肅認真；您孝親敬長，慈愛幼小，他們就會對您盡心竭力；您提拔好人，教育能力弱的人，他們就會互相勸勉。」

但看得出來，和國君一樣，季康子似乎對這些我們認為最重要的理念並不感興趣。於是他又轉換了話題：「魯國偷盜的人多，該怎麼辦？」

這事倒是真的。由於治理無方，魯國這段時期偷盜的現象很普遍。這與老師以大司寇行宰相職的時候路不拾遺的景象，真有天壤之別。

老師非常機敏，問他：「為什麼這樣問啊？是不是有什麼特別的緣由？」

他的臉微微有些發紅，說：「不瞞您說，魯國不僅外面偷盜多，而且竟然連我家也被盜了。說來真讓人無法相信，偷東西的，竟然是我家的兩個奴僕。」

「剛才我們進門時，看見你在責打兩個人，是不是就是他們啊？」

「是啊。本來家醜不可外揚，但既然您提到了，就直言告訴您吧。這兩個狗奴才，我對他們不薄，可是您知道嗎？他們竟然勾結起來，多次把我庫房的東西偷出去賣掉。」

我們靜靜聽他講述，他越講越氣，說：「更可惡的是，當問他們為什麼偷我東西的時候，其中一個狗奴才還振振有詞，說什麼宰相家從外面獲取的東西太多了，幾輩子也花不完。言下之意，是他們要幫我花掉。您想一想，這是什麼歪理？所以我剛才氣到不得了，就親手來揍他們了。倒讓您見笑了。」

這下我們明白了。在來拜訪他之前，我們就聽到了不少反映，說季康子此人貪婪暴斂，民憤很大。從剛才他自己的話透露出的情況來看，此言的確不假，甚至還成為他家奴僕偷東西的一個理由了。

看得出來，他想得到老師的同情，多少也想得到一點當年老師讓魯國夜不閉戶、路不拾遺的經驗，他沒有想到，老師這樣回答他：「要治理盜竊，首先是當官的不要貪。假如當官的不貪求，即使獎賞人去偷竊，人們也不會幹。」

這句話一說，季康子的臉立刻漲成了豬肝色。但他畢竟是一國宰相，很快就又神色自若，他問了這樣一個問題：「如果殺掉那些無道的人，來成就那些有道的人，您看如何？」

老師立即表示了不同的觀點：「您執政，哪裡用得著殺戮的手段啊？如果您想行善，老百姓也會跟著行善。居上位者的品德好比是風，而居下位者的品德好比是草，風往哪邊吹，草就往哪邊倒啊。」

話不投機半句多，季康子對老師的態度冷淡下來。說了幾句話之後，我們只好起身告辭。

【子貢學記】

以正訓政，是老師的一大創造吧。

政就是端正，領導者只有先自我端正，然後才能真正領導好他人。一身正而後一家正，一家正而後社會正，最後萬民無不正。

下屬學習的，永遠是上級的背影。

【閱讀原典】

◉季康子問政於孔子。孔子對曰：「政者，正也。子帥以正，孰敢不正？」　《論語，顏淵第十二》

◉齊桓公好服紫，一國盡服紫。當是時也，五素不得一紫。桓公患之，謂管仲曰：「寡人好服紫，紫貴甚，一國百姓好服紫不已，寡人奈何？」管仲曰：「君欲止之，何不試勿衣紫也？謂左右曰：『吾甚惡紫之臭。』於是左右適有衣紫而進者，公必曰：『少卻，吾惡紫臭。』」公曰：「諾。」於是日，郎中莫衣紫；其明日，國中莫衣紫；三日境內莫衣紫也。　《韓非子．外儲說左上第三十二》

◉齊桓公出獵，逐鹿而走入山谷之中，見一老公而問之曰：「是為何谷？」對曰：「為愚公之谷。」桓公曰：「何故？」對曰：「以臣名之。」桓公曰：「今視公之儀狀，非愚人也，何為以公名？」對曰：「臣請陳之：臣故畜牸牛，生子而大，賣之而買駒，少年曰：『牛不能生馬。』遂持駒去。傍鄰聞之，以臣為愚，故名此谷為愚公之谷。」桓公曰：「公誠愚矣！夫何為而與之？」桓公遂歸。明日朝，以告管仲，管仲正衿再拜曰：「此夷吾之愚也。使堯在上，咎繇為理，安有取人之駒者乎？若有見暴如是叟者，又必不與也。公知獄訟之不正，故與之耳。請退而脩政。」孔子曰：「弟子記之：桓公，霸君也，管仲，賢佐也，猶有以智為愚者也，況不及桓公、管仲者也。」

《說苑．政理》

◉子曰：「其身正，不令而行；其身不正，雖令不從。」　《論語．子路第十三》

◉季康子問：「使民敬、忠以勸，如之何？」子曰：「臨之以莊則敬，孝慈則忠，舉善而教不能則勸。」　《論語．為政第二》

◉季康子患盜，問於孔子。孔子對曰：「苟子之不欲，雖賞之不竊。」　《論語．顏淵第十二》

◉季康子問政於孔子曰：「如殺無道，以就有道，何如？」孔子對曰：「子為政，焉用殺？子欲善，而民善矣。君子之德風，小人之德草。草上之風，必偃。」　《論語．顏淵第十二》

三、誰比老虎更可怕？

冉求幫助季康子巧立名目，向老百姓徵收新的賦稅，被老師嚴厲責罵，甚至叫大家對他「鳴鼓而擊之」。儘管大家也覺得冉求不對，但還是認為老師對他有些太過嚴厲。於是，老師講述了多年前自己在泰山經歷的一件事，讓大家明白他這樣做的原因。

我正要去見老師，誰知剛進門，就和一個人撞了滿懷。抬頭一看，原來是冉求。他臉漲得通紅，眼角似乎還有淚花。

我忙問他：「你怎麼啦？」

他看了我一眼，什麼也沒說，一低頭出去了。

這時，只聽見老師憤怒的聲音從裡面傳來：「這小子不是我的學生！以後大家哪怕敲鑼打鼓攻擊他，也可以去幹！」

我吃了一驚，老師可是最有修養的人，從沒這樣大聲說過話，更沒對學生發過這麼大的脾氣。

聯想到剛才冉求的表情，我想這件事肯定與他有關。

這就奇怪了，老師不是一直都很器重冉求，覺得他很有政治才能嗎？而且冉求在季康子家擔任管家多年，我們能夠結束漂泊動盪的生活回到魯國，他起了非常重要的作用。

這時，顏回出來了，示意我們先別進去，等老師平靜下來再說。我悄悄問他怎麼回事，他歎了口氣，輕聲說：「也難怪老師生氣，本來季康子徵的稅就夠多了，但現在冉求居然又幫他巧立名目，要向老百姓徵收新的賦稅。」

有這種事？我先是一驚，但仔細想想，覺得也不足為怪。季康子名聲本來就不太好，冉求跟隨他多年，難免會受他的影響。這讓我不由想起我們回到魯國後，第一次去拜見國君和季康子的情景。

那天一早，老師就穿戴整齊，準備帶我和幾位同學一起去拜見魯哀公與季康子。

不一會兒，冉求便來接我們了。那天他特意穿了一身華麗耀眼的服裝，顯得春風得意，躊躇滿志。當時，老師和冉求已經有八年未見。

說起冉求能夠在魯國為官，還有一段故事。

季氏幾代擔任魯國的宰相，數年前，季桓子去世，之前特意叮囑兒子季康子說：「當年是我把孔丘趕走的，你要想辦法再把他迎回來。」

但有人勸季康子說：「當初將孔丘趕走，現在又把他請回來，未必合適，不如請他一個學生回來。」季康子一聽也有道理，於是就請老師推薦一個人才給他。

老師覺得冉求有政治能力，就把他推薦給季康子。

冉求一回魯國，很快就展現了政治才華，並在一次對齊戰役中立了大功，獲得了季康子的器重。

對此，老師自然很高興，但同時也有些擔心，畢竟近朱者赤，近墨者黑。

那天早上，冉求進來後，老師有意問他：「我離開魯國多年，對國內的情況一無所知，不知應該先去拜見誰？」

「當然是季康子。您能榮歸故里，全靠他鼎力相助。而且他很懂得禮賢下士，天一亮，就令我來請您前往相府。」

「我這次歸國，難道國君反對嗎？」老師問。

「這倒沒有，不過是季氏先提議，國君後表示贊同的。如今，大權仍掌握在季氏手中，而國君不過是傀儡而已，您當然應該先去拜見季康子。」

說到這裡，他突然意識到自己說溜了嘴，趕緊低下頭，不好意思地偷偷看了老師一眼。果然，一聽這話，剛才還笑容滿面的老師，立即變得嚴肅起來：「我們學習聖賢之道，就得按聖賢的要求行事。君臣父子，各有名份，不能顛倒！不管如何，我們還是應該先拜見國君。」

一看老師生氣了，冉求連忙稱是，但老師一轉身，我看到他輕輕搖了搖頭，歎了口氣。或許在他看來，數年不見，老師還是這樣「迂腐」，這麼不懂得「變通」，又如何能夠安身立命呢？

該動身了，但冉求依然沒有要走的意思。看得出來，他還想找理由說服老師先去拜訪季康子。

老師似乎看透了冉求的心思，說：「冉求啊，在同學中，你多才多藝，然千里馬之可貴，不在其力，而在其德啊！」

冉求的臉，「唰」的一下紅了。

話說到這個份上，看來不遵從老師的意願是不行了。

他只好請老師上車，先去拜見魯君。之後，我們見到了季康子。

與季康子的見面不歡而散，他照樣是橫徵暴斂。但我們沒有想到，在這種橫徵暴斂中，冉求扮演了幫季康子巧立名目、向老百姓徵收新稅的角色。

魯國一直實行丘賦之法，每一丘根據其田地和財產，徵收一定數量的軍賦。為了斂財，季康子以將討伐「逆臣」顓臾為名，要解決「倉廩空虛，軍費不足」的問題，並將任務交給了冉求。

於是冉求煞費苦心地擬訂出了一份改丘賦為田賦的計畫。也就是將田地與財產分開，各為一賦，叫作「田賦」。這樣一來，老百姓的負擔將增加一倍，而季康子的收入也將增加一倍。

季康子看了冉求的計畫後大加讚賞，並讓他將伐顓臾和改田賦的事一併和老師商議，因為老師是國老，有了他的支持，實行起來就會容易得多。

冉求於是前來拜見老師，陳述了多條要這樣做的理由，結果卻被老師狠狠批評了一通，對他說：「現在國家的田地，半數已歸季氏所有，但他欲壑難填，何時是個盡頭呢？你要勸勸他啊。」

冉求聽了沒有做聲，只是點點頭離去了。

老師原以為冉求一定會勸阻季康子，沒想到一個月後，老師到鄉下散心，卻發現新的田賦政策已經實行了，老百姓怨聲載道。

這讓老師十分生氣，他把冉求叫來，好好教育了一通，但冉求卻一再爭辯，並說這是季康子的意思，自己無能為力。

老師忍不住火冒三丈，將他痛罵了一頓，這就出現了我前面剛要進門，就聽見老師怒罵冉求以及冉求含淚而去那一幕。

這時，老師打開了門，對我們說：「你們都進來吧！」

看得出，老師還餘怒未消，又一次強調說：「冉求不再是我的弟子！我的弟子只能助善為賢，不能助紂為虐！如果冉求還是不改，你們怎麼攻擊他都不過分！」

儘管我們都覺得老師的話有道理，但還是有些為冉求抱不平。畢竟冉求也是老師的得意弟子，何況我們能回魯國，他功不可沒。另外，他也有自己的難處，畢竟是在別人手下做事，有些事身不由己啊！

於是，幾個年輕同學開始為冉求求情——

老師默默看了大家一眼，講了一件發生在十幾年前的事。

有一次，老師和弟子們經過泰山腳下。當時正是深秋，晚風冰冷刺骨，伴隨著陣陣狼嚎虎嘯。突然，從遠處山坳裡傳來一個婦人淒慘的哭聲。

老師年輕時當過吹鼓手，常給人辦喪事，從哭聲中料定婦人是在哭新亡的兒子，於是就下了車，朝著哭聲傳來的方向走去。

走近一看，只見一位婦人正伏在一座新墳上嚎哭，旁邊還有幾座相連著的舊墳。

老師上前勸慰了婦人一番，然後問婦人墳裡埋的都是什麼人？

婦人泣不成聲地說，她家以打獵為生，而泰山裡虎狼橫行，常常傷害人命。她的公公十年前被老虎吃掉了，只找回來幾塊骨頭。兩年前，她的丈夫又死於虎口，連塊骨頭都沒剩下。而就在前幾天，她十幾歲的兒子也被老虎吃掉了。

婦人越說越傷心，止不住又大哭起來。

聽完婦人一家悲慘的遭遇，老師和同學也都流下了眼淚。

子路問她：「你明知山中有虎，為何不搬走呢，這樣不就可以保住你的兒子了嗎？」

沒想到婦人卻說：「我們原先住在山腳下的村子裡，靠種田為生，可那裡的貪官擾民，苛政累累，實在活不下去了，才搬到這裡。這裡雖然有虎，卻沒有苛政，沒有貪官啊。」

老師聽了婦人的話，不禁抬頭仰望天空，沉思了很久，然後對所有弟子說：「苛政猛於虎啊！一處有虎，還不能將全部的人都吃掉，可一處有苛政，卻無一人能倖免啊！將來你們有機會出仕為官，一定要善待百姓啊！」

聽完這個故事，我們都沉默了，也開始明白為什麼老師會對冉求的事如此生氣。不知什麼時候，老師眼中已經閃爍著淚花。

「從今以後，我決定不再問政事，更不出仕，而是專心講學，刪詩正樂，贊易定禮。你們可以將這個消息告訴冉求和季康子，今後不准他們再來煩擾我！」

從此老師再沒提過出仕的話，而是集中精力研究和整理《詩》、《易》等經典。在政治方面，他開始組織編寫一本《春秋》，目的是真實地記錄春秋時期各國的歷史，以使「亂臣賊子懼」。

【子貢學記】

吃人的老虎可怕，壓迫老百姓的苛政更可怕。

善待百姓，才是出仕為官最根本和最大的意義！

【閱讀原典】

◉季氏富於周公，而求也為之聚斂而附益之。子曰：「非吾徒也。小子鳴鼓而攻之，可也。」

《論語・先進第十一》

◉秋，季桓子病，輦而見魯城，喟然嘆曰：「昔此國幾興矣，以吾獲罪於孔子故不興也。」顧謂其嗣康子曰：「我即死，若必相魯；相魯，必召仲尼。」後數日桓子卒，康子代立。已葬，欲召仲尼。公之魚曰：「昔吾先君用之不終，終為諸侯笑。今又用之不能終，是再為諸侯笑。」康子曰：「則誰召而可？」曰：「必召冉求。」於是使使召冉求。冉求將行，孔子曰：「魯人召求，非小用之，將大用之也。」是日，孔子曰：「歸乎歸乎！吾黨之小子，狂簡斐然成章，吾不知所以裁之。」子贛知孔子思歸，送冉求，因誡曰「即用，以孔子為招」云。

《史記・孔子世家》

◉子曰：「驥不稱其力，稱其德也。」

《論語・憲問第十四》

◉孔子適齊，過泰山之側，有婦人哭於野者而哀，夫子式而聽之，曰：「此哀一似重有憂者。」使子貢往問之，而曰：「昔舅死於虎，吾夫又死焉，今吾子又死焉。」子貢曰：「何不去乎？」婦人曰：「無苛政。」子貢以告孔子，子曰：「小子識之，苛政猛於暴虎。」《孔子家語・正論解第四十一》

四、讓「仁」插上「智」的翅膀

不起眼的宓子賤治理單父，做出了許多非同尋常的舉動，在很短時期內，將那裡治理為魯國最好的地方。老師帶領我們去單父考察，並給予了宓子賤超乎我們想像的好評價。

老師見魯君沒有得到肯定，見季康子沒有受到器重，而原來寄予很大希望的學生冉求又那樣不爭氣……老師的心情能好嗎？

一天，我從外地回來，一進門卻十分驚喜地發現老師滿臉笑容。他身邊還有一個人也笑得很開心，那是同學巫馬期。

一見我，老師就說：「子貢，走，我們去單父看看宓子賤，他做得很好啊！」宓子賤真的做得很好？這可真有點出乎我的意料。但看老師這樣高興，我也很高興，於是便和老師、巫馬期上了車，一同去單父。

一路上，老師對宓子賤讚不絕口：「你是我弟子中很聰明的，可是宓子賤也很聰明，甚至還賊著呢！」

「賊著」？這可是我們同學之間誇讚誰精明的話，怎麼老師也用上了？

老師隨後問我，當官要當得久，其中一個不可忽略的因素是什麼？

答案似乎很多，我一時也不知從何說起。

老師沒等我回答，就自言自語道：「關鍵一點，就是使上級放手讓自己做。宓子賤在這點上可是精明得很啊！」

這個觀點，對聽慣了「道」的我而言，的確很新鮮。

宓子賤到底是怎麼做的？

原來，宓子賤去單父上任之前，因為怕國君聽信讒言，於是在辭行時，提出讓國君身邊的兩個記事官和自己一同去上任。

到任後，宓子賤安排工作，就讓兩個記事官在旁邊記錄，但他們寫的時候卻又讓人不停地拽他們的胳膊。這樣一來，他們自然寫不好，於是宓子賤就衝著他們大發脾氣。

兩個記事官無所適從，只好請求回去。宓子賤應允了。

兩位記事官回去後就向魯君訴苦，魯君於是把老師叫去，質問他為什麼要推薦這麼一個不講道理的學生給他。

老師一聽，當即會意地笑了，說：「他是在用這種辦法向您勸諫啊！」

看著魯君迷惑不解的神情，老師說：「要用好一個管理者，就要信任他。對於宓子賤，您就像對其他地方的官員一樣，並不怎麼放心，用了種種方法制約他。這就好比宓子賤用那兩個記事官，一邊要他們記錄，一邊卻扯他們的胳膊，這樣一來，他們能寫好嗎？」

魯君一聽，恍然大悟。立即派人到單父告訴宓子賤說，從現在起，單父的一切都交給他去治理，他只需每五年向國君彙報一下政績就行了。

從那以後，宓子賤開始大力推行自己的主張，施行仁德，單父的經濟水準一天比一天增長，老百姓也受到了很好的教化。

這的確很不簡單。但老師如此推崇宓子賤，想必他在為政方面，還有其他出色表現。聽了我的問題，老師便笑著讓巫馬期向我說了前幾天去單父考察的感受。

巫馬期談到了這樣一件事——

到了單父後，有天晚上他經過河邊，看到一個漁夫在捕魚。但奇怪的是，漁夫捕上了好幾條魚，卻又將牠們放回了河裡。

於是他就上前去問漁夫為什麼要這樣做。

漁夫回答說，他們的長官宓子賤經常教育他們說，要過好日子，就不能只想著自己，也不能只想著現在，還要想到長遠。那些魚現在還太小，可以等牠們長大點再捕，否則就太自私也太沒有長遠眼光了，所以就把牠們放回了水裡。

聽了巫馬期的話，我不禁對宓子賤有些刮目相看，看來他確實很有一套，這是真正將仁義道德落到了人們心坎上啊。

百姓夜間勞作，而且在沒有任何監督的情況下，百姓還能自覺遵守社會道德，這可不是一般人能做到的。

一邊走一邊聊，我們很快就到了單父。

單父處在魯國和衛國的交界處，屬於魯國境內。這裡早先也是民心不古，有傷風化的事情時有發生。但此時我們看到的卻是市面繁榮、人人有禮的景象。

宓子賤一見我們去了，十分高興。一番寒暄後，老師便稱讚他將單父治理得很好，並讓他談談自己的體會。

宓子賤開始謙虛了一番，但很快就露出一絲掩飾不住的笑容，並且說自己其實在到單父之前，就已經開始學習如何治理了。

哦？這倒是很有意思。

宓子賤告訴我們，在來單父的路上，他聽說賢人陽晝就住在不遠的地方，於是先去拜訪他。

陽晝並沒有直接談為政之道，而是談了一番關於釣魚的理論：「一放下釣線和魚餌，馬上就游過來吃的，是陽橋魚。這種魚瘦而且味道也不鮮美。而來去琢磨不透，要吃不吃的，這是魴魚，這種魚肥，味道鮮美。」

這讓他明白了一個道理：為政之道，就是要避開前面那種魚而去尋找後面這種魚。

和陽晝談完之後，他繼續趕路。還沒到單父，遠遠就看到那些達官顯貴等在半道上迎接他。於是他對車夫說：「快趕車，快趕車！陽晝說的那種陽橋魚來了。」

於是，他避開那些達官顯貴，直接到單父上任了。

到了單父之後，他做到了三件事：將眾人的父親當作自己的父親，眾人的兒子當作自己的兒子，體恤孤寡，哀憐喪家；當作父親一樣侍奉的有三個人，當作兄長一樣侍奉的有五個人，當作朋友一樣對待的有十一個人；有五個人雖然是平民，但由於賢能，所以尊敬侍奉他們，向他們請教治理單父的方法。

老師一邊聽一邊不停地點頭：「做到第一條，平民百姓就歸附了；做到第二條，中等家產的人就歸附了；做到第三條，就掌握了根本，因為賢能的人是百福之本啊！」

在單父待了幾天之後，我們回到了曲阜。不久，我們又得到了一個消息——

由於單父地處邊境，單父的強盛使相鄰的齊國很是擔憂。這年初夏，齊國揚言要攻打單父。一時人心惶惶，宓子賤一面安撫民心，一邊加緊操練軍隊，做好迎戰的準備。

就在戰爭氣氛越來越緊張的時候，幾位德高望重的老人，代表老百姓找到了宓子賤，說城外的麥子熟了，請求趁著齊兵還沒到來，趕緊打開城門讓老百姓出城任意收割，這樣既可以增加糧食，又不會資助敵人。

但宓子賤卻拒絕了。

幾天後，齊軍開始攻打單父。單父軍民在宓子賤的帶領下，英勇抗敵，最終擊退了齊軍。但齊軍雖然退了兵，同時也將城外的麥子全部割走了。

於是有人將這件事報告了季康子，季康子聽後很生氣，派人到單父質問宓子賤，為什麼要讓麥子落到齊軍手中，卻讓老百姓遭受無糧之苦。

宓子賤卻說了這樣一番話：麥子沒有了，可以再種。但如果讓那些沒有耕種的老百姓因此不勞而獲，產生了非分之想，那麼他們就會樂意讓敵人來侵犯。一年麥子的損失，不會影響魯國的強弱，但人心變了，那可是花多少年都無法彌補回來的！

季康子一聽，很有道理，於是不僅對這件事不再追究，而且還撥了不少糧食給單父，幫助老百姓度過了難關。

消息傳來，我對他真是佩服得五體投地。非凡的眼光，才能造就非凡的事業啊！

而老師，更是掩不住內心喜悅，不斷誇讚：「君子之道，既要仁義、也要智慧，宓子賤都具備啊。可惜，宓子賤治理的地方不大，如果讓他治理大地方，他就可以繼承堯、舜的偉業了。」

【子貢學記】

貌不驚人的宓子賤不僅得到了老師的高度評價，同時也教給我一個道理：

一流的領導，必然是「仁」和「智」高度結合——

要有偉大的情操，更要有超凡的智慧；要當領頭羊，更要當指揮家；要考慮到短期的效果，更要有長遠的眼光。

【閱讀原典】

◉孔子弟子有宓子賤者，仕於魯，為單父宰，恐魯君聽讒言，使己不得行其政，於是辭行，故請君之近史二人與之俱至官，宓子戒其邑吏，令二史書，方書輒掣其肘，書不善則從而怒之。二史患之，辭請歸魯，宓子曰：「子之書甚不善，子勉而歸矣。」二史歸報於君曰：「宓子使臣書而掣肘，書惡而又怒臣，邑吏皆笑之，此臣所以去之而來也。」魯君以問孔子。子曰：「宓不齊，君子也。其才任霸王之佐，屈節治單父，將以自試也。意者，以此為諫乎！」公寤，太息而歎曰：「此寡人之不肖，寡人亂宓子之政，而責其善者非矣。微二史，寡人無以知其過；微夫子，寡人無以自寤。」遽發所愛之使告宓子曰：「自今已往，單父非吾有也，從子之制，有便於民者，子決為之，五年一言其要。」宓子敬奉詔，遂得行其政，於是單父治焉。躬敦厚，明親親，尚篤敬，施至仁，加愨誠，致忠信，百姓化之。齊人攻魯，道由單父，單父之老請曰：「麥已熟矣，今齊寇至，不及人人自收其麥，請放民出，皆穫傅郭之麥，可以益糧，且不資於寇。」三請而宓子不聽，俄而齊寇逮于麥，季孫聞之怒，使人以讓宓子曰：「民寒耕熱耘，曾不得食，豈不哀哉！不知猶可，以告者而子不聽，非所以為民也。」宓子蹙然曰：「今茲無麥，明年可樹；若使不耕者穫，是使民樂有寇；且得單父一歲之麥，於魯不加強，喪之，不加弱，若使民有自取之心，其創必數世不息。」季孫聞之，赧然而愧曰：「地若可入，吾豈忍見宓子哉。」三年，孔子使巫馬期遠觀政焉，巫馬期陰免衣，衣敝裘，入單父界，見夜漁者，得魚輒舍之，巫馬期問焉，曰：「凡漁者為得，何以得魚即舍之？」漁者曰：「魚之大者名為鱎，吾大夫愛之，其小者名為鱦，吾大夫欲長之，是以得二者輒舍之。」巫馬期返，以告孔子曰：「宓子之德，至使民闇行，若有嚴刑於旁，敢問宓子何行而得？」於是孔子曰：「吾嘗與之言曰：『誠於此者刑乎彼。』宓子行此術於單父也。」

《孔子家語・屈節解第三十七》

◉宓子賤為單父宰，辭於夫子，夫子曰：「毋迎而距也，毋望而許也；許之則失守，距之則閉塞。譬如高山深淵，仰之不可極，度之不可測也。」子賤曰：「善，敢不承命乎！」宓子賤為單父宰，過於陽晝，曰：「子亦有以送僕乎？」陽晝曰：「吾少也賤，不知治民之術，有釣道二焉，請以送子。」子賤曰：「釣道奈何？」陽晝曰：「夫扱綸錯餌，迎而吸之者也，陽橋也，其為魚薄而不美；若存若亡，若食若不食者，魴也，其為魚也博而厚味。」宓子賤曰：「善。」於是未至單父，冠蓋迎之者交接於道，子賤曰：「車驅之，車驅之。」夫陽晝之所謂陽橋者至矣，於是至單父請其耆老尊賢者而與之共治單父。

《說苑・政理》

◉孔子謂宓子賤曰：「子治單父而眾說，語丘所以為之者。」曰：「不齊父其父，子其子，恤諸孤而哀喪紀。」孔子曰：「善小節也小民附矣，猶未足也。」曰：「不齊也，所父事者三人，所兄事者五人，所友者十一人。」孔子曰：「父事三人，可以教孝矣；兄事五人，可以教弟矣；友十一人，可以教學矣。中節也，中民附矣，猶未足也。」曰：「此地民有賢於不齊者五人，不齊事之，皆教不齊所以治之術。」孔子曰：「欲其大者，乃於此在矣。昔者堯、舜清微其身，以聽觀天下，務來賢人，夫舉賢者，百福之宗也，而神明之主也，不齊之所治者小也，不齊所治者大，其與堯、舜繼矣。」

《說苑・政理》

【我的同學】

◉巫馬施，字子期，亦稱巫馬期。巫馬期在宓子賤之後擔任單父的長官，夙夜匪懈，忙碌不已，但績效卻不如子賤，於是他向子賤請教政事，方知治事不在事必躬親，而在選賢任人。

第七章

讓你的生命詩意起來

老師整理《詩三百》，收錄了不少抒發純潔感情和情愛的詩，並將歌頌愛情的〈關雎〉放在第一篇。

老師要幾位同學言志，其他人一個個都談如何創造事業的輝煌，但沒想到的是：老師唯獨認可願在春天的河水中沐浴唱歌的曾點。

一個老農民在舊瓦罐中盛一些很平常的菜給老師，老師卻吃得津津有味。

這一切都說明：

老師在教育我們追求事業的偉大，但同時也在教育我們：生命應該是一曲歡歌，我們每個人都該讓生命詩意起來……

一、思無邪：生命最好的狀態

老師對詩歌的重視尤其是對愛情詩的肯定，
徹底刷新了我們平常看到的嚴肅的「老夫子」形象……

我以為自己走錯地方了！
我以為自己的耳朵出問題了！
這裡，難道是老師經常講道、講禮的地方嗎？
這裡，難道是最嚴肅的學堂嗎？
朗朗的吟書聲，正從裡面傳來：

蒹葭蒼蒼，
白露為霜。
有位伊人，
在水一方。
……

這是一首詩！而且，這還是一首想念美女的愛情詩。乍一聽，讓人心旌蕩漾，甚至遐想聯翩。

作為一個和老師一同周遊列國並經常參加國際交往活動的學生，對詩歌並不陌生。因為不僅在出外時，常看到有人藉詩歌抒發自己的情感，而且在一些外交場合，吟唱詩歌也是經常被採用的形式。

可是在我的印象中，這樣的情詩，只能在那些山野之地出現，有時，在某些歡宴場合也偶而會出現。但怎麼可能在這裡——老師給我們講述治國安邦之道的杏壇出現，甚至有這麼多人同時誦讀這樣的詩呢？

這是怎麼啦？僅僅離開兩三個月，難道學校就有了這麼大的變化？

難道老師不在嗎？

難道是哪個調皮的傢伙，趁著老師不在，竟然挑起了一場「校園政變」？

我滿腹狐疑地走了進去，卻發現所有同學都在投入地念這首詩歌，這其中，有老師最早的弟子、年紀和他差不多的曾點，還有老師的兒子孔鯉。

更讓我難以相信的是，老師竟然站在講台上，應著大家念詩的節奏，用手指輕輕敲打著桌子。

他沒有發現我進去，只是半瞇著眼，滿臉微笑，完全一副陶醉在詩歌意境中的神情。

這是怎麼啦？難道老師由於政治上的失意，尤其是冉求、宰予等弟子在政治上的錯誤，使老師傷透了心，因此乾脆「墮落」了嗎？

老師剛開始點評，抬頭看見我，說：「啊，子貢回來了，趕緊坐好，正好一起聽聽。」

接著，老師便向我們介紹：

這一段時期以來，鑒於諸侯國之間連年的混戰，加上社會風氣的變化，致使了文化的沒落，老師便希望藉由刪《詩》、《書》和定禮樂，來促使文化的復興，並透過文化的復興，來促使社會風氣積極變化。

幾百年以來，眾多諸侯國中產生了一千多首詩歌，但是良莠不齊。老師便從中整理出了三百首，名為《詩三百》。

這時同學子游提出了一個問題：「老師，一千多首詩歌，您為什麼只留下了三百首，依據是什麼？」

老師回答說：「詩三百，一言以蔽之，曰：『思無邪』。也就是思想純正。」

大家靜靜地聽，這時，「曾木頭」畏畏縮縮地提出了一個疑問：「老師，像〈蒹葭〉這樣的詩歌，抒發的是男女的情愛嗎？」

「應該是吧！」

老師笑咪咪地看著他，點點頭。

這時，曾參的聲音就大許多了，他聲音有些顫抖，問：「那麼，這樣的詩歌，是不是於禮不合啊？難道這樣的情愛詩，也是『思無邪』嗎？」

老師看了看曾參，卻沒有直接回答，而是問大家：「你們是不是也有同樣的疑問？」

有的年輕同學不好意思，但還是點了點頭。

老師笑了笑，然後語重心長地說：「曾參，你們有那樣的疑問是可以理解的。但是，你們可不要把我的教育弄得太枯燥了。要知道，食色，性也——吃飯、喜歡異性，這是人一生中最基本的兩種需求啊。就算是政治和道德也應該符合人的本性。那些抒發人間最美好愛情的詩歌，當然可以說是『思無邪』了。」

如果不是親耳聽到，我真不敢相信老師會提出這樣的觀點。

談到愛情這個話題，氣氛一下子活躍起來，尤其是年輕的同學，既有些不好意思，但更多的是掩飾不住的興奮。也難怪，他們可正是情竇初開的年紀。更何況，這可是以前課堂上從未涉及過的話題。

老師接著笑咪咪地說：「莫非在你們眼裡，我老頭子就只會關心政治和道德？或者，只應該關心政治和道德？我告訴你們，我在教育你們關心政治、道德和禮的同時，也希望你們關心自己的生命和人生。一句話，我希望你們也要學會讓自己的生命詩意起來！」

老師接著又念了一首〈關雎〉的詩：

關關雎鳩，
在河之洲。
窈窕淑女，
君子好逑。
……

這首詩，也同樣給了我們極大的美感。

老師接著告訴我們，他把這首詩，放到了《詩三百》之首。

那麼，為什麼竟然將它放在第一篇呢？

老師說：「這首詩，所抒發的情感，正是最純真的情感啊。樂而不淫，哀而不傷。這是真正『思無邪』的高度體現啊！」

老師的話，很快激發了我們學習《詩三百》的強烈興趣。之後，老師又列舉了學《詩三百》的種種好處——

可以激發情趣，可以提高觀察力，可以培養團隊感，可以學到諷刺方法……近則可以用其中的道理奉養父母，遠則可以用來事奉君主；還可以多知道鳥獸草木的名稱，增加自己各方面的知識……

在之後的日子裡，隨著對《詩三百》的進一步瞭解，我越來越感到老師所言非虛。讀〈白圭〉中的「白圭之玷，尚可磨也；斯言之玷，不可為也」，讓我感到了自我修煉的價值。白圭上的污點可以磨掉，但言語中的污點卻無法磨去。這讓我們怎能不格外注意自己的言行？

誦讀〈伐檀〉、〈碩鼠〉時，激起了我對黑暗政治的痛恨，並喚起了我有朝一日有機會出仕為官，一定要實現政治清明理想的決心；讀到「昔我往矣，楊柳依依。今我來思，雨雪菲菲」時，牽動了我的思念之情。我不由自主想起了當年到魯國跟隨老師學習前，在河邊柳樹下和青梅竹馬的鄰家小妹依依惜別的情景。唉，也不知道她現在身在何方，嫁給了誰？

從沒想到自己的感情這樣豐富，原來詩歌可以讓人的內心變得如此柔軟和優美。

以前一直是忙忙碌碌，不是經商賺錢就是探討學問，似乎除此之外就沒有別的東西可言。但《詩三百》卻突然替我打開了另一個世界——原來我們可以更詩意地生活！

以往那些不曾留意的點點滴滴，現在換一種方式去感受，也能增添生命的喜悅。

即使是看著每天都升起的太陽，心中也會由衷地歡喜起來！

杏壇中，一時掀起了誦讀和研討《詩三百》的熱潮。

【子貢學記】

學習《詩三百》，不僅讓我們感受到了老師富有人情的另一面，而且也使我們開始去體驗和感受生命的詩意。

不僅如此，老師重視〈關雎〉、〈蒹葭〉這樣的情愛詩，更讓我懂得了：「思無邪」的純真狀態，就是生命最好的狀態！

【閱讀原典】

◉告子曰：「食色，性也。仁，內也，非外也；義，外也，非內也。」

《孟子・告子上》

◉子曰：「〈關雎〉，樂而不淫，哀而不傷。」

《論語・八佾第三》

◉子曰：「小子！何莫學夫詩？詩，可以興，可以觀，可以群，可以怨。邇之事父，遠之事君。多識於鳥獸草木之名。」

《論語・陽貨第十七》

◉古者詩三千餘篇，及至孔子，去其重，取可施於禮義，上采契后稷，中述殷周之盛，至幽厲之缺，始於衽席，故曰「〈關雎〉之亂以為〈風〉始，〈鹿鳴〉為〈小雅〉始，〈文王〉為〈大雅〉始，〈清廟〉為〈頌〉始」。三百五篇孔子皆弦歌之，以求合〈韶〉〈武〉〈雅〉〈頌〉之音。禮樂自此可得而述，以備王道，成六藝。

《史記・孔子世家》

◉子曰：「《詩》三百，一言以蔽之，曰『思無邪』。」

《論語・為政第二》

二、學會惜緣，就是學會珍惜陽光

老師將一次很平常的偶然相遇，變成了一次不平常的美好相會，並教會我如何珍惜當下的緣分。

沒有想到，我僅僅做了這樣一件很簡單的事，卻獲得了很大的一段幸福——

我把父母從我的老家衛國接到魯國，在曲阜和我住了好長一段時間。

我的做法，很有點出乎大家的意料。因為在他們眼裡，我向來就是一個全世界「飛」的人，上個月可能在越國的海邊，下個月可能到了齊國的集市，再下個月，說不定陳國國君的宮殿上，又能看到我的身影了。

我也經常自我標榜說我是一個天生的「遊子」，有著遠大的抱負，有著忙不完的事業。所以，整個世界都是我的家。

我怎麼可能和父母住這麼久呢？

但是，我得坦白承認，我真這樣做了。而且和父母相聚的這一段時間裡，不僅讓我多年在外漂泊流浪的心，得到了溫馨與安頓，更讓兩位老人家享受到了天倫之樂。我真後悔沒有更早地安排時間，與他們更常相聚在一起。

是什麼促使我採取這一舉動，並擁有了這樣的一段幸福呢？

在今天的課堂上，大家希望我說說原因。於是，我就講出了約半年前的一次經歷。

那一天，我從吳國回來，匆匆去見老師。我還沒有走到杏壇，半路上正好遇到他帶著子路等人出門郊遊。

子路駕車，老師坐在車上，滿臉春風。見到我之後，他們立即停車問候我，並邀我和他們一同去郊遊。看見老師和子路他們那麼高興，我也很想和他們一同郊遊。但是我從吳國回來，還帶著吳王的一封書信要急著送給魯君，就不能隨他們去了。

吳國的絲綢十分有名，我帶了兩匹回來，準備給老師做兩套上好的衣服。我帶著也不方便，就交給了子路。因為他們此時不回杏壇，他就把這些絲綢放到車中，駕車遠去了。

晚上我回到杏壇。子路已經回來了。但他告訴我，那兩匹絲綢已經被老師拿去送人了。那兩匹絲綢十分珍貴，我一聽，一下就急了。忙問子路：「老師為什麼要送人？」

那個人一定十分重要吧？否則，老師為何把我千里迢迢帶來的貴重東西轉送給他？

沒想到，子路卻告訴我：「那個人我們以前也沒有聽說過，並不是什麼重要或有名的人，是我們在路上偶然遇到的。」

什麼？我簡直不敢相信自己的耳朵！

於是，子路向我敘述了詳細的情況——

老師帶領大家到了泰山腳下郊遊，在一個十字路口，遇到一個叫做程子的人。這個人來自秦國，要去齊國。但是老師與他一交談，就發現他頗有學問，而且頗有情趣，老師便不再去其他地方遊玩了，一下午都和他親密地交談，兩人還不時哈哈大笑，顯得十分投機。直到天色已晚，那人還要趕路。老師才依依不捨與他告別。這時老師回過頭來，問子路：「我們身邊還有什麼較貴重的東西嗎？」

子路回答：「沒有其他東西，不過正好有兩匹子貢從吳國帶來的綢子，是準備給您做衣服的。」

老師說：「快快快，把它們全都送給這位先生吧！」

但是子路一動不動，好像沒有聽見一樣。

老師催了兩遍，看他還是這樣，便生氣了，說：「嗨，子路你聽見了嗎？」

子路只好直言說：「老師，這兩匹絲綢，是子貢好不容易從吳國帶來給您做衣服的，可是，在我們身邊還沒有多久，您就要送人了，對得起子貢的一片好心嗎？何況，您的衣服的確舊了，也該換一身好點的衣服了！」

一聽這話，老師的神情變得和緩了。他耐心地向子路解釋，自己的衣服還可以，而且過一段時日子貢還要去吳國，再讓他帶幾匹回來就可以了。

子路的臉色也和緩起來，但還是沒有去拿絲綢。

這時，老師又進一步開導他：「子路啊，我的做法絕對是有道理的。這在《詩三百》中可以找到很好的依據的。」

子路不服氣，說：「我不信。」

老師便說：「你不知道《詩三百》中有這樣一段嗎？──『有美一人，清揚宛兮；邂逅相遇，適我願兮』。眼前的這位程先生，是天下的賢士，就像詩中的那位美人一樣，雖然他也是沒預期而相遇，但是正與我的心意相投。我也不想錯過這個相遇的緣分。如果現在不送點東西給他，恐怕一輩子見不著他了。就讓我們珍惜這種難得的緣分吧，趕快把絲綢送給程先生，好嗎？」

不知為什麼，一聽老師這話，子路就將兩匹絲綢送給了那位先生，並很有禮貌地笑著與他告別。

我知道，子路是一個直性子的人。同學中，大約也只有他能跟老師頂嘴。為此，也常常讓老師受氣。但這個直性子竟然乖乖聽了老師的說法，想法上轉彎這麼快，這倒是很少見。

一聽子路說完這事，我心中也有數了，也沒有那麼生氣了。之後，我不由向子路提了一個問題：「你說說，你是怎麼被老師說服的呢？」

子路撓了撓頭，說：「我也弄不懂。好像有希望老師開心的成分，也有老師引用《詩三百》的權威性的成分。不過，最重要的一點，好像老師說怕以後永遠再也見不到那個人，我突然覺得內心深處一下被觸動了，有一種酸酸的、甜甜的感覺，覺得真不給他一點好東西，就會遺憾，甚至會後悔一輩子。」

我點了點頭，接著問：「那麼，送禮之後，那位先生表現如何？」

「當然是喜孜孜，戀戀不捨地與我們告別了！」

「那老師呢？」

「老師也是格外開心啊。在晚風中，我駕著車，唱著歌，而老師滿臉堆笑坐在身邊，那個怡然自得的模樣，真叫爽快呢！」

「你呢？」

「我也很開心啊！」

回答完我的話，他又反問我一句：「那麼你呢？你現在想通了嗎？」

我正要回答，老師進來了，一看他那張笑容可掬的表情，我就知道，他把我送他的布匹轉送給人得到的快樂，遠遠超過了他自己使用的快樂。老師一見我的面，就向我道歉：「子貢，沒有給你打聲招呼，就將你送我的絲綢送人了，真是對不起。」

我忙說：「不不，聽說老師高興，而且能讓他人也高興，這就是很好的事啊。而且，下次我還會再去吳國，到時我再給您帶點絲綢回來吧。」

之後，我們便轉移了話題，談到許多分別後的事情，盡歡而散。

但是，當天晚上，我突然從睡夢中驚醒過來了。儘管今天久別重逢見到老師和同學們，十分開心。但此刻，我心中還是有一種很不高興的感覺。

到底是什麼呢？難道是怪老師不該把絲綢送給陌生人嗎？

不是，絕對不是！那麼我到底是為什麼而不開心呢？

我苦苦地思索，突然間，找出原因了——那一瞬間，我想到了自己的父親母親！我格外思念起兩位老人家來。

父親也是生意人，我來向老師學習，他是積極支持的。但是我這些年來都跟老師在一起，與父親在一起的時間很少。一年前我回到衛國的老家，父親明顯蒼老了。

在家裡住了三天，我又要走了。父親送我，一程又一程，捨不得我走。那天，正好下著雨，還夾著小雪。當我最後揮手向他告別時，我看著風雨中他那滿頭的白髮和蒼涼的目光，突然心如刀絞。父親是一萬個捨不得我啊，可是為了讓我追求自己的事業，他只能看著自己的兒子一次次離開自己遠去。

應該說我當時是很感動和憂傷的。可是離開幾天之後，我又把他忘了，腦袋裡充滿著許多所謂「更重要」的事。現在想來，什麼是「更重要的事情」呢？難道經常惦記父母、關心父母，不是「更重要的事情」嗎？

父母都已年邁，作為兒孫，盡孝要及時，不能找任何藉口去遺忘、淡漠地對待自己的父母啊！

第二天，我向老師請假，說要立即回家去拜望父母。老師不斷點頭，說：「是啊，你離開父母的時間實在有點久了。我幾次催你去，你都是一拖再拖。現在難得你有這份孝心，那就好好回家多陪一下他們老人家吧。」我就告別老師，回到衛國與父母相聚了一段時間。

將要離開之時，看見他們與我還是難捨難分，就乾脆把他們從衛國接到魯國住了很長一段時間，並陪他們遊覽了泰山等風景名勝。他們開心極了，說一輩子就是現在這段時期最幸福。看到父母燦爛的笑臉，我心裡也充滿了無限的喜悅。

今天，當我在課堂上把這些經歷講給大家聽時，我看得出來，有的同學眼中還閃著淚花。

老師對我不斷點頭。

子路說：「當初老師念了那首詩，觸動了我內心深處很柔軟的地方，讓我覺得不要錯過了眼下的緣分，所以就把絲綢給人了。沒想到，竟然也會如此深地觸動你的心靈啊！」

我點點頭，進一步向大家闡述我的體驗：「對一個陌生的人的緣分，老師都教育我們不要錯過。我們與父母的關係，也就是最難得的緣分，也是只有此生的緣分啊。如果不能珍惜這段只有此生的緣分，好好地對待父母，等以後父母不在的時候，再去後悔，那就已經太遲了！」

我的話，引起了大家的共鳴。一些同學紛紛告假，回去與父母相聚。

老師不僅一個個同意，而且對大家大加肯定和讚揚。

本來是一次萍水相逢的相遇，照一般人的做法，根本不會當一回事。但是老師不僅與對方好好傾談，而且還送了對方一份貴重的禮物。這一來，不僅給別人創造了快樂，更讓自己得到了很大的快樂。

一件很簡單的事，就被老師創造出生活的詩意。

於是，本來平凡的生命，就由此活出了不平凡的品質。

老師在日常生活中所做的這一件了不起的小事，讓我從此不僅重視各種緣分，更珍惜親友等重要的緣分。

這樣，我不僅感覺到生活更加美好，而且還結交了更多的朋友，這對我以後將外交工作做得更好、將生意做得更大，產生了很大作用。

【子貢學記】

人們嫌自己的生活沒有詩意，往往是由於錯過了當下的緣分。

老師讓我們看到，哪怕是一段萍水相逢的緣分，也值得我們格外珍惜，甚至可以把它變為一次生命的慶典。

那麼，對於我們的親人、朋友等緣分更應珍惜，就是理所當然了。

【閱讀原典】

◉孔子之郯，遭程子於塗，傾蓋而語，終日甚相親，顧謂子路曰：「取束帛以贈先生。」子路屑然對曰：「由聞之，士不中間見，女嫁無媒，君子不以交，禮也。」有間，又顧謂子路，子路又對如初。孔子曰：「由！《詩》不云乎？『有美一人，清揚宛兮，邂逅相遇，適我願兮。』今程子，天下賢士也，於斯不贈，則終身弗能見也。小子行之。」

《孔子家語・致思第八》

三、天邊星斗美，路邊野花香

我認為看臘戲沒有意思，曾點就跟我講述了一個「四子言志」的故事。這個故事以及與老師的互動，給了我很大的感觸，不僅改變了我對生活的看法，而且讓我有了全新的快樂體驗。

這是臘月的一天。魯國的城市和鄉村都彌漫著一種輕鬆的氣氛。

昨天，離開老師半年的我，從衛國回到魯國，老師很高興。今天，便帶我和曾點以及幾位年輕同學一起到曲阜郊外看臘戲。

大半天時間，老師都興致勃勃，但我向來對看戲不感興趣，只是不忍拂老師的興致，看了好久一會，直到他已盡興，才陪他回家。

走在回城的路上，老師問我臘戲是不是很有意思。

站了一天，腳都發麻了，我忍不住脫口就將心裡話說出來了：「真沒勁。」

說出之後我就後悔了，我這樣說，不是惹老師生氣嗎？

但抬頭看老師，發現他並沒有生氣，於是趕緊解釋：「一國之人好像都發狂了，難道玩就那麼有價值嗎？」

老師沒生氣，說：「文武之道，一張一弛。大家辛苦了一年，在這農閒的時間，好好鬆弛和快樂一下，不是很好的事嗎？」

我回答：「對別人來說這可能有意義。可對我來說，的確沒有意思。有這些時間，還不如幹點有意思的事情呢！」

我認為老師會肯定我，沒想到，他笑咪咪地問我，什麼才是有意思的事情？

「那還用說，讀讀聖賢書，想想為政之道，哪怕出去做點生意賺點錢也好啊。」

聽了我的話，一旁的曾點忍不住笑了起來：「子貢啊，我怎麼覺得你今天說話的腔調那麼像我們家曾參啊！」

什麼什麼？像曾參？開玩笑，怎麼能拿我和「曾木頭」比。我可比他有情趣多了，琴棋書畫，我哪樣不會啊，難道這還不夠？

看我一臉不服氣的樣子，老師也笑了：「琴棋書畫固然是情趣，但隨時隨地發現和享受生活中的美，才更是有情趣的表現啊。」

就在這時，我聽到一聲輕輕的歡呼。只見曾點帶著兩個小師弟，匆匆往前趕去，一邊走，一邊打招呼，說：「老師，快到舞雩台了。我們一起到那裡休息吧！」

我和老師加快了腳步，走到舞雩台邊，我輕輕地攙扶著老師的胳膊，一同登上去，舉目四望，立即心曠神怡。

舞雩台是魯國國君祭天祈雨的地方。平時很少人來，此時台上就我們幾人。

向一邊望去，是金碧輝煌的魯國古城；而另一邊流淌的，是碧波蕩漾的沂河水；還有一邊，則是一望無垠的平原，與藍天相接。

我發現，年紀最大的曾點，到這裡格外興奮和快樂，便不由得問他：「你為什麼這樣快樂啊？」

曾點說：「約一年前，我和幾個同學在這裡言志，想起來真是夠開心的啊！」

老師的情緒也十分好。他當即問我：「子貢，你知道我和曾點幾個學生前不久在這裡言志的事情吧？」

老師與同學言志很常見，但由於我當時不在魯國，所以不是很清楚這件事，便請曾點細細講述一次。

曾點微笑著看看老師，老師向他點了點頭。於是，曾點就說了那次「四子言志」的故事——

那天，老師趁興與曾點、子路、冉求、公西華四人來到舞雩台。四人坐在老師周圍，一起欣賞美景。子路、冉求、公西華陪老師說話，曾點則在一旁彈琴。

老師說：「我老了，恐怕沒人願意用我了。但你們還有施展抱負的機會。我問你們，假如還有機會，你們的志向又是如何呢？」

子路一聽，立即豪情萬丈地說：「如果是一個擁有一千輛兵車的國家，夾在大國中間，受到鄰國軍隊的侵犯，加上國內又鬧饑荒，讓我去治理的話，只需三年時間，就可以使百姓英勇善戰，而且懂得道義。」

老師聽了微微一笑，沒有說什麼。

冉求回答：「方圓幾十里的小國家，讓我去治理的話，三年時間，可以使百姓富足。至於修明禮樂制度，那只有等待賢人君子來實施和教化了。」

老師聽了也沒有做聲，只是轉過臉去看著公西華。

公西華想了想說：「我不敢說自己很有本領，只是願意學習而已。在宗廟祭祀和諸侯會盟的時候，我願意穿著禮服，戴著禮帽，做個小小的儐相。」

老師聽了，還是不置可否。

只剩曾點沒有說了，大家都把目光轉向了他。

不過曾點沒有立即回答，他彈琴正彈到得意處，就沒有放下，而是直到一曲完畢，鏗爾一聲，手一揮，這才站了起來。在琴聲的餘音嫋嫋中，他恭恭敬敬地向老師行了個禮，說：「老師，我和他們的志向不一樣。說出來怕大家見笑。」

老師說：「別那麼嚴肅。不過是自由地談談而已嘛，說出來給大家聽聽。」

曾點就講：「我的志向是，春暖花開的時候，和五六個成年人，六七個小孩子，在沂水中洗個澡，在舞雩台上吹吹風，然後唱著歌回家。」

這也算得上是志向？他一講完，大家忍不住哈哈大笑起來。

沒想到老師卻說，自己贊同曾點的志向。

曾點所描述的這一幕，使我大為神往。

儘管這一幕已過去好久一段時間了，但此時此刻，身處當初他們幾位談志的舞雩台，當初的情景好像歷歷在目，尤其是曾點沒有立即回答老師問題，而是要先將一曲彈完的做法，我真是欣賞極了。

一方面，我佩服他的瀟灑。有誰能像他那樣，一邊聽大家述志，一邊彈琴，甚至當老師提問後，還要盡興地彈完琴再回答問題呢？

另一方面，我更佩服老師的親切與雅量。

是啊，一般人會認為老師很嚴厲。但誰又想像得到，當老師提問的時候，他能允許弟子先彈完琴以後再回答問題呢？

不講別的，就衝這一點，他就是一個讓人不僅值得尊敬，更讓人覺得親切的老師啊！

但是，我還是有很大疑惑——這不是開玩笑吧？

老師為什麼對其他幾位同學的「大志」不以為然，反而對曾點這種看起來不是志向的志向深以為是呢？

我將心中的疑問提了出來。

老師說：「子貢，回到剛才你關於有沒有意思的話題，你是不是覺得曾點談的這個理想，不符合你『有意思』的標準吧？」

「是的。」我輕聲地說。

「為什麼呢？」

我直言相告：「老師，大丈夫生於世，應該幹一番轟轟烈烈的事業才對。如果像曾點這樣只知道貪圖個人的享受，與那些村夫村婦又有什麼區別呢？」

老師笑起來了，說：「你不論是在我身邊，還是在世界各地，天天忙個不停，就是為了追求事業啊？」

那當然，我雖然沒有直接回答，但表情已經表明我的態度。

這時，我看見老師的眼中充滿了一種慈祥的光芒。他笑咪咪地對我說：「子貢呀，事業是重要的。可人活在世界上，並不是只有事業，也還有生活。你老是喜歡往遠方的地平線走去，因為你總是追逐天邊星斗的美麗。但是，你追逐天邊星光的時候，也別忘記欣賞路邊的花朵啊！」

老師的聲音不大，但卻給了我當頭棒喝。是啊，這些年來，我就是一個事業型的人，整天為事業奔忙，對周圍生活的美好缺乏知覺。我這種只重視事業不重視人生的態度，是否該改一下呢？

這時候，我發現曾點已經走到舞雩台邊上，夕陽西下，晚風吹著他的臉。他閉上眼睛，露出十分享受的神情。

而幾個小師弟，張開雙手，向著遠方大聲呼喊，十分忘情。

我站在舞雩台上，看著周圍的一切，覺得都換了一種不同的色調。

這一望無際的齊魯大地，儘管已到冬天，但它蘊含著一種獨特的美。收割後的田野顯得格外寧靜，不遠處幾棵沒有掉葉的綠樹顯露著生命的本質，還有那裊裊的炊煙、三三兩兩散落在田野中的牛馬，都讓我感到生活是這樣的美好。

這時候，老師說：「子貢啊，問一下此時你的感受——你快樂嗎？」

我點點頭。

老師接著問：「那我們活在這個世界上，是不是應該更多體驗和領略這樣的時刻呢？」

是的，是的。我不斷對自己說。

不知道看到了什麼好東西，一個小師弟請老師過去看。老師走過去了。我獨自站在原地不動。

看著四周的風景，再三琢磨老師讚賞曾點的話，我突然對自己敲響了警鐘——子貢，你滿腦子都是事業，可別因此而成了事業的奴隸啊！

在我多年的印象中，老師是一個事業型的人。心中裝滿了經世濟民的情懷，帶著弟子們周遊列國，好像沒有事業就沒有一切。

但是回過頭來一想，老師教育我們的，難道只是如何從事事業嗎？他教我們學《詩》，教我們彈琴鼓瑟，包括剛才帶我們去看臘戲，難道不也是在教我們如何生活嗎？

我想起老師上次把我買給他的絲綢送給陌生人，教育了我珍惜生活中的緣分，這些都不是孤立的現象。老師是我們事業的導師，也是我們生活的導師啊！

我回想起今天看臘戲的情景了。我不僅覺得臘戲本身美，而且覺得看臘戲津津有味的老百姓們，本身就是一道很美的風景。

因為，在這個經常充滿戰爭和各種紛擾的時代，能在一個和平的氣氛中，高高興興地看一場戲，不管是我還是老百姓，都已經是很大的福分啦。

我們繼續往回走。再轉一個彎，就要踏上進城的路了。這時，三位準備上山、鶴髮童顏的老先生突然出現在我們面前。

老師向來對老人特別尊敬，於是向他們問好，並請教他們的年齡。

不問不知道，一問嚇一跳。三位老人都已九十多歲，最大的一位竟然九十九歲了。

老師便向他們請教長壽之道。

第一個老人說：「一生不沾酒。」

第二個老人說：「飯後百步走。」

第三個老人說：「老婆長得醜。」

聽他這麼一說，我們都愣住了，但隨即反應過來，他說的真正意思是要節欲。於是大家都哈哈大笑起來。告別了老人，我們開始往城裡走，老師一路還重複著「老婆長得醜」的話，說一遍就哈哈大笑一回。

我想，很多人把老師看成迂夫子，實在是大錯特錯。我耳邊不時響起老師念詩的聲音、彈琴的聲音以及哈哈大笑的聲音。

的確，老師不只是一個教育家，更是一個很有詩意的人啊！

這天晚上，我睡得特別香。

【子貢學記】

人活著，是需要重視事業的。但是，決不要成為事業的奴隸。我們要追求事業的輝煌，但是絕對不要忽略生活的美好。天邊的星斗固然美麗，而路邊的野花同樣芳香。能隨時隨地領略和享受生活的美，就能活出一種詩意的人生。

【閱讀原典】

◉子貢觀於蜡，孔子曰：「賜也，樂乎？」對曰：「一國之人皆若狂，賜未知其為樂也。」孔子曰：「百日之勞，一日之樂，一日之澤，非爾所知也。張而不弛，文武弗能；弛而不張，文武弗為。一張一弛，文武之道也。」

《孔子家語・觀鄉射第二十八》

◉子路、曾皙、冉有、公西華侍坐。子曰：「以吾一日長乎爾，毋吾以也。居則曰：『不吾知也！』如或知爾，則何以哉？」子路率爾而對曰：「千乘之國，攝乎大國之間，加之以師旅，因之以饑饉；由也為之，比及三年，可使有勇，且知方也。」夫子哂之。「求！爾何如？」對曰：「方六七十，如五六十，求也為之，比及三年，可使足民。如其禮樂，以俟君子。」「赤！爾何如？」對曰：「非曰能之，願學焉。宗廟之事，如會同，端章甫，願為小相焉。」「點！爾何如？」鼓瑟希，鏗爾，舍瑟而作。對曰：「異乎三子者之撰。」子曰：「何傷乎？亦各言其志也。」曰：「莫春者，春服既成。冠者五六人，童子六七人，浴乎沂，風乎舞雩，詠而歸。」夫子喟然歎曰：「吾與點也！」三子者出，曾皙後。曾皙曰：「夫三子者之言何如？」子曰：「亦各言其志也已矣。」曰：「夫子何哂由也？」曰：「為國以禮，其言不讓，是故哂之。」「唯求則非邦也與？」「安見方六七十如五六十而非邦也者？」「唯赤則非邦也與？」「宗廟會同，非諸侯而何？赤也為之小，孰能為之大？」

《論語・先進第十一》

四、在野菜中吃出天堂

一個老漢將一罐煮得黑糊糊的野菜送給我們吃。

我們覺得味道很平常，但老師卻吃得格外津津有味。

一個漁夫將一簍賣不掉的魚送給老師。

老師不僅用來祭祀，而且稱讚這是「聖人之贈」。

我回頭看了看那間小小的茅屋，覺得真是蓬華生輝；

我回頭看了看茅屋邊的那位老農，覺得真是格外親切感人；

我再看一下走在我前面的老師，心中更是生出一番越來越深的敬意。

是啊，剛剛發生的一幕，加深了我的認知，讓我更能從普通的生活和普通人身上，去發現生活深層的美，我怎能不格外敬重老師呢？

「四子言志」的故事，改變了我以往只重視事業不重視生活的態度。我不僅第二天又陪老師再去看臘戲，而且還經常陪他去曲阜城外的山林、水邊遊玩。

我覺得以後要更多地去領略生活的詩意的美好。但是，隨著日子一天一天過去，我發現，大多數的生活都平淡無奇，哪有那麼多詩意的事物擺在你面前呢？

然而就在剛才，我改變自己的看法了。

我們今天去登山。在回來的路上，大家有些累了。看見路邊有間小茅屋，門口有幾個石凳，我們便坐下來，稍事休息。

這時，一個老漢從茅屋中走出來，與我們熱情打招呼。之後，好好端詳了一下老師，恭恭敬敬地對老師說：「請問您是不是孔老司寇啊！」

老師點了點頭，問他是怎麼知道的。

「您還記得當年您曾經放過一對打官司的父子，說『不教而誅是為虐』嗎？您在審理這場官司時，我也在場，您實在是太了不起了……」

看得出來，他遇到老師十分激動，說著說著便往屋裡走，還邊走邊說道：「請您等一下，我要送點東西給您。」

老漢急匆匆地去了，不一會，他端著一個熱氣騰騰的瓦罐出來。那個瓦罐不僅舊，而且還顯得很髒。

「這是一些山野小菜，我剛剛做好準備自己吃的，正好遇到老先生，就請您和大家一起品嚐品嚐吧。」

我一看，裡面的菜黑糊糊的，雖然聞起來不錯，但看上去似乎不太乾淨。

我們都知道老師吃東西很講究——「食不厭精，膾不厭細。色惡，不食；臭惡，不食。」這樣的東西，怎麼能讓老師吃呢？

我正想找個理由拒絕，沒想到老師卻高高興興地接過瓦罐，喝了一口湯，連連誇獎道：「好吃好吃，真好吃！」

接著又招呼我們：「好東西啊，快，你們都嚐嚐。」

我嚐了嚐，皺了皺眉頭。不過如此，並不像老師說的那樣好吃啊！

看老師津津有味地將瓦罐裡的菜吃了個精光，老漢高興得不知怎麼才好，站在一旁一個勁地搓著雙手。

吃完了，道過謝，我們繼續往前走。

過了一會，我忍不住問老師，剛才的野菜真的那麼好吃嗎？

「你說呢？」老師反問我。

「不怎麼樣。」我說，大家也都表示贊同。

同行的小師弟子張說：「瓦罐是陋器，煮的東西也很簡單，味道也不見得好，老師為什麼卻連連誇讚，吃得那麼高興呢？」

老師回答說：「是啊。從菜本身的味道而言，的確談不上很好吃。但是我們接受的只是老人的一罐菜嗎？難道不是在接受他最好的一片心意嗎？能領略到一個陌生人的這份心意，自己快樂，別人高興，這是一種更大的享受啊！這份好意難道不是最好的美味嗎？」

這一瞬間，我的心靈又受到了更大的一次觸動。我突然想起了很多年以前的一個情景——

那是在楚國。

一天，老師和我們去城外的河邊散步，遇到了一個漁夫。

老師和漁夫聊得很開心，臨走時，漁夫要將一簍魚送給老師。

老師開始不肯接受，但漁夫說：「天氣那麼熱，市場又遠，這魚是賣不出去了，與其等牠臭爛扔掉，還不如把牠獻給有道德學問的君子。」

老師一聽，立即滿臉笑容地接受了。

回到住的地方，老師便招呼子路用魚來祭神。

子路一臉的不情願：「人家不要的魚，老師卻用牠來祭祀，好像沒這個道理吧？」

顏回也說：「老師，您為什麼開始不接受這些魚。現在不但接受了，還要用牠來當做祭品做這樣莊嚴的事情呢？」

老師回答說：「我開始不接受，是考慮到漁夫捕魚不容易，我們怎麼能隨便接受別人付出很大辛勞得到的東西呢？後來接受了，是因為不使餘財浪費、食物腐爛。而施捨給別人，符合聖人之道。我們接受的不是一簍魚，而且接受了聖人的贈予啊！對此，我們怎麼能不為得到聖人的禮物而高興，怎麼能不拿聖人給的東西來祭祀呢？」

在我的印象中，除了古代的堯舜、本朝的周公等人，老師很少稱讚一個人是聖人。現在他竟然將一個漁夫的行為與聖人的行為等同起來，這真是絕無僅有。

這兩件事放到一起，我不由深深慨歎：

老農以破瓦罐將平常的菜肴送給老師吃，味道固然不怎麼樣，但是老師卻能吃出一份最難得的情感來。

漁夫將賣不出去的魚送給人，有的人或許會惱怒，甚至覺得是看不起自己，但老師卻覺得漁夫的做法是聖人的行為，因此滿懷尊敬和歡喜地接受了他的饋贈。

老師的眼光和做法，的確與眾不同啊！

如果我們都能像老師那樣，從不同的角度和深度去看待人物與事情，生活中何處不是美好和詩意呢？

我突然開始明白老師為什麼讚賞曾點的理想，其中恐怕有兩個原因：

一是希望政治清明，自己可以過上那種自由自在的生活。

另一方面，是老師格外重視生活中的詩意、並能挖掘生活中的詩意吧！

【子貢學記】

我們大多數人的生活都是平凡的，但是如果換一種詩意的方式，就可能活出不平凡的品質。

最大的詩意，是要從普通平凡的事物中發掘它那深藏的美。

這世界給每個人提供的風景都是一樣的。關鍵是你選擇了什麼，你就看到了什麼。消極的人看到的是世界的陰影，積極的人看到的是光明。

假如你能在日常生活中發現它的詩意，即使面對一碗野菜，你也能吃出天堂。

【閱讀原典】

◉魯有儉嗇者，瓦鬲煮食，食之自謂其美，盛之土型之器，以進孔子。孔子受之，歡然而悅，如受大牢之饋。子路曰：「瓦甂，陋器也，煮食，薄膳也，夫子何喜之如此乎？」子曰：「夫好諫者思其君，食美者念其親。吾非以饌具之為厚，以其食厚而我思焉。」孔子之楚，而有漁者而獻魚焉，孔子不受。漁者曰：「天暑市遠，無所鬻也，思慮棄之糞壤，不如獻之君子，故敢以進焉。」於是夫子再拜受之，使弟子掃地，將以享祭。門人曰：「彼將棄之，而夫子以祭之何也？」孔子曰：「吾聞諸：惜其腐餘，而欲以務施者，仁人之偶也，惡有受仁人之饋，而無祭者乎？」

《孔子家語・致思第八》

◉食不厭精，膾不厭細。食饐而餲，魚餒而肉敗，不食。色惡，不食。臭惡，不食。失飪，不食。不時，不食。割不正，不食。不得其醬，不食。肉雖多，不使勝食氣。惟酒無量，不及亂。沽酒市脯不食。不撤薑食。不多食。祭於公，不宿肉。祭肉不出三日。出三日，不食之矣。食不語，寢不言。雖疏食菜羹，瓜祭，必齊如也。

《論語・鄉黨第十》

五、把心修成那輪明月

老師在彈琴時，被曾參聽出老師有「貪狼之心、邪僻之行」，老師去武城考察，聽到老百姓唱歌開了一句玩笑，立即被子游指出錯誤。老師虛心接受批評，並不斷修煉自己的心靈，

最後在月夜為大家彈出了一曲讓人終身難忘記的天籟之音。

一曲完畢，我們全都傻了，久久沒有做聲，之後，給了老師最熱烈的掌聲！

我得承認，儘管我聽過老師許多次彈琴，但這一次，是最震撼心靈的一次。

曾參說：「老師，聽說您在齊國聽〈韶樂〉，三月不知肉味，我聽您這個曲子，恐怕是四個月也不知道肉味啊！」

子游則誇道：「老師，您教我們音樂，並讓我們以音樂去教化更多的人。聽了您剛才這一曲，我想，不知會有多少邪惡之徒從此不再從惡，又有多少普通人會爭當君子啊！」

這是在武城，在子游管理的地方。

一輪明月掛在中天，清風徐來，聽到如此賞心悅目的曲子，我真感到生活是無限的美好！

老師也滿臉笑意，說：「你們的誇獎太過頭了，這一曲能讓你們開心，我也格外開心啊。」

他依次看了看我們三人，以一種格外親切的聲音說：「要知道，在奏這個曲子時，我要求自己心無雜念，發揮最好的水準。因為，這既是要特別感謝你們三位學生，也是要接受你們的檢驗啊！」

這話使我們受寵若驚，但也使我們困惑不解。

老師先看了看我和曾參，說：「還記得上次我彈琴時你們聽出我心中的邪念嗎？我首先要感謝你們，正是由於你們對我的提醒和警示，我才能不斷加強內心的修煉。」

我突然想起來了，當初的情景立即浮現在眼前——

那一天，我經過老師門口時，竟然發現曾參站在門邊，似乎正在偷聽。對曾參，我向來沒有太多好感，一看到他那副賊頭賊腦的樣子，當即忍不住喝問：「你幹什麼？」

「噓！」他將手指放到嘴唇邊，示意我別出聲，然後輕聲說：「老師在鼓瑟，可你聽那聲音，很不對勁啊！」

我一聽，可不是嗎，這聲音太邪乎了，根本不像是老師在鼓瑟。

一曲終了，我看著曾參，曾參也看著我，都覺得難以置信。

曾參說：「天啊！老師的瑟聲中竟有貪狼之心、邪僻之行！」

這我也聽出來了，於是敲了敲門，沒等老師回答，就走了進去。

老師還在鼓瑟呢！抬頭見我們就這麼進來了，很有些驚訝。

老師似乎要說話，但想必看到了我們臉上奇怪的表情，於是將瑟收起來，等著我們說。

我顧不得旁邊還有別人，將曾參剛才的話重複了一遍。

老師聽完，不禁長歎一聲：「你們都是賢人啊！怎麼我剛才心中一個小小的邪念，就被你們從瑟中聽出來了呢？」

老師坦然承認心中有邪念，這既在我們意料之中，也在我們的意料之外。說是意料之中，是的確從瑟中聽出有問題；說是意料之外，是沒想到老師會如此坦然地承認。

我們忙問實際的情況，老師就告訴我們：剛才他在鼓瑟時，看見一隻老鼠出來，被老貓發現了，老貓立即追了上去，結果都爬到了房梁上。老鼠很狡猾，躲來躲去，老貓怎麼也抓不著。不知不覺，老師就忘記自己原來的曲子了。竟然替老貓著急，並以瑟聲去鼓勵和督促老貓抓鼠。在這過程中，自己的情緒又受了貓的感應，結果將一些不好的情緒表現得更為突出了。

老師說，自己剛才鼓瑟的時間並不長，但是真沒有想到，自己只是動了那麼一小會兒的邪念，竟然就從瑟聲中體現出來，並被我們聽到了。

原來是這樣啊。我們不由笑起來，說這沒什麼，並不是老師真有不良之心，是可以原諒的。

但是老師卻很嚴肅地說：「不能這麼寬恕自己啊。我一直提倡音樂對人的教化作用，而音樂體現的是人的心靈。心不正，樂就不正。我哪能不時刻警惕自己呢！我要加強內心修煉。否則，自己不會進步，反會在不知不覺中退步啊。」

自從這件事發生後，我們的確發現老師不僅在彈琴鼓瑟的過程中，沒有再出現任何類似的情況，而且，在為人處世方面更慎重，這使我們更加敬佩。

這個故事子游並不知道，於是我就講給子游聽。他不斷點頭，之後又問老師：「那麼，您為什麼又要感謝我呢？」

「那是因為剛才我們來武城的時候，我說話不得體啊。你也指出了我的錯誤，我哪能不反省，並下決心改正呢？」

在最近一段時間，老師不斷宣傳「禮以修外，樂以修內」的觀點，並向魯國執政者呼籲重視音樂的教化功能，慢慢引起了一些官員的重視。

魯國的音樂本來很出色，但後來由於政治不修明，對音樂也越來越不重視，致使樂師們紛紛出走。現在，老師將詩樂訂正，使雅詩、頌詩都能配入到原來應有的樂部，樂師們又紛紛回來了。

而最值得一提的是，老師年輕的弟子子游，被任命為武城負責人之後，更把老師的詩化、樂化教育，推廣實踐，達到了很理想的效果。

武城位於魯國東南邊陲，是一個比較偏遠的地方。當地的民風與地名十分相配，勇猛粗豪。而子游，最擅長的是文學，甚至被老師譽為文學科弟子之冠。如今他到這裡做縣令，要教化好這裡的百姓，可真不是件容易的事！

但我們到武城後，卻發現這裡不僅經濟繁榮，而且人與人之間的關係都很親密，個個都很有禮貌。

子游前來迎接我們，一路上，他不時向迎面走來的人點頭，並詢問他們的情況。大家對他既客氣又熱情，看得出來，他是一個深受大家歡迎的好官。

當時天色已晚，武城中一片燈火通明。突然，到處響起悠揚悅耳的琴瑟之音、歌聲和頓挫有致的誦讀詩歌的聲音。

這是一個民眾都其樂融融的地方啊。那一瞬間，我有一種錯覺，彷彿這裡不是魯國的邊陲小城，而是在杏壇。

於是我問子游：「以前武城不是這樣的吧？」

子游笑了笑，說：「那當然。我是把老師宣導的東西，在這裡推廣實踐啊！」

沒想到，老師聽到那些詩歌聲和音樂聲，微微一笑，講了這麼一句話：「殺雞焉用牛刀。」

我們一愣，隨即忍不住都哈哈大笑起來。我想，說得也是，像這樣的詩歌和音樂教育，哪值得在這麼偏遠的小山城裡大張旗鼓地進行呢？

但是，一向對老師十分尊敬的子游，這時卻立即反駁說：「從前老師講過，做官的人學習禮樂，就會對人有仁愛之心，老百姓學習禮樂，就容易聽從指使。所以我到武城後，最重視的工作之一就是禮樂教化，才使得不到一年的時間，武城官清吏潔、百姓大化啊。老師怎麼這樣說呢？」

老師的笑容在臉上僵住了，隨即嚴肅地道歉說：「對不起，我剛才是開玩笑，子游的話才是正確的。」

老師說要感謝子游，就是說剛才子游的話指出了老師的錯誤。不過老師已經認錯了，就用不著太刻意了吧？

老師說：「哪能啊！儘管是開玩笑，但是在我的內心深處，難道沒有真正瞧不起來音樂教化的作用嗎？或者瞧不起普通民眾經由音樂、詩歌教化來提升自己品質和情趣的念頭嗎？我也要加強修行，以達到更高的境界啊！」

老師的話使我很激動，也感觸良多。是啊，我認為，老師不僅給我們樹立了一個好的謙虛的典範，也樹立了修行的典範。

這時候，我們聽到一陣熱烈的掌聲從周圍傳來。仔細一看，不知不覺間，許多武城的居民都趕到這裡來了。

一個白髮飄飄的老先生，站起來激動地說：「剛才聽到這麼好的琴聲，我們許多人都從來沒有聽過，大家便不約而同一起來聽了。這才知道彈琴的竟然是我們魯國最有名的孔子先生啊！」

一位中年漢子說：「我們剛才不僅得到了平生最大的一次享受，而且從你們師生之間的對話，更知道了老先生是這樣要求自己的。先生的做法正是我們學習的好榜樣啊！」

老師當即謙虛地表示：「這是應該的，樂為心聲，不加強自己日常生活的修行，怎麼會有大的提升呢？一個奉獻美給別人的人，自己的心靈應該更加美啊！這就需要在言行舉止、起心動念中大做文章啊！」

這時，有一個年輕的後生提議：「既然孔子先生和他的弟子們在一起，我們請他們合奏一曲，讓大家開開眼界如何？」

他的倡議立即得到了大家的響應。這時子游說：「大家這樣看得起老師和我們，我們理應深表感謝。不過我們何妨不一起來唱歌，以求一種大同的境界呢？」

大家紛紛叫好。於是，在明月的照耀下，老師首先開始撫琴，之後大家一起唱歌，個個如醉如癡。

我看著天上，不由想道：老師的心靈，其實也像這輪明月，由於老師能不斷地修正自己心靈中的瑕疵，所以才能這樣光滿乾坤啊！

【子貢學記】

心靈就像鏡子，反映著外在世界的一切。

要更多地感受生活的詩意與美好，請將你的心靈修煉成那一輪明月。

【閱讀原典】

◉子之武城，聞弦歌之聲。夫子莞爾而笑，曰：「割雞焉用牛刀？」子游對曰：「昔者偃也聞諸夫子曰：『君子學道則愛人，小人學道則易使也。』」子曰：「二三子！偃之言是也。前言戲之耳。」

《論語・陽貨第十七》

◉昔者、孔子鼓瑟，曾子子貢側門而聽，曲終，曾子曰：「嗟乎！夫子瑟聲殆有貪狼之志，邪僻之行，何其不仁，趨利之甚。」子貢以為然，不對而入。夫子望見子貢有諫過之色，應難之狀，釋瑟而待之，子貢以曾子之言告。子曰：「嗟乎！夫參、天下賢人也，其習知音矣！鄉者，丘鼓瑟，有鼠出游，狸見於屋，循梁微行，造焉而避，厭目曲脊，求而不得，丘以瑟淫其音，參以丘為貪狼邪僻，不亦宜乎！」《詩》曰：「鼓鐘于宮，聲聞于外。」

《韓詩外傳・卷七》

第八章

《易經》：人人能掌握的最高智慧

《易經》是各經之首，而且在我們的印象中，總是高深莫測。但老師將《易經》與人生智慧結合起來，成了人人能夠掌握的最高智慧，這也正顯示了《易經》的「簡易」之道。

一、洞悉進退就是聖人之道

子路師兄在衛國的政變中死了，死得悲壯，也死得很不值得。

老師以《易經》上的道理告訴我們：子路為什麼會發生這樣的悲劇。

我們正在聚精會神地上課。突然，門「砰」的一聲被撞開了。誰這麼無禮啊？

那一瞬間，我看見老師臉色大變。

回頭一看，原來是在衛國當官的師弟子羔回來了。

他顯得十分狼狽，衣服都被撕成了破布條，神情極為悲戚。

所有同學都驚呆了，有的甚至叫出聲來。

一向處亂不驚的老師，眼光不斷向子羔身後搜索，當他確定子羔是獨自一人回來時，臉一下子刷白了，連忙問：「子路呢……子路怎麼沒有和你一起回來？」

聽了老師的話，子羔忍不住失聲痛哭起來：「老師，子路……子路他……」

老師一聽，身子一歪，差點暈了過去，幾位師弟趕緊上前扶住了老師。

「先別說了，我們進屋再談。下課！」

我們將老師攙進了內室，給他倒了杯熱茶。看得出來，老師強行壓抑住自己的情緒，端茶杯的手一直在顫抖，好幾次茶水都潑了出來。

屋裡的空氣似乎凝固了。良久，老師咬了咬嘴唇，似乎下了很大的決心說：「子羔，你辛苦了。說說衛國動亂的情況和子路是怎麼死的吧！」

這怎麼可能？儘管有不祥的預感，但老師的話還是讓我大吃一驚。

半年前，子路師兄再次回到衛國擔任官職，怎麼突然之間會發生這麼大的變故？

子羔看著老師，似乎不忍心開口。

站在一旁的小師弟子張小聲地說：「子羔師兄，你說吧，老師其實已經有心理準備。前幾天，聽說衛國發生政變，老師就說：『子羔馬上就要回來了，子路可能會死。』」

啊，是這樣。因為前幾天我不在，所以並不知道有這樣的事。

子羔一聽，眼淚又下來了。

從他的講述中，我們知道了子路遇難的前前後後。

「老師說，子羔外表愚鈍，但頗有明哲風度，遇到危難，定然能權衡輕重，從容避害；而子路天性勇猛，只知往前闖，不懂得思前想後，說不定就會死於衛國之亂。」

子路在衛國的蒲市幹得很出色，後來他回到了魯國，再次跟隨老師學習。但是他在衛國的政績，引起了衛國宰相孔悝的高度注意。

孔悝十分器重他，再三派人到魯國來邀請子路回衛國。

老師並不想讓子路回去，但子路覺得盛情難卻，加上也很想施展政治抱負，於是再次到了衛國，做了孔悝的家臣。

此時的衛國政壇，已是風雲變幻，充滿各種危險。幾年前，衛靈公去世，照理應該由太子蒯聵繼位。但由於衛靈公在位時，蒯聵作亂，衛靈公廢了他的太子之位，讓蒯聵的兒子繼承了王位，也就是衛出公。

蒯聵後來流亡到了晉國，但一直念念不忘衛國。衛靈公死時，他就提出想要回國，但被衛出公拒絕了。於是他便和自己的姐姐孔姬、也就是孔悝的母親一起密謀推翻衛出公。

要奪取王位，關鍵在於控制孔悝。

在一個月黑風高的晚上，孔姬安排人將蒯聵偽裝成女人的模樣，偷偷混進了宰相府。之後以迅雷不及掩耳之勢，捉住了正準備休息的孔悝。

接著，蒯聵逼他訂盟，母親孔姬也勸他：蒯聵當初本來就是太子，由他繼承王位名正言順。你就答應他，共同輔佐他吧。

沒想到，不管怎麼勸說，孔悝就是不肯答應。

於是，蒯聵便將孔悝押上高台，台下派兵把守，對外聲稱孔悝幫助自己復國，要捉拿逆子衛出公，同時派兵襲擊宮廷。這樣一來，衛國都城大亂。衛出公嚇得魂飛魄散，收拾了細軟珠寶，帶著家眷連夜逃走了。

群臣無主，衛國頓時亂成了一鍋粥。子羔認為再待下去，會有生命危險，於是決定立即逃出衛國，並跑去通知子路也趕緊離開。

當時子路不在宰相府。照理正好是離開的最好機會，但是子路一聽說孔悝被囚禁的消息，二話不說，就要去救人。

子羔還沒來得及再次勸阻，子路已經躍上馬，直奔都城。

子羔放心不下，只得也暫時回了都城。

子路十萬火急趕到孔悝被困的高台之下。蒯聵向來對子路的勇猛有所耳聞，因此勸他支持自己登上王位。不料子路大怒，站在台下大罵蒯聵。蒯聵惱羞成怒，當即命令三位年輕的武士上去和子路交戰。

子路一人力敵三人，開始還略占上風，但他畢竟已是六十多歲的老人，漸漸體力不支，最後，他的帽帶被削斷了，一隻手臂也被砍了下來。

蒯聵再次勸他投降，但子路卻回答說：「只有戰死的子路，沒有投降的子路！」

蒯聵向三位武士示意，於是他們又揮舞著大刀向子路衝來。

子路一躲閃，帽子掉在了地上。

此時，也許子路已經知道自己在劫難逃，於是大叫一聲：「住手！」

武士們停住了，蒯聵和孔悝也都看著他，以為他終於想通了，想要投降。

誰知子路竟然將劍扔在地上，大聲說道：「君子不能狼狽地死去，讓我正冠而死！」

說完，他撿起帽子，從容地戴在頭上，用那只還算完好的手艱難地將纓帶繫好，然後端端正正地坐下來，等著死亡那一刻的到來。就在這時，三名武士手中的劍一起刺進了子路的胸膛。蒯聵冷酷地揮了揮手，武士們竟然以亂劍將子路剁成了肉醬。

說到這裡，子羔已經泣不成聲。

我十分敬佩子路臨危不失禮的風範，這樣的做法，除他之外，有誰做得到？

可是，想起他死時，竟是如此的悲慘，我的眼淚忍不住像決堤的河一樣湧出來。

而老師，更早已是淚流滿面。他閉著眼，一遍遍輕聲叫著子路的名字，那一聲聲低喚，就像錘子一樣錘在了我們的心上。

我心如刀絞，不僅因為自己失去了一位情同手足的師兄，也為老師在垂暮之年還要經受這樣的打擊而感到難過。

這時候，一位小師弟端了一罐東西進來，說：「老師，您先休息一下，吃點東西吧。」

老師年紀大了，講課體力漸漸不支，從前段時期開始，同學們都會在老師講課的間歇，煮點東西給他吃。

「老師，這是選用最好的野豬肉製成的肉醬，您吃點吧。」

「什麼？」老師一下子有點失態，他一邊站起來，一邊指著小師弟罵道：「子路都被砍成肉醬了，你還讓我吃這個東西？快給我倒掉！我一輩子都不要看見這樣的東西了……」

小師弟從來沒有見過老師發這麼大的火，嚇壞了。

但我知道這不干小師弟的事，於是趕緊示意他離開。

小師弟走了，筋疲力盡的老師又開始躺在床上休息。可是我卻不由自主地將小師弟端來的這盆肉醬，與子路的人生的最後畫面聯想到一起。

想到我這位最可愛的師兄，屍骨無存，最後竟然成為這樣一堆肉醬，我更覺得悲傷無限。我對自己說：子貢，永遠要記住子路用生命換來的教訓啊！

一連幾天，老師都臥床不起，大病了一場。

幾天後，當老師再一次走上講壇時，彷彿一下子蒼老了十歲。

這一堂課，是從老師分析子路師兄的悲劇開始的。

子路的性格勇猛直率，為此老師多次說過他。

記得有一次，忘了因為什麼事，老師再三讚揚顏回，這讓在一旁的子路很不痛快，於是說：「老師眼中只有顏回，我想問您，如果去打仗的話，您願意和誰共事？」

他的意思是這種時候老師顯然離不開他，但老師卻說：「空手打老虎，徒步過大河，死了也不後悔的人，我是不會與他共事的。」

「那您要與怎樣的人共事呢？」子路問。

老師回答說：「同我共事的人一定是遇事謹慎小心、喜歡思考問題而能夠完成使命的人。」老師的話，就是想改正子路莽撞衝動的個性，讓他遇事三思而後行。

應該說，這話當時對子路還是有所觸動的，但是過不久，在某些場合，他還是免不了故態重萌。沒有想到的是，在衛國之亂中，他竟然由於盲目衝動，葬送了自己的性命。

老師接著說：「子路這樣的結局，固然和他的性格有關。但這幾天，我也在反省以往對你們的教育，這其中，也存在明顯的缺陷。我教過你們很多仁義的道理，卻很少教育你們站在更高的位置上去運用仁義的智慧，這一點，是我再三研究和思考《易經》後才體會出來的。」

《易經》？

商瞿說：「最近老師研究《易經》，把穿竹簡的牛皮繩子弄斷了三次，老師的研究可有心得呢！」

這時，我聽老師用十分肯定的口氣說：「是啊，假如我能從五十歲開始就好好研習《易經》，那我就可以沒有大過失了。如果子路真正掌握了《易經》的智慧，也就不會有這麼大悲慘的結局了。」

老師的話引起了我強烈的好奇。我知道老師從小就跟隨母親學占卜，也曾經跟隨他的外祖父學過《易經》。後來還教一些弟子研究《易經》，比如商瞿，就是對《易經》最有興趣的一位。

可是在我的印象中，《易經》不過是一本占卜的書，我向來崇尚「我命由我不由天」，所以對此並不感興趣。

為什麼老師現在把《易經》提到這麼高的位置呢？

老師解釋說，《易經》之道，就是天地之道，或者說是規律之道。找智慧的過程就是找規律的過程。

「我一直教育你們要忠、孝、善、愛，但是如果沒有智慧的指引，就會變為愚忠、愚孝、愚善、愚愛，而學好《易經》，則可以幫助我們避免這樣的錯誤。」

為什麼說子路如果懂得了《易經》的智慧，就會避免悲劇的發生呢？

老師分析說：「人要想在世上站得住腳，甚至獲得一番成就，關鍵的智慧之一，就是要洞悉進退，進退之道實際上就是聖人之道。子路的悲劇，在一定程度上是由於只懂得進、不懂得退所造成的。學好了《易經》，對掌握進退之道，是至關重要的。為了大家不再發生子路這樣的悲劇，同時為了大家以後在工作和生活中更加順利，我想將研究《易經》的心得告訴你們。」

老師的話，激起了我們學習《易經》的興趣，這時，一個同學問：「老師，那你還會教我們占卜嗎？」

老師卻回答：「我要送你們一句話——『善易者不卜。』我所教的，並不是占卜，而是對人生的指引，這是人人都需要掌握的，同時也是人人可以掌握的最高智慧。」

這深深打動了我，我們都是凡人，如果能以《易經》的道理去指導自己的人生和事業，在平易的地方學習最高的智慧，不是最好的一件事嗎？

【子貢學記】

子路用血淋淋的事實，給我們敲響了人生的最大警鐘。

我們應該追求生命中崇高的東西，但是，如果只會死板遵守，即使理念再怎麼崇高，也有可能是自掘陷阱，輕則遭遇想像不到的困境，重則走上人生的絕路。

凡事懂得如何進退，這是智者的常識，也是聖人的一大標誌……

【閱讀原典】

●初，衛靈公有寵姬曰南子。靈公太子蕢聵得過南子，懼誅出奔。及靈公卒而夫人欲立公子郢。郢不肯，曰：「亡人太子之子輒在。」於是衛立輒為君，是為出公。出公立十二年，其父蕢聵居外，不得入。子路為衛大夫孔悝之邑宰。蕢聵乃與孔悝作亂，謀入孔悝家，遂與其徒襲攻出公。出公奔魯，而蕢聵入立，是為莊公。方孔悝作亂，子路在外，聞之而馳往。遇子羔出衛城門，謂子路曰：「出公去矣，而門已閉，子可還矣，毋空受其禍。」子路曰：「食其食者不避其難。」子羔卒去。有使者入城，城門開，子路隨而入。造蕢聵，蕢聵與孔悝登臺。子路曰：「君焉用孔悝？請得而殺之。」蕢聵弗聽。於是子路欲燔臺，蕢聵懼，乃下石乞、壺黶攻子路，擊斷子路之纓。子路曰：「君子死而冠不免。」遂結纓而死。

《史記・仲尼弟子列傳》

●子路與子羔仕於衛，衛有蒯聵之難，孔子在魯聞之曰：「柴也其來，由也死矣。」既而衛使至曰：「子路死焉。」夫子哭之於中庭，有人弔者，而夫子拜之。已哭，進使者而問故，使者曰：「醢之矣。」遂令左右皆覆醢，曰：「吾何忍食此！」

《孔子家語・曲禮子夏問第四十三》

●子謂顏淵曰：「用之則行，舍之則藏，唯我與爾有是夫！」子路曰：「子行三軍，則誰與？」子曰：「暴虎馮河，死而無悔者，吾不與也。必也臨事而懼，好謀而成者也。」

《論語・述而第七》

●孔子晚而喜《易》，序〈彖〉、〈繫〉、〈象〉、〈說卦〉、〈文言〉。讀《易》，韋編三絕。曰：「假我數年，若是，我於《易》則彬彬矣。」

《史記・孔子世家》

●子曰：「加我數年，五十以學《易》，可以無大過矣。」

《論語・述而第七》

二、唯一不變的是變化

衛國改朝換代，一直缺乏入仕機會的老師，在入仕機會擺在面前時，竟然拒絕。老師以自己當初那次「反常」的經歷，向我們闡述《易經》的變易之道。

接下來的幾天，我們學習的內容都圍繞《易經》展開。

老師說，他所研究的《易經》又叫《周易》，是周文王落難、被殷紂王囚禁時所推演出來的。一個人的磨難，恰恰可以成為感悟智慧的最佳契機，這就是一個生動的例子。

老師的這番話，讓我想起了跟隨老師一起度過的那些動盪而艱苦的歲月，並產生了很大的共鳴。

對《易經》的「易」，老師總結了三重含義——

一是不易，即根本的大道，是不改變的。

二是簡易，最重要的往往是最簡單的。《易經》的六十四卦，都是從乾坤兩卦推演出來。乾以易知，坤以簡能，易則易知，簡則易從。這都說明了簡易的價值。

三是變易，即變化。可以說，《易經》主要研究的是事物的變化，它的核心理念是：變化是唯一的不變。

老師講到這裡，我有點走神了。我好像在什麼地方聽過類似的話。對了，那是在吳國，我與被譽為「兵神」的孫子有過一次交談，當時他向我講了這樣一個觀點：山無常勢，水無常形，善變者勝！

他還說，能因敵變化者謂之神。

看來，真是英雄所見略同啊！

老師接著說：「《易經》告訴我們，世界上的人和事，乃至宇宙萬物，沒有一樣東西是不變的。因此，具體條件一變，我們的決策和行為就要相應發生變化。」

我細細品味老師的話。變化，就是要根據具體情況而調整，這也應該是智者的常識。

我不由又想起子路，這位豪爽又可愛的師兄，假如他有這種變化的意識，或許……

剛剛想到這裡，就聽老師說：「我之所以要給你們講《易經》，很大原因是子路的死。這些天，他的形象一直浮現在我眼前，他的悲劇，其實和他的不善於變化有直接的關係。」

但就在這時，我聽見一個聲音：「老師，我有一個很大的疑問。可以提出來嗎？」

抬頭一看，原來是小師弟子夏。

老師點點頭。

「老師，您一直教導我們忠孝節義。我覺得，子路雖然死得可憐，但也是求仁得仁、死得其所啊！」

老師對子夏說：「子夏啊，你不了解衛國的情況，難怪會有這樣的疑問。」

之後，便對我說：「子貢，你記得當初衛出公剛剛即位、蒯聵卻要回國，你們勸我去做官的情景吧？」

我自然不會忘記。衛靈公在位時，老師沒有得到重用。後來衛出公即位，同學們都覺得這是老師出仕的好機會，都勸老師出來大展宏圖，但是被老師拒絕了。

對一直希望有機會出仕的老師而言，這點的確很反常，也引起了我們的種種推測。而此時，老師把大家的疑問說出來了：「子貢啊，你們知道我不出仕的原因嗎？」

我說：「也許是老師經過這些年在魯國的挫敗和周遊列國後，看透了那些君王的沒落和腐朽，所以不願意為官了吧。」

老師說：「有道理，但並不全面。坦率地講，如果有合適機會，我今天還願意出來當官。但我當時之所以不去出仕，一個十分重要的原因是：衛國情況太混亂了。衛靈公荒淫，兒子蒯聵不滿父親而造反，最後逃到了國外。而他自己的兒子登上了王位後，堅決不肯將王位讓出來。這裡面更多的是爭權奪利，絕對談不上正義是非。你們說是不是？」

我點了點頭。老師接著問我們：「剛才子夏說得非常好，求仁得仁。那麼我們就要問：如果我們犧牲生命，最後卻只是陷入一場宮廷的鬥爭中，真的是求仁得仁嗎？」

這一下，我可以得出自己的結論了，立即說：「仁者的生命，只能用於從事仁的事業，就是為社會造福，而不是捲入這樣的權謀與鬥爭之中。現在回想起來，老師做出那樣的抉擇是非常明智的。儘管自己的政治理想還在，但外在的環境改變了，自己的取捨也要隨之而變。而子路，恰恰是由於沒有看清楚這一點，不懂得進退取捨，才招來了殺身之禍。」

老師不斷點頭，說：「你們要記住，君子不居亂邦，不立危牆之下。這不是奸猾，而是為人處世的常識。一個真正的君子，是有自己的使命的。如果捲入那些權謀與鬥爭中而受損害，甚至丟棄生命，這不是求仁得仁，而恰恰是與仁的本質相距很遠啊！」

之後，他又特別對子夏講了這麼一句話：「子夏，一定要有君子之儒，而不是小人之儒呀！」這樣的觀點，不僅讓子夏感觸良多，對我也有很大的觸動。我深深地歎息，這樣的觀點，如果子路師兄早點知道該多好啊！

為了讓我們大家對「變易」有更深刻的認識，老師談到了彌子瑕的故事。

彌子瑕是衛靈公的嬖臣和男寵，老師當初在衛國沒有得到重用，與他進讒言密切相關，那真是一個讓人極度討厭的人。

但這個人儘管開始很受寵，後來的命運卻並不好，從受寵和失寵，衛靈公對他的態度，簡直判若兩人。

彌子瑕受寵時，有恃無恐，有時膽大妄為到不可思議的程度。

一天，彌子瑕的母親生了急病，派人來告訴他。他假託君命，私自駕著衛靈公的馬車回了家。按照衛國的法律，私自駕馭君主的車要處以刖刑，誰都認為他必然受到懲罰。

誰知衛靈公聽了之後，不僅沒有懲罰他，反而讚歎道：「真是孝順啊！為了母親的緣故而不怕遭受刖刑。」

又有一次，彌子瑕在果園裡看到一個色鮮個大的桃子，就摘下來咬了兩口。正好這時衛靈公過來了，他有些不好意思，於是便將桃子獻給衛靈公說：「此桃甜美異常，臣不敢獨享。」

於是衛靈公笑容滿面地接過桃子吃了，還感慨地說：「彌子瑕真是愛我啊，連吃一個好桃子也要想到寡人。」

但隨著歲月的流逝，彌子瑕年老色衰，衛靈公就漸漸疏遠了他。

一次，彌子瑕因為一件小事惹得衛靈公大怒，於是當著眾臣的面指責他說：「此人過去假託君命，私自動用我的車，又讓我吃他啃過的桃子，真是目無君主，膽大妄為！」

同樣的事，同樣的人，先前稱讚，後來怪罪，為什麼？

外在條件變化了，愛憎之心也起了變化。

彌子瑕的故事讓大家都陷入了沉思。

世界上沒有一成不變的東西，過去好的，並不見得永遠都好；過去適宜的，並不代表現在也適宜。

一切都在變化之中！

所以，我們要隨時根據變化做出調整，甚至提前預見到變化的發生，不要等到變化來時，才措手不及。

子路和彌子瑕是完全不同的兩種人，子路是君子，彌子瑕是小人，但可惜的是，兩人都是知進而不知退。

最後老師總結說：「學習《易經》，有幾點一定要明確：吉凶者，得失之象也。悔吝者，憂虞之象也。變化者，進退之象也。」

聽到這裡，我豁然開朗：在上次講課時，老師講到「洞悉進退乃聖人之道」，那麼，決定進退的關鍵點是什麼呢？

那就是變化，就是根據具體變化的情況來決定何時進退、如何進退啊！

【子貢學記】

世界上沒有任何東西是一成不變的。如果有唯一不變的東西，那就是變化本身。

絕對不要以一成不變的方式去應對這個變化無常的世界。

要根據具體情況的變化，來作為決定自己進退的基本依據。

有大智慧的人，不但知變，而且能積極應變。

【閱讀原典】

◉易一名而含三義，所謂易也，變易也，不易也。

《易緯乾鑿度》

◉夫兵形象水，水之形，避高而趨下，兵之形，避實而擊虛；水因地而制流，兵因敵而制勝。故兵無常勢，水無常形；能因敵變化而取勝，謂之神。故五行無常勝，四時無常位，日有短長，月有死生。

《孫子兵法・虛實》

◉子曰：「篤信好學，守死善道。危邦不入，亂邦不居。天下有道則見，無道則隱。邦有道，貧且賤焉，恥也；邦無道，富且貴焉，恥也。」

《論語・泰伯第八》

◉子謂子夏曰：「女為君子儒，無為小人儒。」

《論語・雍也第六》

◉昔者彌子瑕有寵於衛君。衛國之法，竊駕君車者罪刖。彌子瑕母病，人間往夜告彌子，彌子矯駕君車以出。君聞而賢之曰：「孝哉！為母之故，忘其刖罪。」異日，與君遊於果園，食桃而甘，不盡，以其半啗君。君曰：「愛我哉，忘其口味，以啗寡人。」及彌子色衰愛弛，得罪於君，君曰：「是固嘗矯駕吾車，又嘗啗我以餘桃。」故彌子之行未變於初也，而以前之所以見賢，而後獲罪者，愛憎之變也。故有愛於主，則智當而加親；有憎於主，則智不當，見罪而加疏。故諫說談論之士，不可不察愛憎之主而後說焉。

《韓非子・說難第十二》

◉是故吉凶者失得之象也，悔吝者憂虞之象也，變化者進退之象也，剛柔者晝夜之象也。六爻之動，三極之道也。

《周易・繫辭上傳》

三、乾卦智慧：天行健，君子以自強不息

身材矮小，其貌不揚的晏子，最終成為了一代名相。
晏子的車夫一表人才，以能為晏子趕車為榮，卻被妻子痛罵一頓。
老師用這個故事，告訴我們如何掌握乾卦的智慧核心……

今天一上課，老師就談到了成功的話題，並且強調：要成功，就要格外重視關係。

這句話引起了大家強烈的興趣，尤其是我，因為我向來重視人際交往。這些年來，我辦外交，做生意，無一不與我重視關係密切相關。

於是我當即說：「沒錯，我認為，成功學就是關係學。」

「這話有些極端，我並不完全贊同，但有一定道理。我們有些同學整天只知道讀書，卻不知道如何處理關係，結果在社會上寸步難行，這種現象很值得反省。」

隨即，老師又將話鋒指向了我：

「既然你那麼重視關係，就由你來闡述一下處理好關係的內涵吧？」

「這還用說，處理好關係，實際上就是處理好與別人的關係，讓別人認可自己，達到自己的目的。」

「你們覺得子貢說的話對嗎？」

在善於處理關係方面，我在同學中堪稱第一人。

老師這一問，幾乎所有同學都在點頭。我心中不禁有些暗暗得意。

沒想到，老師卻將一盆冷水向我潑來：「處理好他人的關係就是為了達到自己的目的嗎？」

想起老師平時的教誨，我立即意識到自己剛才的解釋未免有些太功利了。

為了掩蓋尷尬，我立即轉移話題：「老師，您不是在給我們講《易經》嗎，關係的問題，不如以後再談吧！」

「我這就是在給你們講《易經》啊！它能夠告訴我們更完整也更有價值的關係學。這在乾卦和坤卦中體現得最為明顯。《易經》總共是六十四卦，最基本的是乾坤兩卦。其他的卦都從這兩卦中變化而來。那麼乾坤兩卦對我們做人有什麼啟示呢？先看乾卦的象——天行健，君子以自強不息。再看坤卦的象——地勢坤，君子以厚德載物。」

我不得不佩服老師的學問，你以為他的話題跑到千里之外了，但他信手一拈，又回來了，「乾卦是要我們效仿天，坤卦是要我們效仿地。你們知道，效仿天是處理好什麼關係，效仿地又是處理好什麼關係呢？」

到了這一層，就是傻瓜也知道怎麼回答了，立即有同學舉手發言：「乾卦就是處理好和自己的關係。」

另一個同學趕緊跟上：「坤卦就是處理好和別人的關係。」

老師點了點頭。「先談乾卦。天道運行周而復始，永無止息，誰也無法阻擋，君子應該效法天道，自立自強，不停地奮鬥下去。那麼，你們認為誰是『自強不息』的好榜樣呢？」

同學們紛紛發言，有的說是舜帝。因為他出生在一個父母都對他不好的家庭，但是，他自己不斷奮鬥，最後成為了堯帝的接班人。有的說是本朝的周文王、周武王。因為他們將原來只有幾百里的封地，按照仁義的法則管理得很好，影響越來越大。之後，向暴虐荒淫的殷紂王挑戰，推翻了他的統治，開創了周朝。

這時候，曾參大聲說：「我認為是老師您！」

於是，曾參便把老師在宰相府門前受到侮辱後不斷發憤、終於獲得成就的故事講了一遍。在講述的過程中，他帶著很深的感情，並談到了自己的切身體會，還表達了自己終身以老師為榜樣好好學習的心聲。

曾參的話，引起了所有同學的共鳴，大家紛紛為他鼓掌，並都表示老師是「自強不息」的最好榜樣。

看著大家這樣推崇自己，老師也露出了微笑，說：「謝謝大家的認可。不過，我要向你們推薦的榜樣，是齊國原來的宰相晏子。」

晏子？老師可不只一次提起他。

「為什麼是他呢？」許多同學不解。

老師說：「你們沒有接觸過晏子，提出這樣的疑問，可以理解。子貢，你是見過晏子的，你說說吧？」

於是我就形容：「晏子身材矮小，相貌醜陋，照一個男人的體格標準看來，談不上有什麼形象，甚至可以說是一個輕度殘廢。」

我剛講到這裡，老師就打斷我的話了，他問大家：「是的，就是這麼一個男人中的『殘廢』，卻能在三代君王手下擔任大臣，尤其是在齊景公手下擔任宰相時，將齊國治理得非常好。你們說，他是不是一個能夠超越自己命運的人呢？能不能算是自強自立的好榜樣呢？」

大家紛紛點頭。

接著，老師又講了一個他在齊國時聽到的真實故事。

一次，晏子車夫的妻子從門縫裡偷偷看到，丈夫在給晏子駕車時，揚鞭策馬，神采飛揚，顯得十分得意。

當天晚上，車夫回到家，他的妻子就提出要離開他，也就是說，她要把丈夫「休」了。車夫一聽很吃驚，忙問妻子為什麼。妻子說：「晏子身高不滿六尺，但身為相國，聲名顯赫於諸侯。今天，我看他外出，志向深遠，保持著甘為人下的樣子。你身高八尺，僅僅是個給人駕車的僕人，卻滿臉得意。我真為你感到羞恥，所以要離開你。」

這讓車夫很是羞愧，是啊，人家雖然貴為相國，卻一點沒有高高在上的意思，反倒不斷修養自己的身心。而自己不過是一個車夫，卻比相國還要趾高氣揚。

於是他下決心向晏子學習，不僅努力提升自己的能力和學問，而且變得謙遜有禮。

晏子對車夫的變化感到很奇怪，一問之下，才知道事情的原委。因為覺得車夫的人品和才能都不錯，最後晏子舉薦他做了大夫。

講完故事，老師讓大家談自己的感受。大家紛紛發言：「就算是身居高位，晏子仍然不斷進取，所以才能輔佐三代君王，最終成為人人稱讚的名臣。如果我們也能做到這樣，同樣能獲得成功。」

「只要自強不息，即使是最不起眼的馬夫，也能夠出人頭地。」

「人人都可為堯舜，只要效仿天，自強不息，就必然有好的結果。」

「人的事業是否成功，關鍵靠自己。」

這時有位同學說：「老師的話對我太有用了，原來我一直希望得到別人的賞識和理解，但往往得不到，現在我明白了，要先從自己身上找原因。」

老師贊許地點了點頭：「不錯，我曾經跟你們說過，『不患無位，患所以立；不患莫己知，求為可知也；君子病無能焉，不病人之不己知也。』這是什麼意思呢？也就是說不發愁沒有職位，只發愁沒有任職的本領；不怕別人不知道自己，去追求足以使別人知道自己的本領才對；君子只慚愧自己沒有能力，不怨恨別人不知道自己。所以，君子只要求自己，小人才要求別人啊！」

【子貢學記】

乾卦就是要我們處理好與自己的關係：要效仿天，不懈進取，自強不息。「君子求諸己，小人求諸人」——君子事事嚴格要求自己，小人事事要求別人。嚴格要求自己就會時刻進步，而只知要求別人，必然事事落空。

【閱讀原典】

◉晏子為齊相，出，其御之妻從門閒而闚，其夫為相御，擁大蓋，策駟馬，意氣揚揚，甚自得也。既而歸，其妻請去。夫問其故，妻曰：「晏子長不滿六尺，相齊國，名顯諸侯。今者妾觀其出，志念深矣，常有以自下者。今子長八尺，迺為人僕御；然子之意，自以為足，妾是以求去也。」其後，夫自抑損。晏子怪而問之，御以實對，晏子薦以為大夫。

《晏子春秋．內篇．雜下第二十五》

◉子曰：「不患無位，患所以立；不患莫己知，求為可知也。」

《論語．里仁第四》

◉子曰：「君子求諸己，小人求諸人。」

《論語．衛靈公第十五》

四、坤卦智慧：地勢坤，君子以厚德載物

同樣遭遇衛國政變，子路死了，子羔卻順利脫身。

更讓人覺得不可思議的是：

救他的，竟然是一個曾經被他施以砍腳刑罰的人……

接著就該講坤卦了。

「坤象徵大地，君子應效仿它，胸懷寬廣，包容萬物。『地勢坤，君子以厚德載物』，厚德，就是要忠厚，有包容心和容忍心。大地為什麼豐富多彩，就在於它能夠容忍多種差別，甚至容忍某些我們認為不好的東西。比如說牛糞，誰都嫌它髒，可土地卻不嫌棄它，用牛糞去肥土，就能開出燦爛的花。」

我突然聯想到別件事，忍不住笑了起來。

老師問我笑什麼。我就直接講了：「我們說一個漂亮女孩嫁給了一個醜陋的男人，就說是鮮花插在牛糞上。照坤卦的理論，正因為有牛糞，鮮花才會開得這樣燦爛囉！」

大家都哈哈大笑起來，老師也笑了：「你這是偷換概念，不過倒也讓氣氛變活潑了，就不怪你了。我想問問大家，在同學中，有沒有實現坤卦理念的好例子呢？」

大家你看看我，我看看你，都不做聲。

沒想到，老師說：「子羔。」

是他？在衛國政變中全身而退的人？不知為什麼，由於子路師兄的慘死，我對他始終存有偏見。所以他回來後，我一直沒和他交談過。

再看看大家，很多人都露出了不以為然的神情。

「子羔在衛國為官，平時又不喜歡張揚，所以大家不了解他也很正常。可我要告訴大家：子羔不僅為政出色，而且在關鍵時刻，更能顯現他的品格。就拿這次衛國之亂來說，他能夠全身而退，就是由於效法了大地，有厚德載物的智慧。」

老師對子羔的評價也太高了吧！這倒引起了我的興趣，子羔到底做了什麼，讓老師如此讚賞他？但子羔似乎不太願意談這件事。在老師的再三鼓勵下，我們才知道了他全身而退的經過。

那一天晚上，子路被殺掉後，子羔也成了士兵追捕的首要對象。他慌忙地奔跑，終於想盡辦法逃到了城門邊。

他抬頭一看，不由暗暗大叫一聲苦，因為他的眼睛，正好與那位守城的人眼睛對上了！天哪，他已經被發現了！更糟糕的是，他突然認出了那位守城門的人，不是別人，竟然是一個被自己判過重刑、被砍斷腳的人！

他心想，自己這下可真是插翅也難逃了。正想轉身離開，可後面追兵已近，回過身去，也是死路一條。但是，讓他絕對沒有想到的是，那位守衛城門的人，竟然滿臉微笑地對著他，輕輕地向他招手，叫他走近前去。

子羔半信半疑地走過去，快走近時，那人說：「你快點呀，否則後面的人追上你，你就跑不掉啦！」

怎麼，難道對方是想救自己嗎？

子羔走到他的面前，他急匆匆地把子羔帶到邊上的一間小屋子裡，說：「這是我住的房子。您暫且委屈一下，一會等追兵走了，你再出來。」

在這種情況下，子羔還能怎樣呢？只能躲進去。不過，躲進去以後，他心中忐忑不安：「不會是騙局吧？假如來個甕中捉鱉，不就完蛋了嗎？」

守門人在外面將門關上，回到城門下。子羔躲在裡面，緊張萬分，他聽到追兵的呼喊聲和腳步聲越來越近，最後到城邊了，他們大聲問這位守城的人，是否看到一個逃犯過去。

他們所形容的逃犯樣貌，恰恰是自己！

守城人斷然說：「沒有！」

追兵們有些不信，嘟嘟噥噥地說：「怎麼可能呢？明明是往這邊跑過來的啊！……」士兵從門縫中看了看，大概沒有看出什麼來，就很快離開了。

過了好一會兒，守城人把門輕輕打開，說：「子羔先生，您可以出來了。」

子羔走了出來，發現自己剛才嚇出了一身冷汗。

他向這位守城人不斷道謝，之後提出心頭的疑問：「當初，我不能違背國君法令而下令砍斷你的腳。現在我在逃亡，這正是你報仇的最好時機，而你卻幫助我逃避了追捕。你能告訴我，這是為什麼嗎？」

守門人說：「我當時被處刑，其實是罪有應得。您作為執法官，在依照上頭的法令治我罪時，並沒有像其他執法者那樣只知道對我嚴懲，而是心情沉重，臉上露出十分同情和悲憫的神色。您這樣的表情，我一輩子都忘不了！您這是以君子之心來對待一個犯人啊！這就是我要幫助您的原因！」

我曾經聽老師講過：子羔其貌不揚，但是思考問題全面細緻，處理問題機動靈活，但具體如何並不了解。聽完子羔逃難的經歷後，我不僅覺得老師所言一點不虛，而且對他更是由衷地敬佩。

老師看著大家說：「你們一定會感慨，想不到子羔能夠脫險，竟然源於當初流露的一個關心人的表情。這樣的表情看起來容易，但做起來卻很難。設身處地想一想：當你們遇到同樣的情形時，也能露出那樣的表情嗎？」

我想了想，斷定自己做不到，於是搖了搖頭，看看同學們，大家幾乎都在搖頭。

「那麼，大多數人在處理犯人的時候，會怎麼樣呢？」

於是，大家紛紛議論，一般的執法者，可能會認為自己是法律的化身，對他這個犯法的人只知道進行處罰。而一些不懷好意的執法者，可能變本加厲，對犯法者進行敲詐勒索等等。

那麼子羔了不起的地方又在何處呢？

我總結說：「子羔的做法，乍看比旁人只多付出一點表情，卻讓人感覺到溫暖和信心。這一額外付出的一點，是真正『仁者愛人』的體現。不僅有可能給自己創造出想像不到的機會、甚至好運，更能感化人心，助人向善。」

「談得很好，不過還是回到前面那個問題，為什麼大家做不到呢？」

老師又把話題拉回去了。

等了好一會，看見大家都沒有發言，老師就自己做總結了：「這就是為仁難的原因，也是實現坤卦之道難的原因啊！相對而言，自強不息還容易做到，但以包容之心對待他人，卻很不容易，何況是包容那些犯過錯、有罪的人。你們說，對嗎？」

太對了！

「子羔在處理這個案犯時，沒徇私情，這是他嚴格執法的體現。但是嚴格執法，並不意味著不能以仁愛之心和包容之心待人啊。子羔的事，還告訴我們一個道理：善於當官的人樹德，不善於當官的人樹怨。當我們以仁愛之心和包容之心待人的時候，會創造很好的人際關係，以此來進行管理，更能促進社會和組織的和諧與美好，你們說是嗎？」

「是的。」

「這就是坤卦告訴我們的智慧啊。越會包容人、越會理解人、越會尊重人，你得到的肯定和支持也會越多啊！」

仲弓問：「老師，那麼我們該如何實踐坤卦的智慧呢？」

老師說：「出門在外工作就好像去接見高貴的賓客一樣恭敬，役使老百姓就好像承辦重大的祭祀一樣嚴肅認真。己所不欲，勿施於人。在朝廷沒有怨言，在家裡沒有怨言。」

曾參問：「我很想讓別人喜歡我而少有怨恨，該怎麼辦呢？」

老師說：「很簡單，多提升自己的修養，少責備別人，就很少有怨恨了。」

我突然有一種很深的感悟，於是趕緊說出來與大家分享：「多要求自己，就是乾卦的自強不息；少責備他人，就是坤卦的厚德載物。這真是『乾坤合一得大道』，也是得到更大成功的一流智慧啊！」

「太對了。子貢今天學習收穫很大，融會貫通，有自己的心得體驗，值得表揚！」

我很久沒有得到老師這麼直接的表揚，高興極了，晚上，甚至在夢裡也笑出聲來。

【子貢學記】

要獲得全面的成功，就需要將乾卦與坤卦的智慧統一：

光有自己的才幹是不夠的，還必須擅長處理與他人的關係。

坤卦就是讓我們學會處理好與別人的關係。

不僅是「有容乃大」，更是「有容乃易」——

如果擁有像大地一樣寬廣的胸懷，更多地尊重人，包容、關心人，做事就會容易、順利得多！

【閱讀原典】

◉季羔為衛之士師，刖人之足，俄而衛有蒯聵之亂，季羔逃之，走郭門，刖者守門焉，謂季羔曰：「彼有缺。」季羔曰：「君子不踰。」又曰：「彼有竇。」季羔曰：「君子不隧。」又曰：「於此有室。」季羔乃入焉。既而追者罷，季羔將去，謂刖者：「吾不能虧主之法，而親刖子之足矣。今吾在難，此正子之報怨之時，而逃我者三，何故哉？」刖者曰：「斷足，因我之罪，無可奈何！曩者，君治臣以法，令先人後臣，欲臣之免也；臣知獄決罪定，臨當論刑，君愀然不樂，見君顏色，臣又知之，君豈私臣哉？天生君子，其道固然，此臣之所以悅君也。」孔子聞之曰：「善哉為吏，其用法一也，思仁恕則樹德，加嚴暴則樹怨，公以行之，其子羔乎！」《孔子家語・致思第八》

【我的同學】

◉冉雍，字仲弓。是位個性相當認真、乖巧的人。他出身不好，且父系親族無德，但仲弓自己在孔門中仍以德行著稱，可見秉性之良善。孔子說他：「犁牛之子騂且角，雖欲勿用，山川其舍諸？」

五、最吉祥的卦：謙謙君子，溫潤如玉

老師曾向老子問道。

這次經歷，對提升老師的修養，並為他以後的發展，起了至關重要的作用。

老師將有關經歷告訴我們，不僅引起了我們對「謙卦」的最大重視，而且讓同學們幫助我改正了自己最大的缺點。

這幾堂《易經》與人生智慧的課，給了我們許多以前沒有的感受，我們對《易經》的興趣越發濃了起來。

沒想到，今天早上，我卻被老師潑了一大盆冷水！

我剛進教室，一位小師弟就對我說：「子貢師兄，我前幾天聽老師說了這樣一句話：『我死以後，子夏會越來越長進，子貢會越來越後退。』」

我十分震驚，決定找老師問個明白。

剛走到門口，就差點和老師撞了個滿懷。我正想開口，老師卻說：「你要去哪裡？該上課了。」

我強忍住自己的不滿，回到了座位上。

今天上課有些分神，但老師的話很快又把我吸引住了。

「《易經》八八六十四卦，其卦象顯示出來的，分別是吉凶悔吝。吉是吉祥，凶是凶險，悔是後悔，吝是困難。這四者中，只有吉是好的，其他三種都不好，或者不太好。六十四卦中，有六十三卦都有缺陷，但是惟有一個卦，卻是六爻都吉。你們覺得這是什麼卦？」

「老師說要效仿天，應該是乾卦吧？」一位同學回答得不太有信心。

老師搖了搖頭：「乾卦的六爻，都以龍來做比喻。以『初九，潛龍勿用』到『九五，飛龍在天』都是逐步發揮力量，最後的一爻，就是『亢龍有悔』。亢者高也，高到極點，就會開始往下走了。換句話說，就是凡事不要做得太絕對，否則就會有悔，痛苦煩惱跟著就來了。」

強過頭了，就會「亢龍有悔」？我隱隱被觸動了，好像老師批評我也是有道理的。

「那是不是坤卦？」可能因為老師重視坤卦，另一個同學問道。

老師還是搖了搖頭，之後加重了語氣說：「我告訴大家，這一卦是謙卦。」

我們一個個洗耳恭聽。

「謙卦的卦象，是高山隱藏於地中，象徵高才美德隱藏於心中而不外露，所以稱作謙。謙虛的美德可以使百事順利，但謙虛並不是人人都能做到的，只有君子才能將謙虛的美德堅持下去。」

老師的話讓我若有所思，於是我問老師：「老師，我想向您求證一件事，聽說您如此評價：以後子夏會不斷長進，而我會越來越退步。請問有這樣的事情嗎？」

氣氛一下子變得緊張起來。

「有這樣的事情。」

「那為什麼呢？」我盡力掩飾自己受傷的自尊心，客客氣氣地問老師。

老師看了看我，若有所思地說：「子貢啊，你常常與同學爭論。不管你對還是不對，你一定要壓過別人，是不是這樣？」

我點了點頭。

「你經常評論不如自己的人，尤其對一些年輕的同學，你總要流露一些你高人一等的感覺，是不是？」

我低下頭，的確有些羞愧。

老師接著說：「我說子夏會不斷進步，因為他經常找自己的不足。而你呢，經常找別人的不足。一個經常找自己不足的人就會不斷進步，而一個經常找別人不足的人就會不斷退步。這就是謙虛的重要啊。學問越增長，越應該謙虛。用謙虛的心接受別人的教誨，才能讓自己知識飽滿。有所成就就開始驕傲，這樣的人總是不能長久存在啊。」

「老師為什麼那麼看重謙虛的品德呢？」這時有同學問。

於是老師談到了一次見老子的經歷——

當時老子是東周國立圖書館的館長，兼任記錄國家歷史的史官。老師見了老子，便開始向老子請教「禮」和古代制度。

老子一一做了回答。就在老師要告辭時，老子對他說：「會做生意的商人，不會把所有商品都擺在店裡，所以一眼望去，好像存貨不多。同樣的道理，如果是真正的君子，雖然他具有良好的德性、超人的智慧，外貌卻看似愚笨。至於你，對本身的學問過於自負，有點傲氣，其他的欲望也太多。最好能先把這一點改掉。」

老子的話對老師觸動很大。那時侯，老師很有理想，也頗具能力，當然也很自負。這份自負可能經由某些言談舉止體現出來，被老子一眼就看出來了。

不久，老師聽到了有關老子的另一個故事，這讓他對謙虛的價值，有了更深的認知。

多年前，一位叫做陽子居的能人，聽說老子到了附近，就慕名前去拜見。老子對陽子居觀察了一番後，仰天長歎說：「我原以為你是可以接受教誨的，現在看來，並不可教啊。」說完就走了。

陽子居沒有作聲，只是默默跟著老子來到了旅舍，然後虔誠地向他請教自己到底哪裡做得不對。

老子說：「你昂頭仰視，一副傲慢的樣子，誰敢與你相處？廉潔清白的人會覺得自己身上有著污濁，德行盛美的人會感到自己有許多不足。」

陽子居聽後深感慚愧，於是也在旅舍住了下來，虛心向老子請教，老子也認真地給他提出建議。不過才短短的時間，陽子居就感到大有收穫。

陽子居剛到旅舍時，由於他名氣很大，旅舍的人都出來迎接他，店主人恭敬地給他安排坐席，店主的妻子拿著洗漱用具低頭進奉，先坐在室內的人都站起來讓坐，一個個都對他敬而遠之。

受老子的影響，陽子居住了一段時間後，變得平易近人，大家也慢慢開始接近他，不再拘束，甚至開始和他爭席而坐。而這種改變，不僅讓陽子居更受大家尊敬，而且在提升自身品行修養和學識方面，也有很大的幫助。

老子的話和這個故事，給了老師很大的啟示，從此下決心修正自己的言行，把謙虛當成最重要的品格來修煉。

這個故事讓我陷入了深思，不由得開始反省自己平時的一些言行：儘管我很能幹，但經常有同學私下裡說我傲慢。儘管我表面上個性隨和，好像能夠和人打成一片，但同學中真正成為我朋友的幾乎沒有。看來，人必須有謙虛的品格啊！

於是，我做了一個讓大家很吃驚的舉動——

我站起來，誠懇地希望子羔幫助我，指出我的缺點。

坦率地說，這種事情我以往是絕對不可能做的。因為我向來心高氣傲，對這些年紀比我小的師弟們，我也從來不屑與他們談什麼問題，更不要說向他們請教了。

但是，自從得知子羔脫險的故事後，我就大大改變了對他的認識。儘管他其貌不揚，甚至還可以說長得有點醜，但他的確有著某些深藏不露的智慧。或者，他真能指出我的病根來。

子羔先是謙讓，但在我殷切的懇求和老師的鼓勵下，他就微微一笑，對我說道：「子貢，如果我真說了，你可不要見怪啊！」

「當然當然，我怎麼會怪你呢？」我很虔誠地回答。

沒想到，子羔的話竟然讓我差點跳起來——

「我覺得，你最大的缺點，可能是你並不擅長講話。」

什麼？我大吃一驚，看得出來，所有同學都大吃一驚。

是啊，眾所周知，在老師的學生中，我是最有口才的人才之一啊！你說別的我都可以接受，但是你說我語言技巧不行，不僅我不認帳，大家也不一定服氣啊。

子羔還是那樣微笑著，說：「你別急。我知道你口才好，但是口才好並不見得會講話。」

這一下我又糊塗了，口才好卻不見得會講話，這是什麼歪理？

子羔說：「子貢你的性格很好，看見別人的好處，你會到處宣傳。」

我點點頭，這還用你說。

「但是，你也有一個致命的缺點，看見別人不好，你也到處去講。」

「是啊，這也是我的為人啊，我的個性就是這樣。但這怎麼是致命的缺點呢？」

「當然是致命的缺點。你宣傳別人，別人會很高興，但是，你到處講別人的不足，別人就會討厭你，甚至會恨你。」

「真的會這樣嗎？你是不是講得過分了？」

我半信半疑，這時我發現子夏頻頻點頭。

我突然有個感覺：子夏，是年輕的同學中最活躍的學生之一。他剛剛到老師門下時，與我格外親近，甚至由衷地對我說：「您就像高山一樣，是我學習的榜樣。」但不知道為什麼，最近一段日子來，他和別的同學倒是越來越親近，與我倒是越來越疏遠了。遠遠見到我，他就躲開，除非特別的情況，能不與我講話就不講。與他剛見我的時候，真是判若兩人。

於是我便問：「子夏，剛才我看見子羔說話時你的神情，你那樣點頭肯定有原因。是不是我哪句話說得不好，你記恨我了？」

子夏說沒有，但看得出來，他言不由衷。於是在我再三懇求之下，他滿臉通紅，以很小的聲音說：「你說我小氣。」

沒有呀？我暗暗尋思，好像沒有這個印象。

「那一天，同學們想去泰山玩，有個同學錢不夠，看見我有些錢，就向我借。我因為這錢是父親託我買藥的，就沒有答應。但是，你知道這一情況後，借了錢給同學，還說我小氣。」

天哪，就是這麼一句話，我本來是句無心的話，因為我不缺錢，所以借錢給人很容易。至於同學有錢不借給別人，其實我有時也能理解的，但沒想到就是這句話，讓子夏從此與我疏遠。

「是的，你可能是句無心的話，可是你沒想到這句話的殺傷力。因為你是老師最得意的弟子之一，你隨便講句話，年輕的同學們會怎麼想呢？這件事，讓我好久都沒法在同學中抬起頭來啊。」

看著子夏滿臉通紅的樣子，我很不好意思。

子羔又做了這樣一句點評：「得友四五年，失友一句話。我們能說口才好，就是會講話嗎？」

這句話讓我再次有當頭棒喝之感。我突然想起一件往事——

在衛國，我曾經有個最好的朋友。我們一起長大，無話不談，而且在還經常搭檔學著做生意。但是有一天，當我們正籌畫著做一筆買賣，兩人談得正高興時，他突然對我講：「你怎麼長得那麼黑啊，就像一個南方的蠻子一樣！」

在二十歲前，我的皮膚的確有些黑，但我正處於最重視自己形象的年紀，這點是我最不願意面對的。而我這最不願意面對的一面，竟然被我最好的朋友說出來了。當時我真覺得羞愧無比，之後便草草結束了談話，而且從此不再和他做生意，也不再和他做朋友了。

子羔的話，驚出了我一身冷汗。而無意中得罪子夏的經歷，和我朋友無意中得罪我的經歷，使我更加明白了自己隨便說話的可怕。

這使我十分震動，趕緊向子夏道歉，並請教我以後該怎樣改進。

子夏懇切地說：「子貢師兄，我們都知道您是老師最優秀的學生。你很聰明，口才也好。但是，我希望你以後待別人厚道一些。這種厚道，也該用在管好自己的舌頭上。」

「管好自己的舌頭」——這是我從來沒有聽過的觀點，但在此時此刻，他們的確給了我最大的指點。

以往，如果誰說了我一點不是，我都會很生氣。但此刻，聽了老師所講的老子的故事，再細細思考子羔和子夏的話，我不僅對他們沒有任何的怨恨，反倒有很大的感激。

我真誠地向他們表示感謝。老師很高興，說：「看到子貢有這樣的進步，想必大家也得到了很好的啟示。現在，我送幾句話給大家吧——故德行寬容而守之以恭者榮，土地廣大而守之以儉者安，位尊祿重而守之以卑者貴，人眾兵強而守之以畏者勝，聰明睿智而守之以愚者哲，博聞強記而守之以淺者不溢，此六者皆謙德也。」

老師講的這六點，使得我們對謙虛的價值和應用，有了更全面的理解。

最後，老師又送給了大家一句話：「情深者不壽，強極者得辱。謙謙君子，溫潤如玉。」

謙謙君子，溫潤如玉。

多好的總結啊！

我得承認，這是我平生學到最重要的課程。

之後，我不僅經常向別人請教，讓別人多多指出我的缺點和錯誤，而且格外重視「隱惡揚善」，並逐步改變管不住自己舌頭的毛病。

不僅如此，即使別人真錯了，有明顯的缺點，非向別人指出不可，我也探索了一套更好的處理方式：「揚善於公堂，歸過於私室。」

事實證明，這是一種非常好的方式。對別人的好處，要在大庭廣眾下表揚，這樣別人就有最大的成就感，能樹立最大的自信心，並增加對你的向心力。對別人缺點和錯誤，盡可能在只有自己和對方在場的私下裡指出。人活一張臉，樹活一張皮，你這樣做，既保住了別人的面子，他會很感謝你，同時也會覺得你是在關心他。他改正錯誤和缺點也更容易。

後來，我不僅將這種做法用在與朋友和同學相處，同時也用在做生意和管理團隊，我發現這種做法十分有效，為我贏得了更多的尊重和歡迎，並因此獲得了更大的成功。

每當我因此又獲得一次新的成功的時候，我總是想起那堂最難忘的謙卦課。

我想，假如我不能勇於低下頭向同學們請教，我會獲得這樣的進步嗎？

絕對不會。因為，我向來以口才好而自豪，我可能永遠想像不到：口才好未必是會講話。

我可能更想像不到，過去的伶牙俐齒，可能恰恰是溝通的最大障礙。

每個人都有自己認識上的盲點，因此很難發現自己的缺點。而且，最值得警惕的是，你向來引以為傲的東西，可能恰恰就是你最大的缺點。

也許，這就是所謂「優秀是卓越的大敵」的原理。

那些指出我們缺點、幫助我們成長的人，就是我們生命中的貴人！

要得到這些貴人的指點，我們唯一需要做的工作，就是願意低下驕傲的頭顱，謙虛地向別人請教、學習！

【子貢學記】

《易經》八八六十四卦，其中六十三卦都有缺陷，但謙卦卻是六爻都吉。這充分說明：在所有的美德中，也許最重要的是謙德。

不要害怕放小自己。把自己一放小，世界就變大！

不要害怕「倒空」自己。學會時刻「倒空」，才能時刻超越！

【閱讀原典】

◉孔子曰：「吾死之後，則商也日益，賜也日損。」曾子曰：「何謂也？」子曰：「商也好與賢己者處，賜也好說不若己者。不知其子，視其父；不知其人，視其友；不知其君，視其所使；不知其地，視其草木。故曰：與善人居，如入芝蘭之室，久而不聞其香，即與之化矣。與不善人居，如入鮑魚之肆，久而不聞其臭，亦與之化矣。丹之所藏者赤，漆之所藏者黑，是以君子必慎其所與處者焉。」

《孔子家語・六本第十五》

◉孔子適周，將問禮於老子。老子曰：「子所言者，其人與骨皆已朽矣，獨其言在耳。且君子得其時則駕，不得其時則蓬累而行。吾聞之，良賈深藏若虛，君子盛德容貌若愚。去子之驕氣與多欲，態色與淫志，是皆無益於子之身。吾所以告子，若是而已。」孔子去，謂弟子曰：「鳥，吾知其能飛；魚，吾知其能游；獸，吾知其能走。走者可以為罔，游者可以為綸，飛者可以為矰。至於龍，吾不能知其乘風雲而上天。吾今日見老子，其猶龍邪！」

《史記・老子韓非列傳》

◉陽子居南之沛，老聃西遊於秦，邀於郊，至於梁而遇老子。老子中道仰天而歎曰：「始以汝為可教，今不可也。」陽子居不答。至舍，進盥漱巾櫛，脫屨戶外，膝行而前曰：「向者弟子欲請夫子，夫子行不閒，是以不敢。今閒矣，請問其過。」老子曰：「而睢睢盱盱，而誰與居？大白若辱，盛德若不足。」陽子居蹴然變容曰：「敬聞命矣！」其往也，舍者迎將，其家公執席，妻執巾櫛，舍者避席，煬者避竈。其反也，舍者與之爭席矣。

《莊子・雜篇・寓言第二十七》

第九章
中庸：一等高明的處世藝術

曾參由於死板地行孝再次挨了老師的批評，
顏回去世，老師卻讓我們薄葬……
這都說明了——一等高明的處世藝術乃中庸之道。

一、盡孝過頭也是愚

曾參竟然因為妻子給後母送去的梨沒有蒸熟，就認為她不孝，將她休掉。這不僅沒有得到老師的肯定，反而受到老師再次嚴厲的批評。

「曾木頭」又挨老師訓了！

這次是真的，不是做夢，而且是在他很長一段時間都得到老師的表揚後。

儘管相處了那麼長的時間，我對這位小師弟始終是既欣賞又不以為然。欣賞的是，他是老師最虔誠的弟子，對老師講授的學問和道理，不僅認真學習，而且身體力行，不像有的同學只是學些空理論。從他的身上，甚至可以看到一點顏回的影子。不以為然的是他有時特別死板，這點連他的父親曾點也有同樣看法。

說到這次「曾木頭」挨訓，還得從頭說起。

那是十月的一天，豔陽高照，我從楚國回到魯國，然後去拜見老師。還沒進門，就聽到老師很不高興的聲音：「你太讓我失望了，我把《孝經》傳給你，而且將子思交給你去教育，誰知你竟然是這樣做事的……」

我連忙放慢腳步，輕輕走了進去。只見白髮蒼蒼的老師，正坐在椅子上生氣。而曾參，則低著頭，一聲不哼地聽著老師訓斥。

旁邊站著的是老師十多歲的小孫子子思，他有點不知所措，一會兒緊張地看看祖父，一會兒看看老師曾參。

老師年紀大了，還常常氣喘，可不能氣壞了身體。看看曾參可憐的模樣，想想他平時對老師那麼尊敬，想必也沒什麼大事，於是我趕緊上前去打圓場：「老師，曾參一直都很認真地在實踐您的學問，即使有什麼做得不對的地方，您也別往心裡去！」

說來也怪，自從跟隨老師學習《易經》後，我的性格不知不覺有了很大的變化，不再像以前那樣咄咄逼人，而是平和了很多。

曾參看了我一眼，眼中似乎還含著淚花。儘管我並不是很喜歡他，但看到他感激的眼神，我心中還是暖了一下。

老師喝了幾口我遞過去的茶，心情似乎平靜了一些，但還是餘怒未息，說：「如果是一般的事，我也就算了，可這次他做得也太過分了，竟然為了一點小事，就把自己的妻子給休掉了，你說我能不生氣嗎！」

什麼？「曾木頭」瘋了嗎？孩子還那麼小，何況我還聽說他和妻子的感情一直不錯。

一問之下，我才知道了事情的原委——

幾年前，曾參的生母去世，不久父親曾點又續了弦。

曾參的後母對曾參並不好，還常常刁難他的妻子兒女。但曾參向來孝順，他對後母還是極盡孝道，早晚問安，侍奉得很周全。

一天，他的後母想吃梨子，但因為牙齒不好，根本就咬不動。曾參於是就對妻子說：「你去買幾個梨來，蒸熟軟了再給母親吃。」

交代完後，曾參就出去辦事了。

晚上曾參一回家，後母就向他哭訴，說他的妻子太可恨了，竟然將沒有蒸熟的梨子端給她吃，咬不動不說，還把她的牙弄疼了。

「蒸一個梨子花得了多長時間？可她連這點小事都不肯做，根本就沒把我放在眼裡。」說完，後母就開始哭起來。

曾參一聽很生氣，立即問妻子是不是有這回事。

妻子低頭承認了，但解釋說自己實在太忙了，孩子不舒服，要哄孩子，被子髒了，要洗要曬……因此蒸梨時疏忽了。

但曾參根本聽不進去，當即寫了一紙休書，把妻子趕出了家門。

聽了之後，我覺得又可氣又可笑。真沒想到，天下竟然有這樣的書呆子！我忍不住說：「婦人須犯七出之條，才可休她，可蒸梨並未在七出之列啊！」

曾參看了我一眼，又膽怯地看了老師一眼，也許是想借機辯解，便說：「不錯，蒸梨是小事，但我都交代了，她卻不聽，小事她都敢如此，大事誰敢保證？這樣的婦人我怎麼敢留！」老師一聽，剛剛平息了一點的怒火又上來了：「人非聖賢，誰能無過？過而能改，善莫大焉！情深意厚的結髮夫妻，怎麼能為蒸梨子的小事就把她休了呢？禽獸尚且知道恩愛，你難道不知道嗎？」

曾參卻還要辯解：「我這也是行您教育的孝道啊！我不但想教育她，也想教育所有的女人：如果不懂得孝道，會有怎樣的結果！」

談到孝道，老師的火氣更大了，又提起當初曾參因為鋤地時鋤斷瓜秧，被父親痛打，卻一點都不躲避，差點被父親打死，還自認為是行孝的事來。這在同學當中已經成了最有名的典故之一。

「爺爺，您別責怪老師了。您剛才不是說了，過而能改，善莫大焉！我想老師以後會改的！」這時，站在一旁的小子思說話了。

老師歎了一口氣說：「可他啊，什麼時候才能改呢！」

曾參比較愚鈍，而且比較固執，想必老師也明白對曾參過多指責也沒有用，於是說：「曾參啊，你很努力，在很多方面也很出色。你知道我為什麼要讓子思跟你學習嗎？」

說起來，這也是我和同學一直都想問的問題。

大約三個月前，老師將子思交給曾參去教，當時我們都很疑惑。其實和他年齡相仿的同學中，比他聰明靈活、有文采的很多，老師為什麼會選擇他呢？

曾參看了老師一眼，搖了搖頭。

這時小子思在一旁說：「我知道是為什麼，因為曾參老師做過一件誰都做不到的事，他言而有信，殺豬給兒子吃。」

原來是這件事啊！

有一天，曾參的妻子要到集市去，她的兒子曾元哭哭啼啼也要跟著去。

為了哄孩子，曾參的妻子就隨口說：「你如果乖乖在家待著，回來我就給你做豬肉吃。」

小曾元一聽，立即不哭了，眼巴巴在家等著母親回來。

誰知曾參的妻子從集市回來後，把自己的承諾忘得一乾二淨，大失所望的小曾元於是大哭大鬧起來。曾參晚上回家後知道了這件事，二話不說，便把家裡正在養著的一頭豬從豬圈裡拖了出來。

他妻子一見，忙問他幹什麼。

「殺掉牠！你不是說要給孩子做豬肉吃嗎？」

「我不過是和孩子說著玩的，你怎麼當真啊！」

曾參立即正色說：「你以為跟孩子就可以隨便開玩笑嗎？小孩子跟著父母學，聆聽父母的教誨。做父母的欺騙孩子，就是教孩子學著騙人啊！我寧可捨棄一頭豬，也不能讓孩子將來成為騙子！」

說完，曾參就把豬殺掉了，讓孩子飽餐了一頓。

雖然有同學說他太迂腐，但絕大多數人還是很讚賞曾參的做法。

「沒錯，這件事的確是我決定將子思交給你教育的原因，因為你知道大人的言行對孩子影響極大，所以一定會好好以自己所學來培養他。另外，你是一個學了就身體力行的人，不像有些同學，只是把學到的東西當作談資和炫耀的資本。」

聽老師說到這裡，我突然有點臉紅。因為，有時候我就屬於這種人。所以老師曾經幾次點撥過我，說「君子欲訥於言，而敏於行」等。

當然老師這時不是為了批評我，而是教育曾參。

「殺豬的事，我認為你做得好，但休妻的事，卻做得不對。」

儘管這是明擺的事，但看看曾參，他眼中卻還是一片茫然。

老師只好繼續開導他：「什麼事情都不能走極端，要有度，也就是有分寸！」

這句話似乎對「曾木頭」有所觸動。

「記得我曾經問過你：『我的道，可以一言以貫之，你是怎麼理解的？』你還記得你當時的回答嗎？」

一說到這裡，曾參的自信似乎又恢復了，說：「記得，我的回答是：『夫子之道，忠恕而已。』」

「那什麼是『恕』呢？」

「己所不欲，毋施於人。自己不願意的東西，不要加到別人身上去。」

「那我問你，假如你犯了一點小錯，我就將你趕出學校，不讓你再跟我學習，你願意嗎？」

「當然不願意。」

「那為什麼你妻子犯了一點小錯，你就要把她趕走呢？」

老師步步緊逼。

這下「曾木頭」總算明白過來了，於是趕緊認錯，並表示馬上去把妻子接回來。

第二天我去了外地，大約過了十天才回來。回來後見到曾參，只見他心事重重，便問他是否已經將妻子接回來了。

他搖了搖頭，說沒有。

「她說我傷透了她的心，加上怕我以後還是不分青紅皂白地袒護後母，所以不回來了。唉……」

又過了三個月，我在一個小巷子裡遇到曾元。曾元告訴我，自從母親走後，煮飯縫衣的事，都是父親自己動手。於是他勸父親再娶一位妻子，但父親卻不答應。

後來，我見到曾參，和他談起了這件事，他歎了口氣說：

「從古至今，有多少人續弦，但好的後母又有幾個？一旦娶了後妻，又怎能保證她會好好對待孩子呢？」

這樣的回答又嚇了我一跳，儘管他沒有談到自己的後母，但我想，恐怕那也是前車之鑒吧。我不想將這一層紙捅破，但心裡想：曾參呀曾參，別看你在老師身邊受了很多教誨，但還是不夠圓通啊！

這時只聽他自言自語地說：「老師最重視忠孝之道，但沒想到我兩次行孝道，卻兩次都受到老師的批評。」

那是當然，行孝過頭也是愚嘛！

他繼續自言自語：「第一次犯錯情有可原，第二次又犯類似的錯誤確實很不應該。你說，我是不是真的很愚蠢啊！」

我連忙安慰他說誰都難免會犯錯誤，而在同樣地方犯好幾次錯的也不只他一個。說到這裡，我突然想起一個人，於是建議曾參不妨多向他討教討教，因為他從來不在一個地方摔倒兩次。

曾參一聽，連忙問我是誰。

「顏回啊！」

前幾天，我聽老師在別人面前說：顏回有兩個最大的特點，一是不遷怒：有怒氣不會轉發到別人身上；二是不二過，同樣的錯誤，不會犯兩次。這可是聖人的品質啊！

當我將老師的這番話告訴曾參時，他立即兩眼放光了。

【子貢學記】

做事如果不分大小、不問輕重、不看效果，就必然把握不好度。度就是分寸。如果把握不了分寸，孝可能就變成了愚孝，善也可能成了愚善……一個不能把握分寸的人，不僅會傷了自己，也會害了別人。

【閱讀原典】

◉曾參，南武城人，字子輿，少孔子四十六歲。志存孝道，故孔子因之以作《孝經》，齊嘗聘，欲與為卿而不就，曰：「吾父母老，食人之祿，則憂人之事，故吾不忍遠親而為人役。」參後母遇之無恩，而供養不衰，及其妻以藜烝不熟，因出之。人曰：「非七出也。」參曰：「藜烝，小物耳，吾欲使熟而不用吾命，況大事乎？」遂出之，終身不取妻。其子元請焉，告其子曰：「高宗以後妻殺孝己，尹吉甫以後妻放伯奇，吾上不及高宗，中不比吉甫，庸知其得免於非乎？」

《孔子家語・七十二弟子解第三十八》

◉曾子之妻之市，其子隨之而泣。其母曰：「女還，顧反，為女殺彘。」適市來，曾子欲捕彘殺之。妻止之曰：「特與嬰兒戲耳。」曾子曰：「嬰兒非與戲也。嬰兒非有知也，待父母而學者也，聽父母之教。今子欺之，是教子欺也。母欺子，子而不信其母，非以成教也。」遂烹彘也。

《韓非子・外儲說左上第三十二》

◉子曰：「君子欲訥於言而敏於行。」

《論語・里仁第四》

◉子曰：「參乎！吾道一以貫之。」曾子曰：「唯。」子出。門人問曰：「何謂也？」曾子曰：「夫子之道，忠恕而已矣。」

《論語・里仁第四》

◉哀公問：「弟子孰為好學？」孔子對曰：「有顏回者好學，不遷怒，不貳過。不幸短命死矣！今也則亡，未聞好學者也。」

《論語・雍也第六》

二、薄葬高徒也正常

老師最得意的弟子顏回英年早逝，老師卻主張薄葬，而且拒絕了顏回父親希望他賣車為顏回買外棺的要求。難道老師真的是那麼薄情嗎？

我剛剛說要曾參多向顏回師兄學習，想不到才沒過多久，老師最得意的學生、我們最出色的同學顏回，竟然去世了！

那天，老師本來心情不錯，獨自在室中撫琴。突然，一位同學跌跌撞撞跑進來，上氣不接下氣地說：「老師老師，不好了，顏回師兄他……去世了！」

如晴天霹靂，老師一下子呆住了，手中的琴「哐」的一聲掉到地上，轉瞬間摔成了碎片！過了很久，老師才緩過神來，他不敢相信這是事實，又問了一遍：「這是真的嗎？」

大家都含淚點了點頭。

「扶我起來，我要去看看他！」

同學們扶著顫顫巍巍的老師冒雨趕到了顏回住的地方，一進門，大家就被看到的景象驚呆了——

這是怎樣一個家啊！儘管老師曾經說過顏回住在「陋巷」，但大家沒想到竟是如此的

「陋」。家徒四壁，屋頂到處是漏的，屋裡沒有一處乾的地方。

而顏回，靜靜地躺在一張草蓆上，依然穿著那件破衣裳，身上蓋著一床破舊的薄棉被，四角都露出了葦花。看著這樣的情景，大家都忍不住淚如雨下。

老師顫抖著走了過去，在床邊坐下，用手一遍遍摸著顏回年紀輕輕就花白了的頭髮，怎麼也不相信眼前躺著的，就是他最心愛卻再也不會醒來的學生。

「顏回啊，你怎麼能丟下老師而去呢？你不是說過，老師在，你不敢死嗎？」

老師的這句話，更觸動了大家的傷心處，因為，這中間還有一個感人的故事。

老師在周遊列國時，有一次遇上了兵匪，老師帶領大家倉惶逃跑，好不容易到了安全的地方，卻突然發現顏回不見了。

老師心急如焚，讓大家趕緊分頭去找，卻一點音訊都沒有。誰都以為顏回一定是凶多吉少，沒想到五天後，顏回竟然回來了。

老師不禁喜出望外，情不自禁地拉著顏回的手說：「好啊好啊，你終於回來了，我還以為你死了，再也見不到你了呢。」

顏回一聽，趕忙安慰老師說：「老師還活著，我怎麼敢死呢！」

這樣的情景，彷彿就發生在昨天。可現在，年僅四十歲的顏回卻突然撒手人寰，這讓老師怎麼能不傷心欲絕呢！

或許是太過傷心，老師竟然一下子失控了，拚命撕扯著前胸，雙腳跺地，涕淚交流地高聲喊道：「天喪我啊！天喪我啊！這是蒼天在要我的命啊！」

老師的神情把大家都嚇壞了，顏回的父親顏路趕緊跑過來安慰老師：「老師別太傷心了，萬一哭壞了身子，顏回在九泉之下也不能瞑目啊！」

在大家的勸慰下，老師好不容易才平靜下來。

看著兒子因為缺乏營養而顯得格外消瘦的身體，顏路忍不住又傷心起來：「作為父親，我沒有盡到責任，使得孩子一生飢寒交迫，這麼早離開人世，這都是我的過錯呀！」

老師聽了，反過來安慰他說：「生活貧困，是時勢所迫，也並非是你的過錯啊！」

接著老師又問他對喪事做了什麼準備。

「您也知道，弟子家徒四壁，哪談得上什麼準備啊。」說著說著，顏路不禁聲淚俱下：「說來慚愧，我這個做父親的，只能給兒子買副內棺，連外棺都買不起，真是沒用呀！」

「你別太自責了，只用內棺也可以，人都已經走了，只要活著的人能記住他的德行就好，有沒有外棺並不重要。」

「可我總覺得這樣對不起他！」說著說著，顏路竟然做了一個誰也沒想到的舉動，「撲通」一聲跪在了老師面前：「求您想辦法給顏回買個外棺，讓他體體面面地去吧！」

老師顯然沒想到顏路會提出這樣的請求，他沉默了好一會兒，有些內疚地輕聲說：「可是，我也沒有錢啊！」

「也許我不該說，但還是要厚著臉皮請求老師。老師不是還有馬車嗎？您把它賣掉湊點錢，可以嗎？」

「顏路啊，說起來你的要求並不過份。可公侯、卿相死後，才能棺槨並用，尋常人死後是不能用外棺的，這是古禮規定的。所以，我兒子孔鯉死時，也只用內棺，沒用外棺啊。」之後，他又有些不好意思地解釋道：「況且，你也知道，我名義上也是個大夫，出入有車也是禮儀啊。」

「可顏回他畢竟是您最喜愛的弟子啊！」

老師又長歎了口氣，拍了拍顏路的肩膀說：「顏回活著時，不僅能安貧樂道，更能守禮。我想顏回在九泉之下，也希望我們能夠守禮啊！」

聽了老師的話，顏路失望地垂下了頭。

回去的路上，性情爽直的同學子張忍不住問老師：「您常說悲傷時也要懂得節制，就算孔鯉去世，您也只是默默流淚。可是顏回師兄去世了，您為什麼卻會這樣傷心呢？」

老師哽咽著說：「我已經七十一歲了，一生中只有母親去世時曾經這樣悲痛地哭過。孔鯉去世時，我之所以沒那麼悲傷，是因為還有子思在，孔門不致於斷了香火。可顏回不幸早死，還有誰能繼承我的學問，完成我的理想呢？」

「既然這樣，那您……」子張或許是想問，既然如此，為什麼您卻不肯賣車為顏回買口外棺呢，這是不是有點太薄情了？

沒等子張來得及問，老師又忍不住哭了起來，子張趕緊將話又咽了回去。

我是在顏回去世後的第二天從外地趕回來的。聽同學說起這些細節，我覺得既沉重又無限感傷。

沉重的是老師失去了最優秀的學生，我們失去了最好的同學。顏回僅僅比我大一歲，兩人差不多同時成為老師的學生，不管周遊列國十四年還是在杏壇，我們在一起的時間最長。他正當盛年，怎麼說去就去了呢？

而感傷，那種情感卻十分複雜。我有種種沒有想到——

沒想到顏回如此貧窮，但還能如此堅忍地學習；

沒想到顏路這麼自尊心重的人，竟會向老師提出那樣的請求。可以想像，他向老師開口的那一瞬間，內心是怎樣的痛苦。

我更沒想到，此時的老師，竟然窮到了只有一輛馬車可以折錢的程度。要知道，他曾經也是魯國的大司寇。雖然「君子憂道不憂貧」，但也不應該如此啊！

至於對有些同學私下議論老師「薄情」的說法，我卻有不一樣的看法。

作為跟隨老師最久的弟子之一，我深深理解和贊同老師的這種做法。

記得多年前，老師到了齊國，齊君準備重用他，卻被一位大臣阻止了，理由是老師過於遵循古禮的那一套，尤其太重視葬禮，花費太多，會把國家和家庭搞窮。

我不知道是不是這位齊國大臣不了解老師，還是以此為藉口不想讓老師出仕。但經過這件事，我要告訴天下所有人：這位齊國大臣的確是大大冤枉老師了。

其實老師比任何人都講究「度」，儘管他重視葬禮和祭祀，但絕不會沒有節制。依照顏回的身份和地位，只用內棺也是適度和正常啊。

何況，生前的德行，跟死後葬禮的風光並沒有關係。

但畢竟和顏回同學那麼多年，儘管老師說了不可越禮厚葬顏回，但我還是和幾位同學湊了點錢，多少也讓顏回的喪事體面一些。

顏回下葬那天，北風哀號，竟紛紛揚揚下起大雪來。我們沒有想到的是，曲阜城中竟有很多人自發來為顏回送葬，隊伍逶迤長達幾里，連魯哀公也屈尊親赴陋巷草堂祭弔。

我想，看到這樣的場面，老師心中一定很安慰，而顏回如果泉下有知，同樣也會感到莫大的安慰吧！

因為怕老師傷心過度，加上天氣不好，我們都勸老師不要去送顏回了，但老師卻堅持要送他最後一程。

看著老師在風雪中艱難移動的身影，我心中不禁有無限的哀傷。老師，是真的老了！也不知道，我還有緣陪伴老師多久的時光！

就算是再捨不得，最後告別的時刻還是到了。老師顫抖著雙手，彎腰捧起一掊新土，輕輕撒在顏回的棺木上，哽咽著說：「顏回啊，你生前視我為父，死後我卻未能將你厚葬。但這麼多人為你送行，不是花錢可以買到的，你就安心的去吧！」

【子貢學記】

我們不少人是十足的好人。他們經常超出自己的能力來幫助人，精神可嘉，但做法未必真正可取。

老師不願賣掉車馬來為顏回添置外棺，並不是因為老師薄情，而是因為即使對情感最深的人，只要盡了自己最大的力量就行了，未必一定要讓自己背上一個沒法背起的包袱。

不僅如此，即使對最深的情感，也同樣要以「禮」來約束。

把握合適的分寸來行善和助人，並不損害你為善的美德，更不因此就說明你薄情。

【閱讀原典】

◉子畏於匡，顏淵後。子曰：「吾以女為死矣。」曰：「子在，回何敢死？」《論語‧先進第十一》

◉顏淵死。子曰：「噫！天喪予！天喪予！」

《論語‧先進第十一》

◉顏淵死，顏路請子之車以為之椁。子曰：「才不才，亦各言其子也。鯉也死，有棺而無椁。吾不徒行以為之椁。以吾從大夫之後，不可徒行也。」

《論語‧先進第十一》

◉顏淵死，子哭之慟。從者曰：「子慟矣。」曰：「有慟乎？非夫人之為慟而誰為！」

《論語‧先進第十一》

◉顏淵死，門人欲厚葬之，子曰：「不可。」門人厚葬之。子曰：「回也視予猶父也，予不得視猶子也。非我也，夫二三子也。」《論語‧先進第十一》

【我的同學】

◉顏由，字路。僅小孔子六歲，是顏回的父親，與顏回一起向孔子學習。

三、欹器與過猶不及

老師帶我們到魯廟中看欹器。
那真是一個十分神奇的器皿，教給我們一個很深刻的人生哲理。

顏回去世不久，子夏和子張一起來找我。

現在我成了年輕同學經常請教的對象。子路死了，顏回也不在了，跟隨老師周遊列國的人，除我之外，幾乎沒有人在老師身邊了。於是新學生便經常和我一起探討老師的智慧。

子夏說：「老師的學問太博大精深了，我們不僅學不過來，有時還覺得無所適從。明明是按照老師的教導去做的，明明我們認為是對的，卻偏偏遭到老師的否定。師兄你說該怎麼辦？」

我不由笑了起來，這種感覺我們很多人都有過，子路有，曾參有，我也有。

於是我又說起曾參行孝被罵、我為魯國贖人不領取獎金被老師批評等好多往事。

儘管每次事後經過老師的分析，我們都認為是對的，但同時我也有很大的困惑：到底是怎樣的智慧，讓老師能夠將每件事都把握得恰到好處，而且看上去似乎矛盾，但最終又能將矛盾統一起來呢？

子張是個急性子，便提議說不如去問問老師。

於是我們一起到了老師房中，發現曾參和子思也在。
當我們說出自己的困惑時，老師微微一笑，沒有直接回答，而是站起來說：
「走，我帶你們去一個地方。也許，你們在那裡就能找到答案了。」
我們跟著老師穿過大街小巷，最後到了一個大廟前，抬頭一看，這不是魯桓公的廟嗎？
守廟的官員認出了老師，馬上畢恭畢敬地在前面引路。
我們到了一個大殿，老師用手指著一個器物說：「你們看看，那是什麼？」
這是一尊我們從來沒見過的青銅器，器具的上口呈長方形，底部呈圓形，兩頭的中部各有一根銅棍作為轉軸，將器具吊在一個木架子上，整個器具是傾斜著的。
看我們猜不出來，老師便叫守廟的官員打一桶水過來。
水提來了，老師讓我們將水倒進去，看看會有什麼反應。
沒等大家動手，子思就搶著跑上去提起水桶，開始往裡倒。
「嘩！」水倒進去，器具晃悠了幾下，然後立住了。
老師要子思慢慢倒，讓我們仔細觀察。
隨著水越倒越多，器具漸漸平穩起來，從傾斜狀變為了水平狀。
但奇怪的是，再往裡倒水時，這個器具又開始不穩定了。
子思問：「還倒嗎？」
「倒。」
子思再將水倒下去時，只聽「哐」的一聲，器具翻了，水灑了一地。
這到底是什麼器具啊？看著大家疑惑的眼神，老師便讓守廟的官員給我們介紹一下器具的來歷。

「這叫做宥坐，又稱欹器。當它空著的時候，是歪斜的；當它盛水適量時，就正正當當；等它盛滿了水以後，就要翻覆了。」

「那它是用來做什麼的呢？」

「這是先君的祭器。它要告訴所有人一個道理……」

這時，老師客客氣氣將他打斷了：「謝謝您，道理還是由我們來總結吧！」

我開始明白，為什麼老師要帶我們到這裡來。

「這個器具，其實告訴我們的就是『中庸之道』！」

中庸，老師以前也講過，但沒有一次像這樣給人印象深刻。

「爺爺，什麼是中庸之道呢？」子思問。

「所謂中庸之道，就是永遠恪守中道的意思。明白了嗎？」

「明白了。就像這欹器，既不能不讓它裝東西，但也絕對不能裝滿，一滿就會翻掉。對嗎？」

老師點了點頭，慈愛地看著我們。

這番話讓我們都陷入了沉思，我贖人不領獎金、曾參行孝過頭，其實都像裝滿的欹器一樣啊！

這時，我又想起一件事情：

有一次，我問老師，子張與子夏誰比較賢，老師回答說：「子張過了，子夏不及。」

於是，我又問那是不是說子張比較好？

老師的回答是「過猶不及」。

實在不好意思，好像不應該背後議論同學。但我說出來後，子張與子夏並沒有怪我的意思，反倒是若有所思。

老師強調說：「中庸之道就是一流高明的處世之道，極高明而道中庸。而『過猶不及』，恰恰是道出了中庸之道的根本！就像欹器告訴我們的那樣，世間哪有滿而不覆的東西呢！」

「那我們該怎麼做呢？」我不由問。

老師說：「聰明睿智的人，要守之以愚；多聞博辯的人，要守之以陋；武力毅勇的人，要守之以畏；富貴廣大的人，要守之以儉；德施天下的人，要守之以讓。這五個方面，也是古代賢君守天下而不失天下的原因，違反這五方面的人，沒有不危險的啊！」

老師的這番話，和《易經》既有相同之處，同時又有所補充，看來大智慧總是相通的。

老師今天這堂課，讓我們都有茅塞頓開的感覺。但這次魯廟的經歷，收穫最大的並不是我們，而是老師的孫子子思。他後來特別寫了本專著《中庸》，成為儒家著名的經典著作之一，對後代有很深的影響，這是後話了。

【子貢學記】

往欹器中倒水，如果太滿了，欹器就必然傾覆。這進一步教育我們應永遠保持謙虛的美德，同時也告訴我們「過猶不及」的道理：

再好的事情，如果做過頭，就可能演變為錯誤。

再正確的觀點，如果強調過頭，就可能演變為謬誤。

再優秀的品質和個性，如果推崇過頭，也可能走到優秀的反面。

【閱讀原典】

◉孔子觀於魯桓公之廟，有欹器焉。夫子問於守廟者曰：「此謂何器？」對曰：「此蓋為宥坐之器。」孔子曰：「吾聞宥坐之器，虛則欹，中則正，滿則覆，明君以為至誡，故常置之於坐側。」顧謂弟子曰：「試注水焉。」乃注之水，中則正，滿則覆。夫子喟然歎曰：「嗚呼！夫物惡有滿而不覆哉？」子路進曰：「敢問持滿有道乎？」子曰：「聰明睿智，守之以愚；功被天下，守之以讓；勇力振世，守之以怯；富有四海，守之以謙。此所謂損之又損之之道也。」

《孔子家語・三恕第九》

◉子貢問：「師與商也孰賢？」子曰：「師也過，商也不及。」曰：「然則師愈與？」子曰：「過猶不及。」

《論語・先進第十一》

四、君子不器，智慧如水

老師評價我是「器」，是宗廟裡盛黍稷的珍貴瑚璉。我沾沾自喜，老師卻立即給我澆了一盆冷水。

走出魯廟，我沉迷在剛才觀看欹器的感想中。

突然，我聽到老師問：「子貢，你知道你是什麼樣的人嗎？」

我一愣，不知道怎麼回答。

老師說：「你呀，你是一個器。」

器？什麼器？我很迷糊。

「瑚璉，就是宗廟裡盛黍稷的瑚璉啊，很重要的。」

我一聽，十分高興，原來在老師心中，我是一種很名貴的玉器啊！

但沒想到，正當我喜孜孜時，老師卻說：「君子不器！」

好像突然被閃電擊中，也好像突然被澆了一盆涼水，我當即就傻了。老師是怎麼回事啊？剛才在誇我，而此刻，竟然又把我給否定了！

我想，我那一瞬間的表情，肯定既尷尬又複雜。而這種表情，可能早在老師的意料之中，因為我看見老師滿臉笑容地望著我，之後，便聽他說：「沒想到吧？一面在誇你，一面又在否定你。想知道是為什麼嗎？」

我點了點頭。

老師誠懇地說：「我說你是瑚璉這樣的『器』，的確是稱讚和肯定你，而我又說『君子不器』，則是要你用更高的標準來要求自己。」

一聽這話，我心中釋然了，也不由自主微笑起來。

接著，老師又看了看其他幾位同學，說：「我之所以給大家提出『君子不器』的觀點，還有一個十分重要的原因。那就是中庸之道應該與另一個理論——『君子不器』結合起來，才能運用得好。」

啊，原來是這樣！那為什麼呢？

老師接著問我們：「你們在學中庸之道時，有什麼疑問嗎？不妨說來聽聽。」

的確，我覺得中庸之道非常好，但是，中庸之道會不會是折衷之道呢？如果出了問題，是不是等於要各打五十大板呢？

我把這一個疑問說出來，老師當即回答：「對了，『君子不器』要解決的問題，就是你這個問題。中庸之道絕對不會是折衷之道。」

那麼，「君子不器」是什麼意思呢？

「君子不器，就是不要以某種固定的框框來限定自己，而是根據具體情況隨機應變，否則，就會作繭自縛。」

我覺得很有道理。的確，「君子不器」比折衷之道大大進了一步，因為折衷是不問青紅皂白、程度輕重，各打五十大板，既不客觀，也不公正。那又是一個框框，又會把自己束縛住。

但是，這「君子不器」是一種很高的境界，說來容易做來難啊！

當我把自己的顧慮告訴老師的時候，老師卻微微一笑，說：「不難，只要能把握四點就夠了。」

「哪四點呢？」

老師詳細解釋：「第一，毋意：不主觀臆測；第二，毋必：不絕對化；第三，毋固：不要固執、固化；第四，毋我：不要自以為是。」

老師的話促使我進行多方面的思考。當思考到「毋固」時，我突然想起一件事，忍不住笑了起來。

跟隨老師周遊列國時，我們經過蒲地去衛國，正碰上公叔氏憑藉蒲地反叛衛國，於是他就阻止我們到衛國去。

當時，我們一個武功了得、叫公良儒的同學帶著大家拿起武器，準備跟他們硬拚。蒲人有點害怕了，於是說：「只要你們改變主意，不去衛國，就放你們走。」

老師當即同意了，為此蒲人還和老師訂了盟誓，這樣我們才得以脫身。

但出了蒲地，老師就帶我們去了衛國。

我當時很不解，問老師，我們不是訂了盟誓嗎，怎麼可以違背呢？

老師卻說盟誓是他們用強權和不義之舉逼迫我們簽訂的，我們為什麼要受他們的要脅？

看見我獨自發笑，大家問為什麼。

我就把這個故事講了出來，引得大家都哈哈大笑起來。

想必這個故事也把老師帶回了那段難忘的歲月，想到自己曾經這樣「耍」了蒲人一把，老師也忍不住笑了。

我坦然承認，當初我認為老師的做法很圓滑。

「那你現在還這麼認為嗎？」

「我現在認為老師是圓通。有智慧的人，處事就會圓通，圓通不是圓滑。」

「圓通不是圓滑……圓通不是圓滑……總結得很好。」

老師不斷重複我的話，並且給予了肯定。

「可我還是不明白：圓通和圓滑有什麼區別？」小子思一臉迷惑地問。

一旁的子張說：「圓通與圓滑的區別，在於圓通是原則性與靈活性的統一，而圓滑是只有靈活性，沒有原則性。像剛才那種情況，反叛的蒲人不讓老師去衛國，那是小人在要脅我們，我們怎麼能夠屈服呢？所謂圓通，就是外圓內方。」

一番話說得小子思頻頻點頭。

我們都覺得老師的「四毋」理論非常好，但子夏卻提出要在此基礎上，總結一個更通俗、對普通人可能更有操作性的新四點。

在年輕同學中，子夏是一個特別喜歡動腦筋的人，很得老師的欣賞。

接著，子夏談了關於「君子不器」的「新四點」，準確地說是「四要」——

第一，思考問題要有全面性。

針對這一點，他「披露」了一次與老師的私下談話：

子夏問老師：「顏回的為人怎麼樣？」老師回答說：「顏回講誠信比我強。」

他又問子貢為人怎麼樣？老師說：「子貢的聰敏比我強。」

他接著問子路呢？老師說：「子路的勇敢比我強。」

最後他又問子張為人怎麼樣？老師又說：「子張的莊重比我強。」

聽了老師的回答，子夏忍不住站起來說：「既然如此，那為什麼這四位同學都成了您的學生呢？」

老師看了看他，說了四點：「顏回講誠信，但過於死板；子貢聰明敏銳，但是不能屈；子路勇敢，但太沒有畏懼；子張莊重，但很難與大家打成一片。而我，恰恰能夠將這些統一起來。」

老師這番一針見血的評價不禁讓人心服口服。這讓我又想起了可愛的子路師兄，他正是由於勇敢但缺乏畏懼，而最終喪失了性命啊！

第二，要具體情況具體分析。

他舉了子路與冉求「聞斯行諸」的例子。不管答案如何，老師都是根據每個人的具體情況而下的結論。

第三，遇到問題一定要從正、反兩方面思考。

他舉了我救人不領贖金的例子，並再一次強調說，從正面講，子貢是做了一個無私的好人，但卻使國家的政策得不到貫徹，這樣的結果就是只考慮正面沒考慮反面。

這是一個新的角度，我又上了一課。

第四，要有「度」，過猶不及。

這也是今天整堂課的主題，本來用不著多加延伸，但他還是將老師平時講的一些觀點又強調了一遍。

如有人說：「以德報怨，這樣做如何？」老師的回答是：「不對。應該用正直回報仇怨，用恩德來回報恩德。」

子夏闡述完這四點，老師高興地說：「子夏啊，我看你將來有可能走上教育這條路。將來你教育人的時候，一定要講仁義之道。但千萬別把仁義之道講歪了啊。」

子夏說：「是的，在上次老師講《易經》課的時候，老師就告誡過我們『要做君子儒，不要做小人儒』，如果是以前，對這句話我會理解為君子講仁，小人重利。但自從聽了老師那堂課後，尤其是今天再聽老師的教誨之後，我有了新的認識：君子之道，既包括『仁』，也包括『義』。而『義』，除了『忠義』、『信義』外，也包含『宜』——適宜、合適，即中庸之道。」

我覺得子夏的總結十分出色，想聽聽老師的意見，卻發現不知不覺中，我們已經走到了著名的泗水邊。這時老師正在靜靜地看著眼前的河水。

滔滔的河水，浩浩蕩蕩，十分壯觀。

這段時間以來，我們發現老師逢水必觀，我幾次想問老師為什麼，這次可逮住機會了。「老師逢水必觀，想必其中一定有什麼深奧的道理吧？」

看看遠處連綿不斷的群山，再看看奔騰的河水，老師深情地說：「誰能像水一樣，集中所有君子的品德啊！水無私地施予四面八方，好像君子的德；水流過的地方往往會帶來生機，好像君子的仁；水流卑下，但都遵循大自然的理，好像君子的義；水在淺的地方流淌，在深的地方莫測，好像君子的智；水赴百仞之谷，一點也不疑，好像君子的勇；水綿綿弱弱，卻能到達微小的地方，好像君子的明察秋毫；接受不好的東西而不推辭，好像君子的包容之心；將不乾淨的東西容納下來，還大家一個潔淨的新面貌，好像君子的善；經歷千曲萬折必向東而去，好像君子的志。」

老師的總結真是太精闢了。

老師轉過頭來對我們說：「既然水有這麼多好的品德，我們該不該逢水必觀，並向水好好學習呢？」

我的天！這司空見慣的流水，竟然讓老師悟出了如此深奧的人生哲理！

這時，我突然受到啟發，於是說：「老師，我能補充一下嗎？」

「當然可以！」

「儘管我們眼前的水是這樣，但冷到一定程度就會變成冰，熱到一定程度就會變成霧，但不管怎樣，都不會改變水的本質，這不正好體現了『君子不器』的特點嗎？」

老師眼中滿是贊許，說：「認真學習並且能夠昇華，子貢的進步很大。這樣下去，前途無量啊！」

這可是我第一次得到老師這麼高的評價。

那一瞬間，我心中充滿了崇高感。同時也想，老師的智慧，就如泰山一樣高大，我一定要更加用心地學習！

但沒想到，沒過多久，這就已經完全不可能做到了。

因為，我的老師，我最愛的老師，過不久就永遠離開我們了……

【子貢學記】

君子不該如器，而該似水。

如器，就會以某種固定的模式來限定自己，讓自己被無形的框框綁住。似水，就會靈活地認識和處理問題，就能既不失去自己的本質，又能根據當下的具體情況，採取最合適和最靈活的方式實現目標。

一定不圓滑，務必要圓通！

【閱讀原典】

●子貢問曰：「賜也何如？」子曰：「女器也。」曰：「何器也？」曰：「瑚璉也。」

《論語・公冶長第五》

●子曰：「君子不器。」

《論語・為政第二》

●子絕四：毋意，毋必，毋固，毋我。

《論語・子罕第九》

●過蒲，會公叔氏以蒲畔，蒲人止孔子。弟子有公良孺者，以私車五乘從孔子。其為人長賢，有勇力，謂曰：「吾昔從夫子遇難於匡，今又遇難於此，命也已。吾與夫子再罹難，寧鬬而死。」鬬甚疾。蒲人懼，謂孔子曰：「苟毋適衛，吾出子。」與之盟，出孔子東門。孔子遂適衛。子貢曰：「盟可負邪？」孔子曰：「要盟也，神不聽。」

《史記・孔子世家》

●子夏問於孔子曰：「顏回之為人奚若？」子曰：「回之信賢於丘。」曰：「子貢之為人奚若？」子曰：「賜之敏賢於丘。」曰：「子路之為人奚若？」子曰：「由之勇賢於丘。」曰：「子張之為人奚若？」子曰：「師之莊賢於丘。」子夏避席而問曰：「然則四子何為事先生？」子曰：「居！吾語汝：夫回能信而不能反，賜能敏而不能詘，由能勇而不能怯，師能莊而不能同，兼四子者之有以易吾，弗與也，此其所以事吾而弗貳也。」

《孔子家語・六本第十五》

●或曰：「以德報怨，何如？」子曰：「何以報德？以直報怨，以德報德。」

《論語・憲問第十四》

●孔子觀於東流之水，子貢問曰：「君子所見大水必觀焉，何也？」孔子對曰：「以其不息，且遍與諸生而不為也，夫水似乎德；其流也則卑下，倨邑，必修其理，此似義；浩浩乎無屈盡之期，此似道；流行赴百仞之嵠而不懼，此似勇；至量必平之，此似法；盛而不求概，此似正；綽約微達，此似察；發源必東，此似志；以出以入，萬物就以化絜，此似善化也。水之德有若此，是故君子見必觀焉。」

《孔子家語・三恕第九》

【我的同學】

◉公良儒，字子正。公良儒的品行賢良，頗有武力，孔子周遊列國時，他帶著自己的五輛車子跟從。有一回路過蒲地，遭蒲人阻路，公良儒想到在匡地時被困，如今又來一次，便決心聯合孔門眾弟子奮力對敵，他勇猛的模樣嚇得蒲人放棄戰鬥。

老師去世了，他的影響在全世界卻越來越大。
與此同時，對他的誤解和曲解也越來越大。

要避免對老師的誤解，就必須要全面地去認識和理解他。

老師教給我們的智慧很多，包括成功、幸福、管理、處世等等，
但在根本上，老師是以一生的追求，
教給我們每個人最重要的生命智慧——

在僅有一次的人生中，如何做一個大寫的人！

第十章

「人」字能夠寫多大

一、感悟死亡，才更能認識生命

老師奔波一生，最終也不過是一個土饅頭。
這使我不由得不思考生命到底有沒有意義。
如果有，那又是什麼？

神聖的光輝，從我的兩手中間散發出來。
我的臉不由變得肅穆，繼而變得溫暖和無比欣喜。
儘管太陽的光芒最大，儘管此時的太陽正行至中天，但此時此刻，我覺得太陽都比不上我手指間的光輝。
因為，在我的兩手中間，是一個老師的雕像。
是一個我所懷念、難忘、朝思暮想的老師的雕像。
他的臉是那樣的安詳，他的眼睛是那樣的溫暖，而且充滿了睿智，看見他，就覺得這是人間的太陽，比天上的太陽不知道要偉大多少倍。
看見他，就覺得老師沒有離開我們，還在我們周圍，還在我們面前，向我們講述著關於做人、藝術、治國安邦的種種智慧……
老師，您可知道：

您去世後，大家共同為您修建了墳墓，並從各地移植多種樹木栽種在您的墓前。其中，我特意從南方帶來了幾棵檜樹，也種在離您很近的地方。

同學們都捨不得離開您，大家為您守了整整三年的墓。

大家回憶您的音容笑貌，回想和溫習您給我們講述的多種學識與智慧。

三年後，懷著依依不捨的情感，還是一一離開您了。

我一直捨不得離開，在您墓前整整守了六年。

隨著日子一天天過去，我對老師的懷念也一天天強烈起來，老師的形象一直在我眼前揮之不去。

有一天，我不由自主拿起一把小刀，在一段木頭上刻畫起老師的形象來。

我本不是雕刻的人才，但是，熟能生巧，幾年過去，我竟然不僅能夠刻畫出老師形象，而且可以栩栩如生地讓老師的形象在一段木頭上重現出來。

不知何時，我已經被譽為了「雕塑業的始祖」。

這真是耐人尋味。此外值得告訴老師您的是：

由於我以老師教育的儒學智慧去經商，有了一定的成績，我還被譽為「儒商的始祖」。

……

老師，在您面前講述這些話是可笑的。您是聖人，如果您在世間，對這些話您一定會一哂置之。

但是我也知道，您是老師，而且是一個很親切的老師，所以，您即使會發笑，也是一種可以理解的、溫暖的微笑。

老師，我現在捧著您的雕塑，一步步走向您的墳墓。

當年我所種下的檜樹，已經長得十分高大。
而您的墳塋上，已長滿了萋萋的芳草。
我不由自主想起了和您在一起的歲月，想起了您教育我們的點點滴滴。
老師，離別多年，我終於又回來了。秋天的陽光照著我，也照著我那顆日夜思念您的心。
站在您的墓前，我的心一下子又碎成了碎片，剎那間，我忍不住又淚落如雨。
雖然近在咫尺，我們卻再也不能相見。
即使有一天我也死去，但在另一個世界中，我們同樣也可能無法再見。
這是多麼讓人痛苦和難以接受的事實，但也是死亡給我們每個人的教育：
每個活著的人，不管今天活得如何快樂、健康、偉大，總有一天，他也會告別這個世界……
那麼，活著有意義嗎？如果有意義，又該如何去把握？
老師，別怪我談關於死亡的話題。我知道，您並不願意弟子們過度思考死亡的問題。
記得有一次，子路問您：「死亡是怎麼回事？」，您當即瞪了他一眼，訓斥道：「未知生，焉知死？」
您的意思是，連生的問題都沒有搞清楚，怎麼就去想死亡的問題呢？
但是，當我看著身邊最親近的人，子路、顏回和您一個個離我而去時，當我獨自坐在您墳前傷心欲絕時，我不由得不認真思考幾個有關死亡的問題——
老師，您奔波勞苦一生，最終也不過是饅頭一樣的一座墳塋，這值得嗎？
人生就只有一次。
來時，我們沒有被徵求意見，去時，同樣也不會得到通知。

我們唯一能夠把握的，就是中間這短短的一段。

那麼，我們到底該如何去把握這有限的一段呢？

老師，請原諒弟子的癡迷與固執。自從給老師守墓之後，生與死的問題，就成了我思考最多的問題之一。

知道死亡是每個人將來都一定要經歷的，活著的人，怎麼能不問一句：如何最有意義地度過僅有的一生？

老師，您能告訴我答案嗎？

【子貢學記】

感悟死亡，才能更好地認識生命。

認識到每個人必有一死，也許正是人生觀的開始……

【閱讀原典】

◉季路問事鬼神。子曰：「未能事人，焉能事鬼？」敢問死。曰：「未知生，焉知死？」

《論語・先進第十一》

◉孔子葬魯城北泗上，弟子皆服三年。三年心喪畢，相訣而去，則哭，各復盡哀；或復留。唯子贛廬於冢上，凡六年，然後去。

《史記・孔子世家》

二、還原老師的真實形象

隨著老師在全世界的影響越來越大，他被誤解的可能性也越來越大。老師剛剛去世時，就已經有了這種跡象，隨著時間的推移，這種可能性就會更大了。

「先生，請問您手中拿的是誰的雕像？」

就在這時，一個聲音打斷了我的思緒。

回頭一看，只見一位英俊的年輕書生，不知什麼時候站到了我的身後。

他緊盯著老師的雕像，問：「老先生，這是……孔子先生的雕像嗎？」

我笑了笑，點了點頭。

「您可以讓我看看嗎？」

看著他滿含期望的眼神，我將雕像遞了過去。

他用崇敬的目光端詳著老師的雕像，看著看著，一滴淚珠從他眼角流了下來。

這讓我既意外也感動，想不到老師離去那麼久，還有人對老師的情感這麼深。

於是我問他：「年輕人，為什麼看到孔子先生的雕像，你會這樣激動呢？」

「老先生，您有所不知，他是我的太師公！雖然我從沒見過他，但我的師公和老師卻無數次向我說起過他。今天終於有幸見到太師公的形象，我怎麼能不激動呢？」

「你的師公和老師是誰？」

「子思先生是我的老師，曾參先生是我的師公。」

原來是這樣。眼前的這個年輕人，看來是杏壇的新一輩了。

「那麼，你是在杏壇讀書吧？」

提到杏壇，我的心怦怦直跳，那裡有著我們太多太多美好的回憶啊！

「是啊！聽您的語氣，好像對杏壇很熟悉。您怎麼會有太師公的雕像呢？我聽說，只有子貢師伯公會雕塑太師公的像啊，莫非您就是……」

師伯公？我微微一愣。是啊，假如曾參是他的師公的話，我當然算是他的師伯公了。

看著他迫切而疑惑的眼神，我的心跳有些加速了。這些年來，我隱姓埋名，就是不想讓人知道我的存在，現在可不能讓這個年輕人看出我的真實身分。

好在年輕人看了看我，搖了搖頭說：「不是不是，肯定不是。」

「為什麼？」我覺得很有意思，於是問他。

「我聽說師伯公早就去世了，就算他還活著，也該百來歲了，您怎麼可能是他呢？」

我點了點頭，心中卻暗自感歎：年輕人，你哪裡知道，早些年我就在思考人生的根本問題，對功名利祿早看淡了。為了避免俗事纏身，我躲到了吳越的深山中，並放出消息說自己不在了。所以，世人都認為我早已經死了。其實我一直在深山中修行，身體很好，而且的確活過了一百歲。

但活過了一百歲，卻還有人生的困惑。困擾我的，還是那個問題：

人來自塵土，再歸於塵土，人生到底有多大的意義？像老師那樣去奔波，而且是為他人奔波，到底有多少意義？

年輕人又問我：「既然您不是子貢師伯公，為什麼會有這個雕像呢？」

「這個雕像的確與子貢先生有關。」

於是我編了個故事：「我是楚國人，也是子貢先生的朋友。我一直很敬仰孔子先生，見到這個塑像很喜歡，於是就請子貢先生給我了。」

「原來您是師伯公的朋友啊，真是太好了，他一定給您講過很多太師公的故事，您能不能告訴我，在師伯公眼中，太師公孔子是怎樣一個人呢？」

看著年輕人激動的臉，我不禁心中一熱。但他的問題看似簡單，回答起來卻很難。

「這個問題很難回答，因為孔子先生是一個很難用言語去評價的人。」

「為什麼？」年輕人問。

於是我牽著年輕人的手，來到了老師墳墓後面的一塊大石碑前，對他說：「你讀讀上面的文字。」

年輕人看了看，然後朗聲念道：「仰之彌高，鑽之彌堅，瞻之在前，忽焉在後。夫子循循然善誘人，博我以文，約我以禮，欲罷不能。即竭吾才，如有所立卓爾。雖欲從之，末由也已。」

「你知道這是誰的話嗎？知道為什麼會刻在這裡嗎？」

年輕人說：「這是顏回師伯公的話。聽老師說，在給太師公下葬時，眾弟子決定樹一塊碑，但碑上寫什麼，大家一時拿不定主意。後來大家突然想起這段話，覺得這其實也是所有人對太師公的一致評價，於是將它刻在了碑上。」

我點了點頭，接著問：「你知道這是什麼意思吧？」

「這段話的意思是——老師的學問和仁德，仰望它越覺得高深莫測，鑽研它越覺得堅不可破。看看似乎在前面，忽然又覺得在後面。老師善於一步步引導我們，用文化典籍開闊我們，用禮儀制度來約束我們，想停止不學都不可能。我已經竭盡所能，好像有所成就和獨立了，想趕緊跟隨上去，可是又不知道從哪入手了。」

我點點頭，不錯，就是這個意思，不由對他投去讚賞的目光。

「我知道顏回師伯公對太師公的評價了，但不知子貢師伯公是怎麼評價太師公的？」

我沒有任何遲疑，微微一笑，說：「他呀，恐怕也是一樣的評價啊！」

於是，我給他講了一個故事：

有一次，子貢去齊國，見到了齊國的國君，國君問他：「孔子是位賢人嗎？」

子貢回答說：「老師不是賢人，而是聖人。」

齊國國君問：「那他是如何『聖』的？」

子貢脫口而出，說：「不知道。」

齊國國君對這樣的回答很不滿意，就問：「你說你的老師『聖』，可又說不出『聖』在哪裡，這該怎麼解釋？」

子貢回答說：「我終日頭頂蒼天，但不知天有多高。我終日腳踩大地，但不知地有多厚。我跟著老師學習，就像拿著瓢到江河裡飲水，腹滿而去，哪裡知道江海有多深呢？」

講完這個故事，年輕人陷入了沉思。

過了一會，他說：「老先生，我知道兩位師伯公的評價了，我相信，他們的感覺都是最真實也最重要的。只是我有一個很大的擔心：隨著太師公的影響力越來越大，他被誤解的可能性也就越大吧！您想，兩位師伯公都是太師公最得意的弟子，但他們都難以理解太師公，又何況是那些沒有見過他、只聽過他一言半語的人呢？而且有些人居心叵測，為了達到自己的目的，甚至不惜任意曲解他的思想。」

這番話如同錘子一樣，重重擊在我的心上。如何不讓老師被誤解和曲解，這其實也是我心中最大的隱痛。

我知道老師是真正的聖人，一定會流芳百世。可現在老師逝去的時間還不太久，就已經遭到了很多人的誤解和曲解。那麼，過了很多年甚至一兩千年後，這種誤解和曲解的程度誰又能保證不會更深呢？

只聽年輕人長長歎了口氣，說：「我要是太師公的弟子就好了，那麼就可以直接學到他的智慧，並且在有生之年，整理一些材料，告訴人們一個最真實的孔子先生。」

真實的孔子老師？

是啊！很多人之所以誤解或者曲解他，就是不知道真實的老師是什麼樣的啊！

年輕人又沉思了一會兒，說：「要是子貢師伯公還在就好了，他最適合做這項工作。」

「為什麼？」

「第一，他跟隨太師公的時間最長；第二，他口才出眾；第三，在太師公去世後，他守墓六年，而且最後三年是獨自為太師公守墓。我想這幾年尤其是後三年，他一定對太師公的智慧做了最全面的思考和分析。」

那一刻，我有遇到知音的感覺。那幾年，我想得最多的問題之一，就是如何全面認識老師。我這樣做，不僅是為了讓自己將老師的智慧掌握得更好，也是為了回答很多人的疑問：「孔子到底是怎樣一個人？」

年輕人用期待的眼神看著我，說：「老先生，您是子貢師伯公的朋友，他一定向您詳細描述過太師公，您能告訴我嗎？」

看他那樣虔誠，於是我談了對老師的主要認識和一些精彩故事。

【子貢學記】

既然老師在去世不久就遭到這麼大的誤解和曲解，在以後的歲月裡，受到的誤解和曲解就必然更多了。

如果不還原老師當時的真實形象，不僅對不起老師，也對不起歷史。如何還原老師的真實形象，已經成了擺在我們面前最大的問題之一。

【閱讀原典】

◉顏淵喟然歎曰：「仰之彌高，鑽之彌堅；瞻之在前，忽焉在後。夫子循循然善誘人，博我以文，約我以禮。欲罷不能，既竭吾才，如有所立卓爾。雖欲從之，末由也已。」

《論語・子罕第九》

◉齊景公問子貢曰：「先生何師？」對曰：「魯仲尼。」曰：「仲尼賢乎？」曰：「聖人也，豈直賢哉！」景公嘻然而笑曰：「其聖何如？」子貢曰：「不知也。」景公悖然作色曰：「始言聖人，今言不知，何也？」子貢曰：「臣終身戴天，不知天之高也；終身踐地，不知地之厚也。若臣之事仲尼，譬猶渴操壺杓，就江海而飲之，腹滿而去，又安知江海之深乎？」景公曰：「先生之譽，得無太甚乎！」子貢曰：「臣賜何敢甚言，尚慮不及耳！臣譽仲尼，譬猶兩手捧土而附泰山，其無益亦明矣；使臣不譽仲尼，譬猶兩手杷泰山，無損亦明矣。」景公曰：「善豈其然！善豈其然！」《詩》曰：「綿綿翼翼，不測不克。」

《韓詩外傳・卷八》

三、避免誤解老師的四大要點

為了避免老師不被誤解，有四點是必須牢牢記住的。

老師，我現在要向這位年輕人談談我對您的認識了。也請您聽聽，看弟子講得是否正確。

那麼，到底該怎樣才能全面認識您、避免對您的誤解呢？

我認為起碼有以下四大要點：

第一，老師是「仁者」，同時也是「智者」。

誰都知道您講仁，但是不少人認為您「迂」，說您是一個「迂夫子」。

我卻最清楚地知道：老師不僅給我們講仁義，更給我們講智慧；

您不僅傳授我們知識，更教我們靈活地處理問題。

要說明這一點，故事實在太多了：

曾參過度行孝兩次被您罵；

我贖人不領錢，您說我破壞國家政策；

子路拿自己的錢給民工改善伙食，您讓我把他煮飯的大鍋掀掉……

這些都說明您思考問題和解決問題都很靈活，誰能說您是一個迂夫子呢？

而此刻，我又想起一件事。我想那些說您「迂」的人，假如知道這一故事，是否還能說您「迂」——

有一天，我們陪老師去散心。黃昏，在快回到城北時，一個意想不到的情形出現了：前面突然火光衝天，驚呼聲、怒喝聲響成一片。

仔細一聽，其中好像還夾雜著魯君的聲音！

到底發生什麼事了？

老師和我們連忙走了過去，一看，果然是魯哀公在驚慌失措地大聲叫喊，可似乎沒人聽他的話。

一看到老師，他彷彿看到了救星，趕緊拉著老師，將事情的經過大概說了一遍。

原來，這天他帶著群臣武士到城北的圍場打獵。由於獵場內茂盛的荒草太多，很難看見獵物。這時，不知誰出了個餿主意，說可以用放火燒荒的辦法，將小動物趕出來。

哀公覺得有理，就讓人點了把火，沒有想到當時正颳北風，火勢不斷蔓延，竟然衝出圍場，向南邊燒去。南邊是魯君的祖廟，這樣燒下去，就會危及祖廟。

魯哀公趕忙讓臣子們救火，可卻沒人理會，大家仍然追趕野獸，到處是「抓住了」的歡叫聲和野獸被擒的嚎叫聲。

魯哀公不斷地跺腳，說：「這可怎麼辦呢？」

老師冷靜地說：「有兩種方法可解決問題。」

魯哀公催著說：「是什麼方法？您快說，您快說！」

老師答：「一是獎勵，一是懲罰。」

這當然是明擺的道理。追逐野獸快樂而不會受罰，救火辛苦卻沒有賞賜，誰願意去救火？

「那麼我該怎麼辦呢？」

老師反問他：「您說呢？」

他愣了，看了看老師，彷彿一下明白了：「啊，我知道了，那就開始獎勵吧……對，還要重賞……」

說完，他就轉過頭，準備要下屬發出重賞的命令。

他那一刻的猶豫，我明白過來了：在他的印象中，老師一直是重視教化的。當然應該是重獎了。

沒有料到，老師卻說：「不，要罰，而且要對不救火的人重罰！」

「什麼？」他很是不解。

老師說：「先別說為什麼吧。我建議您立即這樣發佈命令：『凡是不救火的，按照投降敵人治罪；凡是追趕野獸的，按照私入禁地治罪。』」

於是魯君當即照老師說的下令了。

命令一下，火很快就撲滅了。

這一來，魯君不僅十分感謝，而且更加敬佩老師。

第二天，他邀請老師進宮，設宴招待，並對老師千謝萬謝，說幸虧老師處理及時，否則，整個獵場就有可能全毀了。

之後，魯君又問老師：「您向來是提倡仁義之道的，很少見您提到懲罰的。為什麼昨天您卻一反常態，要我採取懲罰的措施、並且措施要那麼嚴厲呢？」

老師說：「我這是根據當時的情況做的決定啊。在平時，你採取獎勵的措施也許可以，但在當時那種情況下，如果獎勵不夠，難以引起大家足夠的重視，如果對救火的人都重賞，那麼國庫中的所有財產都用上也不夠。當然採取重罰的措施是最管用的了，臣民們哪能不拚命救火呢？」

老師這一番話，使魯君和眾大臣讚不絕口。而我們這些弟子們，更是佩服得五體投地。

老師，我聽不少人講過，在所有的智慧中，「急智」是最表現出水準的智慧之一。遇到突發問題，能夠根據當時的具體情況，以最快的速度拿出最有效的解決方案，這假如沒有足夠的智慧素養，是絕對做不到的。

老師，您隨便露一手，所體現的「急智」就這樣讓人佩服，更不要說處理治國安邦這樣的大事了。

這些都說明，老師絕對不是「迂夫子」，而是一個有著「活智慧」的人！

不僅如此，還有至關重要的一點，也是我體會最深並經常向人講的一點。您所開設的學校，實際上是一所智慧大學啊！

「仁」並不意味著死板，在老師您這樣的千古聖人身上，「仁」和「智」是完全可以統一起來的啊！

第二，老師有灑脫的快樂，更有偉大的憂慮。

我知道這會出乎很多人的意料，就算我的一些同學，也會提出相反的意見。

理由很簡單，因為老師向來提倡「仁者不憂」、「君子坦蕩蕩，小人長戚戚」。即使在周遊列國最艱苦的日子裡，不管怎樣漂泊動盪，老師始終保持著一顆安然的心。

他們也許會質問，老師怎麼可能是憂心忡忡的人呢？

我曾經也是這樣認為的。直到有一天，老師修正了我的這一印象。

那天我進屋給老師送茶，只見老師面露憂色，獨自歎息。我不敢多問，就悄悄退出來，並告訴了顏回。

於是顏回拿了把琴，在院子的樹下一邊彈琴一邊唱歌。

顏回的歌聲充滿了喜悅和歡樂，我開始覺得奇怪，但很快就知道了他的用意，並暗暗佩服他有絕招吸引和影響老師。

果然，不一會，老師就對我說：「子貢，你去把顏回叫過來。」

顏回進去後，老師問他：「你為何獨自彈琴唱歌呢？」

顏回調皮地一笑，反問：「我想先問老師，您為何獨自憂傷感歎呢？」

老師說：「先說說你獨樂的理由吧。」

顏回說：「我過去聽老師說，樂天知命故不憂，所以我樂！」

老師歎了口氣，說：「我是說過這樣的話，但你並沒有完全領會我的意思。『樂天知命故不憂』是我過去說的話，現在我要改正過來。你只知樂天知命無憂，卻不知樂天知命有大憂呀。」

聽了老師的話，我們都覺得很茫然。

「如果僅僅對自己進行修身，不管是窮是達，是去是來，是變是亂，我們都能不把它放在心上，這就是剛才你所說的樂天知命無憂。我修《詩》《書》，正禮樂，你們跟著我學習，並不是單單為了完善自身，甚至還不只是治理一個國家，而是想能夠治理天下，並在未來社會中有價值。可是如今各國，君臣不像君臣，父子不像父子，仁義越來越衰敗，人們的情性越來越淡薄，看來我的主張在今朝今世是不能實現了。如果這些主張在活著的時候不能實現，怎麼敢想像後世的人去實現呢？如果都不能實現，百姓的生活就會始終陷於水深火熱中，這叫我如何不痛心和擔憂呢？」

說完，老師不再言語。這番話也深深觸動了我，回家後，我對老師的話反復琢磨，竟茶飯不思。

坦白說，我當時對老師的話並不是特別理解，但現在開始懂了。

老師的「樂」，是作為個人的，不以一時的得失而樂。

老師的「憂」，不是為自己憂，而是為天下蒼生而憂。

我們要向老師學習的，是不將個人的得失掛在心頭，所以「仁者無憂」。

但是，我們更要向老師學習將天下人的憂患掛在心頭。

這只要看看老師對「仁」的重視和闡述就知道了：

「仁者愛人」——愛人的人，就不可能不為天下蒼生的悲苦而流淚，就不可能不為社會風氣的敗壞而操心。

「克己復禮為仁」——就是要克制自己個人的欲望，讓行為符合聖賢與君子之禮的要求。大禹為了治水三過家門而不入，周公一次聽說有賢才來拜訪，三次把含在嘴裡的飯都吐出來，這些都是「克己復禮」的表現！

一個擁有「仁者愛人」精神並「克己復禮」的人，怎麼可能只是整天傻呼呼地無憂無慮呢？誰如果把老師的理論理解為庸俗的快樂哲學，誰就是誤解了老師，就是去掉了老師的靈魂！

是的，老師的快樂是了不起的，而老師的憂慮更偉大。

老師，在我想念您的時候，您兩張不同的臉總是交替著出現在我的眼前。

一張臉是笑臉，是那張面對生活的壓力與挫折永遠微笑著的臉。

一張臉是苦臉，是那張為天下蒼生悲苦命運而憂心忡忡的臉。

老師，我要告訴天下所有人，假如要從老師您這裡得到最大的智慧與力量，必須將這兩張臉同時記住。

記住那張笑臉，我們可以迎接任何挑戰，對生活永遠充滿希望與信念

記住那張苦臉，我們就能以天下蒼生為使命，做一個崇高而偉大的人！

第三，老師不只求自己完善，還格外追求社會完善。

其實，這點與第二點緊密相關。

僅僅只求自己的完善，老師其實很容易做到，老師也很容易快樂。

但老師其實是一個活得很沉重的人。而老師之所以沉重，根源在於老師是不圖個人解脫，而求社會改善。

可是，社會是您能作主的嗎？

您奔波一生，在您活著的時候，又能幫助社會完善多少呢？

我清楚地記得幾件事情：

有一次，我們迷路了，不知道渡口在哪裡，於是子路前去問路。

他遇到了兩位叫長沮、桀溺的隱士，他們對子路說：「社會紛亂就像滔滔洪水一樣彌漫，誰能把紛亂的社會變革過來呢？與其跟著像您老師這樣的避人之士東奔西走，還不如跟著我們這樣避於世外的隱者隱居！」

子路回來告訴了老師，老師若有所失地說：「唉，鳥獸不可同群。這些隱士為自己圖謀，當然可以歸隱了。可我行嗎？如果天下有道，那我就不參與政治改革了。正因為天下無道，我才帶著你們這樣到處辛苦奔波啊！」

還有一次，我在魯國的城門邊與老師再次走散了，遇到一位老者，便向他打聽。

他說：「孔子，就是那個明知不可為而為之的人嗎？」

瞧瞧，在人們眼中，老師竟然是「明知不可為而為之」的人！

但他們不明白，老師的理想不只是為了讓自己完善，更是為了讓社會完善，這樣一來，老師怎麼可能僅僅為了自己個人的悲歡離合而做一些事情呢？

老師的偉大之處，不僅在於不斷提升個人修養，更在於以天下為己任，甚至想挽狂瀾於既倒，明知不可為而為之。

這種既能「獨善其身」，又能「心憂天下」的精神，才是一個民族最優秀人士的精神核心啊！

第四，老師是使人敬佩的聖人，也是讓人覺得親切的凡人。

是的，老師是聖人和凡人的統一。

既然是凡人，就有凡人的缺點，也有凡人的苦惱和憂傷。

我再次想起了老師路遇陽貨和見南子的事，特別是見南子後，子路不解，您賭咒發誓說「天厭之，天厭之」的話。

世界上哪有老師為了求得弟子的理解而賭咒的事呢？

這不是說明老師是凡人又是什麼？

我又想起了前些年去楚國，與同學澹台子羽相遇的事情。

澹台子羽是個很出色的人，當初我陪伴老師去武城時，老師問子游有沒有發現什麼人才，子游向老師推薦了他。後來，澹台子羽成為老師的學生，但老師不太喜歡他，因為他其貌不揚，所以並沒有很關心與重視他。

但他卻十分認真地向老師學習。之後，他離開老師去了南方，不斷傳播老師的思想。後來在楚國，他有了近千名學生。可以說他對擴大老師在南方的影響，起了最重要的作用。

我記得當我把這一情況告訴老師時，老師感慨地說了這樣一番話：「以貌取人，失之子羽。」

老師，那次我見到子羽後，將您的話告訴了他。

他聽了淡淡一笑，說：「這正是老師了不起的地方啊。老師偉大，但老師不是神，也有平凡之處。老師有遠大的追求和超凡的學識，但同時也從不掩飾自己的平凡，正因為這樣，才顯得他是那樣的親切，才使得我們更加心甘情願地追隨他。」

之後，他還特別叮囑我：「子貢師兄，你跟隨老師最久，也最了解他，我希望你能將老師的真實面貌告訴大家，還原我們心目中那個親愛的老師的形象吧。」

親愛的老師的形象？

我突然覺得，子羽的話把握了老師形象的根本。

老師，我覺得別人對您誤解，無非在兩個方面：

一是把您貶低，甚至將您妖魔化；

二是把您拔高，說您是聖人，一切都超乎常人。

毫無疑問，這兩種認識都是錯的。

在弟子看來，您是一個我們學習的最好楷模，但您絕對不是高高在上、不食人間煙火的神仙。

我不希望任何人貶低老師，可我也不希望人們無端地拔高老師。

老師是聖人，也是凡人；是凡人，可的確也是聖人。

於是，我把您稱為「親愛的孔子老師」。

啊，親愛的孔子老師，親愛的孔子老師，親愛的孔子老師……

我覺得這樣稱呼您，既能體現我們對您的崇敬，又能顯示您對我們的無比親切。

老師，您接受學生的這個稱呼嗎？

【子貢學記】

只有全面地認識老師，才能恢復老師的真實面目，避免將他曲解和誤解！

偉大的人，表面看起來是十分矛盾的。但矛盾並不只意味著對立，其實也同樣意味著內在的統一。

老師就是鮮明的代表：

執著追求理想的「迂」，與思考和解決問題的「智」，可以統一；

倡導個人心靈的快樂與總為天下蒼生而憂，可以統一；

追求自我完善與促使社會完善，可以統一。

聖人和凡人，在一個人身上更是可以統一！

只有在這種既對立又統一的基礎上，我們才可能全面地認識一個偉人，全面認識老師。

【閱讀原典】

◉魯人燒積澤，天北風，火南倚。恐燒國，哀公懼，自將眾，趣救火，左右無人，盡逐獸，而火不救。乃召問仲尼，仲尼曰：「夫逐獸者樂而無罰，救火者苦而無賞，此火之所以無救也。」哀公曰：「善。」仲尼曰：「事急，不及以賞。救火者盡賞之，則國不足以賞於人，請徒行罰。」哀公曰：「善。」於是仲尼乃下令曰：「不救火者，比降北之罪；逐獸者，比入禁之罪。」令下未遍而火已救矣。

《韓非子・內儲說上第三十》

◉子曰：「知者不惑，仁者不憂，勇者不懼。」

《論語・子罕第九》

◉仲尼閒居，子貢入待，而有憂色。子貢不敢問，出告顏回，顏回援琴而歌。孔子聞之，果召回入問。曰：「若奚獨樂？」回曰：「夫子奚獨憂？」孔子曰：「先言爾志！」曰：「吾昔聞之夫子曰：樂天知命，故不憂。回所以樂也。」孔子愀然有間曰：「有是言哉！汝之意失矣。此吾昔日之言爾，請以今言為正也。汝徒知樂天知命之無憂，未知樂天知命有憂之大也。今告若其實。脩一身，任窮達，知去來之非我，亡變亂於心慮，爾之所謂樂天知命之無憂也。曩吾脩《詩》《書》、正禮樂，將以治天下，遺來世，非但脩一身治魯國而已。而魯之君臣日失其序，仁義益衰，情性益薄，此道不行一國與當年，其如天下與來世矣。吾始知《詩》《書》禮樂無救於治亂，而未知所以革之之方。此樂天知命者之所憂。雖然，吾得之矣。夫樂而知者，非古人之謂所樂知也。無樂無知，是真樂真知。故無所不樂。無所不知，無所不憂，無所不為。《詩》《書》禮樂，何棄之有？革之何為？」顏回北面拜手，曰：「回亦得之矣。」出告子貢。子貢茫然自失，歸家淫思七日，不寢不食，以至骨立。顏回重往喻之，乃反丘門，弦歌誦書，終身不輟。

《列子・仲尼篇第四》

◉顏淵問仁。子曰：「克己復禮為仁。一日克己復禮，天下歸仁焉。為仁由己，而由人乎哉？」顏淵曰：「請問其目。」子曰：「非禮勿視，非禮勿聽，非禮勿言，非禮勿動。」顏淵曰：「回雖不敏，請事斯語矣。」

《論語・顏淵第十二》

◉長沮、桀溺耦而耕，孔子過之，使子路問津焉。長沮曰：「夫執輿者為誰？」子路曰：「為孔丘。」曰：「是魯孔丘與？」曰：「是也。」曰：「是知津矣。」問於桀溺，桀溺曰：「子為誰？」曰：「為仲由。」曰：「是魯孔丘之徒與？」對曰：「然。」曰：「滔滔者天下皆是也，而誰以易之？且而與其從辟人之士也，豈若從辟世之士哉？」耰而不輟。子路行以告。夫子憮然曰：「鳥獸不可與同群，吾非斯人之徒與而誰與？天下有道，丘不與易也。」

《論語・微子第十八》

◉南游至江，從弟子三百人，設取予去就，名施乎諸侯。孔子聞之，曰：「吾以言取人，失之宰予；以貌取人，失之子羽。」《史記・仲尼弟子列傳》

四、讓有限的生命無限延伸

每個人的生命，都是有限的。

每個活著的人，都想躲避死亡。但在某個時空點上，死亡，總會不期而至。死亡似乎剝奪了所有生命的意義，但是只要把握了老師給我們的三點啟示，每個有限的生命，都會無限延伸！

我以「從子貢那裡聽來」的方式，將自己對老師的認知，細細告訴了年輕人。

我講得很動情，他聽得很入神。

聽完之後，他歎了口氣說：「現在，我才真正了解了太師公。他是那樣全面，又是那樣親切，難怪子貢師伯公要稱他為『親愛的孔子老師』啊！」

他站了起來，對著老師的墳墓恭恭敬敬地鞠了三個躬。然後將手中的竹簡打開，邊走邊大聲誦讀：「士不可以不弘毅，任重而道遠。仁以為己任，不亦重乎？死而後已，不亦遠乎？」

這話太好了！我覺得它真正把握了老師的精神，於是問他：「你念的是什麼？這是誰講的？」

「是我的師公曾參啊。」

自從老師去世後，曾參的學問與智慧大有長進，加上他是一個經常以顏回為榜樣的人，在自我修養方面，他有一些連我都沒有學到的東西。

我問他：「可以將你的竹簡給我看看嗎？」

「當然可以，這是曾參師公寫的《大學》。」

我打開一看，第一句話就給了我很大的感觸：

「大學之道，在明明德，在親民，在止於至善……」

接著，我又看到這樣一些精彩的話：

「古之欲治天下者，必先治國；欲治天下治國者，必先齊家；欲齊家者，必先修身；欲修身者，必先正心；欲正心者，必先誠意……」

誠意、正心、修身、齊家、治國、平天下……多好的總結啊！

這不正是老師修己以安人的體現嗎？

我突然想起，曾參已經去世。得知這一消息時，我正在山中，所以對當時的情景並不了解。於是我向年輕人問起了曾參去世時的情況。

他告訴我，曾參彌留之際，孟敬子前去探望過他。

曾參說：「鳥要死時，嗚叫的聲音是悲哀的；人要死時，說的話都是善意的。君子所看重的道有三點：舉止容貌端莊，就會遠離粗暴和慢怠；嚴肅自己的面色，就接近了誠信；說話言辭和悅，就會避免鄙俗和錯誤。至於祭祀中的禮儀問題，那是主管小吏的事情。」

聽到這裡，我真有點不相信。

「祭祀中的禮儀問題，那是主管小吏的事情」，這是「曾木頭」曾參說的話嗎？

要知道，如果在以前，不要說他自己不會說，哪怕別人說，都有可能引起他強烈的反駁啊！

我感到很欣慰，他已經知道抓住事情本質，而不是像以往那樣只會生搬硬套。老師，您聽到這些，是否會覺得很寬慰呢？您這個虔誠學習但總是有點「木訥」的學生曾參，不僅將您的思想發揚光大，而且終於學到了您靈活的智慧啊！

我發現年輕人手中還有一個竹簡，就問：「這也是曾參的著作嗎？」

「不是，這是我老師子思的，它的書名叫做《中庸》。」

我把竹簡接過來，中庸，這是老師至高無上的處世智慧啊。記得那次老師批評曾參談中庸的時候，子思還是一個小孩子，現在，他竟然將老師的思想昇華為一本書了⋯⋯

我不禁感慨萬千。

這時，我才想起還不知道年輕人的名字，於是就問他。

他說了，但我沒聽清楚，畢竟歲月不饒人，我的耳朵越來越不好使了。好像他說姓孟？或者，姓蒙？

沒容我再問，他就充滿豪情地說：「我要以太師公孔子為榜樣，做千古聖人。」

他接著說：「我要養我的浩然之氣。富貴不能淫、貧賤不能移、威武不能屈。」

不知為什麼，從他身上，我似乎看到了老師的影子。雖然他還很年輕，但我對他充滿了尊敬！

這時，遠遠傳來了學子們的讀書聲：「朝聞道，夕死可矣。」、「知之為知之，不知為不知，是知也。」、「仁者愛人。」

年輕人向我鞠了一個躬，說：「老先生，我要去上課了。謝謝您給我講那麼多太師公的故事。」

我依依不捨地目送著他離開。

不料，他剛走幾步，又轉過身來說：「先生，您看我將來有可能成為太師公那樣的人嗎？」

我微笑著點了點頭。

會的，會的。只要你照老師的路走下去，總有一天，你也可能成為孟子或者蒙子……年輕人告別了我，向學堂走去。

我的淚水再次奪眶而出。

這是憂傷的淚水，因為，世界上最親切而且最有智慧的老師，永遠離我而去了。

這是感恩的淚水，我怎麼如此有幸，和老師生活在同一個時代，並且能夠這樣親近老師，領略老師的風采，學習老師的智慧。

這更是喜悅的淚水。老師，您雖然已經走了，但您的精神還在，還在滋養著千千萬萬人，讓他們幸福和成功，並將永遠傳承下去，不會熄滅。

就在此刻，我突然感到，那個多年沒有解決關於生死的的問題，現在終於有了答案：

老師，您已經教給了我們許多智慧：成功、幸福、管理、處世等等。但對每個只擁有一次生命的人來說，最核心的智慧卻是關於生命的智慧。

人人都會死。

每個活著的人，都想躲避死亡，但在某個時空點上，死亡都會不期而至。

死亡似乎剝奪了所有生命的意義，但這屬於每個人僅有的一生，卻有著非凡的價值。

這生命的價值，不是誰給予的，而是靠每個人自己主動賦予的。

而老師您，不是用語言，而是以一生的追求，給所有活著的人，以及將來會來到這個世界上的人，昭示了如何不辜負自己僅有一生的生命智慧——

第一，做一個能夠照亮自己的人。

第二，做一個能夠照亮周圍的人。

第三，做一個能夠照亮後代的人。

是的，每個人的生命都會結束，但把握了這三點，有限的生命就能無限延伸！

【子貢學記】

我們可能難以成為像孔子老師那樣的千古聖人，但是，每個人都可以將老師作為自己終身學習的榜樣——

在只有一次的生命中，做一個最能發光的人，寫出一個大大的「人」字！

【閱讀原典】

◉曾子曰：「士不可以不弘毅，任重而道遠。仁以為己任，不亦重乎？死而後已，不亦遠乎？」《論語・泰伯第八》

◉曾子有疾，孟敬子問之。曾子言曰：「鳥之將死，其鳴也哀；人之將死，其言也善。君子所貴乎道者三：動容貌，斯遠暴慢矣；正顏色，斯近信矣；出辭氣，斯遠鄙倍矣。籩豆之事，則有司存。」《論語・泰伯第八》

◉子曰：「朝聞道，夕死可矣。」《論語・里仁第四》

◉子曰：「由！誨女知之乎？知之為知之，不知為不知，是知也。」《論語・為政第二》

親愛的孔子老師（暢銷紀念版）

作　　者　吳甘霖
封面設計　兒日設計
內頁排版　高巧怡
行銷企劃　蕭浩仰、江紫涓
行銷統籌　駱漢琦
業務發行　邱紹溢
營運顧問　郭其彬
責任編輯　何維民、李嘉琪
總 編 輯　李亞南

出　　版　漫遊者文化事業股份有限公司
地　　址　台北市103大同區重慶北路二段88號2樓之6
電　　話　(02) 2715-2022
傳　　真　(02) 2715-2021
服務信箱　service@azothbooks.com
網路書店　www.azothbooks.com
臉　　書　www.facebook.com/azothbooks.read

發　　行　大雁文化事業股份有限公司
地　　址　新北市231新店區北新路三段207-3號5樓
電　　話　02-8913-1005
訂單傳真　02-8913-1096

二版一刷　2023年11月
定　　價　台幣420元

ISBN　978-986-489-8695

國家圖書館出版品預行編目 (CIP) 資料

親愛的孔子老師/ 吳甘霖著. -- 二版. -- 臺北市 : 漫遊者文化事業股份有限公司出版 : 大雁文化事業股份有限公司發行, 2023.11
面；　公分
ISBN 978-986-489-869-5(平裝)
1.CST: (周) 孔丘 2.CST: 學術思想 3.CST: 人生哲學 4.CST: 通俗作品
121.23　　112017327